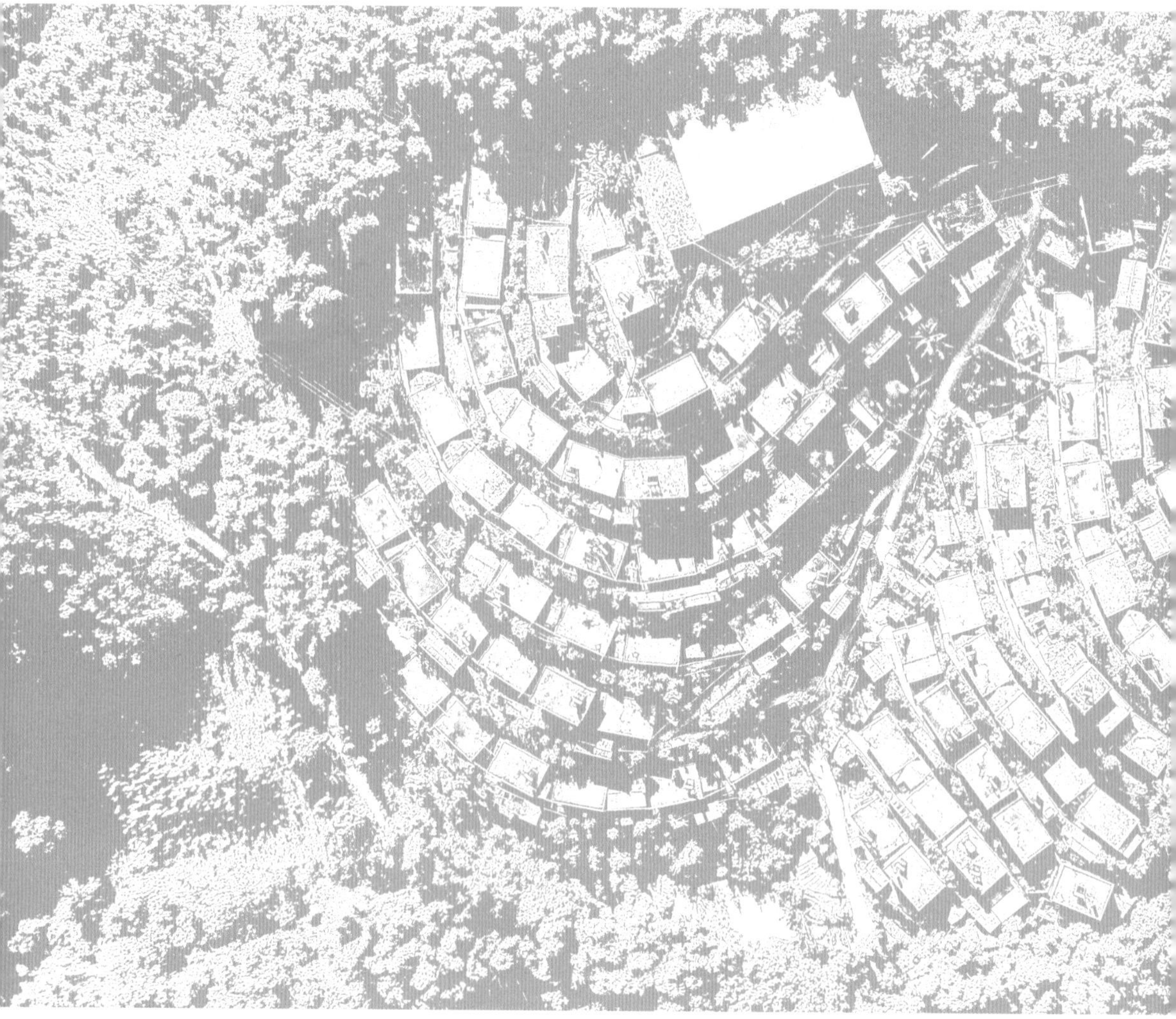

虹玲　南马◎著

走进春天

云南人民出版社

图书在版编目（CIP）数据

走进春天 / 虹玲，南马著. -- 昆明：云南人民出版社，2024.6
ISBN 978-7-222-20911-4

Ⅰ. ①走… Ⅱ. ①虹… ②南… Ⅲ. ①苦聪人－民族历史－云南 Ⅳ. ①K288.5

中国版本图书馆CIP数据核字(2022)第026958号

责任编辑：闵艳平　陈　晖
责任校对：崔同占
装帧设计：石　斌
责任印制：李寒东

走进春天
ZOUJIN CHUNTIAN
虹玲　南马　著

出版	云南人民出版社
发行	云南人民出版社
社址	昆明市环城西路609号
邮编	650034
网址	www.ynpph.com.cn
E-mail	ynrms@sina.com
开本	720mm×1010mm　1/16
印张	22
字数	307千
版次	2024年6月第1版第1次印刷
印刷	云南出版印刷集团有限责任公司国方分公司
书号	ISBN 978-7-222-20911-4
定价	88.00元

如需购买图书、反馈意见，请与我社联系
总编室：0871-64109126　发行部：0871-64108507　审校部：0871-64164626　印制部：0871-64191534

版权所有　侵权必究　印装差错　负责调换

云南人民出版社微信公众号

序

李开义

拉祜族苦聪人被称为"最后的原始部落",有着传奇与悲苦的历史。当虹玲、南马采写金平苗族瑶族傣族自治县的拉祜族苦聪人的历史与生活变迁时,我感到这将是一个与众不同的纪实作品,他俩都是金平本土的作者,对苦聪人的文化历史和现实生活熟悉,并参与过当地的扶贫工作,能切身感受和体验到苦聪人的生活和精神世界,我相信他俩能够完成这一具有使命性的书。

他俩历时两年多撰写的长篇纪实作品《走进春天》书稿出来后,我认真阅读了作品,从书稿中知晓苦聪人充满传奇的历史、命运和生活现状,了解当地干部群众几十年来一直坚持不懈帮扶苦聪人的艰辛而漫长的历程,特别是近些年来,加大力度帮扶苦聪人脱贫的鲜活的人和事,一个个生动感人的事件和场景,令我掩卷难忘。可以说,苦聪人从原始社会末期一步跨越到社会主义社会的特殊历程,都形象地浓缩在了这一作品中。这部作品,可视为一部认识金平苦聪人历史与现状的必读书,也是一部散发着金平热土气息、展示深情大爱和民族团结的优秀文学作品。

书稿出来后,我受虹玲的邀请,参加了金平县文学培训班和采风活动,实地了解了金平的历史文化和苦聪人的生活。20世纪50年代,清剿国民党残匪的解放军战士在西隆山深处发现了苦聪人的踪迹。那时，苦聪人散落在茫茫的原始森林深处，与世隔绝，衣不蔽体，靠采集野果狩猎为生，过着使用木石工具、刀耕火种的原始生活。此后，当地政府多次组织民族工作队把苦聪人接出深山老林，但由于多年来苦聪人习惯生活于深山老林，不适应新的生活环境和生活方式，数次返回大山深处。为了接苦聪人出山，当地干部一次次耐心地反复劝说，还为他们建立村寨、建造房屋。当地的哈尼族、傣族同胞也把肥沃的土地分给苦聪兄弟，和干部一道教他们用牛犁田、栽秧种菜、洗脸刷牙、使用厕所等等，引导他们步入现代文明的新生活。20世纪80年代中期，苦聪人被认定为拉祜族的一个支系。几十年过去了，大山深处的原始生活已经成为苦聪人远去的历史和记忆。而今的苦聪人的生活已发生了"一步跨千年"的巨变，完全融入了现代文明。当今的苦聪山寨，人们住的是钢筋混凝土楼房，拥有电视机、冰箱、手机，还通了5G信号，有的人还买了轿车；苦聪人当街卖特产、开超市、上网卖货、到省外经商或打工；有了苦聪人干部、大学生、教师……开辟了一片全新的生活天地。

读《走进春天》给我的最大感受是，中国民族政策太伟大，在处理民族关系上，坚持民族平等团结。从国外殖民主义的血腥历史中，我们可以看到殖民主义者为了获取土地和资源，采取野蛮战争、杀戮、驱赶，或是掠夺、奴役方式对待原住民，致使原住民饱受侮辱、欺凌和摧残，造成了有的原住民逐渐消亡的残酷史实。而在我国，坚持民族平等、民族团结、民族共同繁荣的基本原则，56个民族生活在平等、和谐的大家庭中，亲如一家。在《走进春天》中，这种和谐团结的民族关系，也得到了生动的体现和印证。作者以翔实的史实、感人的故事和细致入微的细节，以纪实文学的方式，记述了各级政府和干部群众数十年来持之以恒、坚持不懈地对苦聪人亲人般的扶持、帮助和关爱，使他们从原始社会末期直接过渡到社会主义新时代的生动历程。从这一点来说，该书便具有史实的价值和史诗的文学特点。

（李开义，《云南日报》文化生活部原主任，云南省作家协会副主席、报告文学委员会主任。）

目录

引子　春天的杜鹃花	1
进山记	7
密林深处的"野人"	9
第一次吃上白米饭	12
真情打动苦聪人	18
访问团入山	30
出山记	41
新的战役	43
教育的力量	52
在历史的旋涡中寻找出路	63
再寻苦聪人	67
难以割舍的独特传统	79
小乡长遇到大工程	87
开山记	97
打响扶贫战	99
为帮苦聪人差点"翘兜"	102
解决吃饱饭的问题	109
还要有肉吃	117
更要有学上	124
生病要有地方治	133
汗水浇灌出新硕果	142
苦聪乡长的遗憾	147

调研调出新难题	**161**
纪检干部守"地棚"	**177**
扶贫干部接龙脉	**184**
乡镇干部不怕死	**189**
女书记啃下最后的硬骨头	**199**
给苦聪孩子当妈	**213**
用上法律重武器	**220**
女儿来接母亲班	**230**
给苦聪山寨配上"保姆"	**233**
三个"零"是最高奖赏	**248**

新生记   **251**

苦聪大寨的美丽传说	**253**
金竹寨不再遥远	**262**
竹扁担挑出幸福新生活	**278**
大山深处绽开的民族团结之花	**287**
在疼痛与希望中前行	**300**
蝶变的人生	**316**
从4元家产到24万元的楼房	**320**
六六新寨的"寨子超市"	**325**
开自己的车回家	**331**
苦聪女作家的心声	**335**

尾声　西隆山作证   **339**

后　记   **343**

引子
春天的杜鹃花

  1951年春天，西隆山的杜鹃花姹紫嫣红，花瓣层层叠叠，云蒸霞蔚，像团团烈火染遍了群山、映红了绿水。在一个天气晴朗的日子，王二妹和李二妹姐妹俩爬到了高高的杜鹃花树上，采下娇艳的花朵，用藤子串起来挂在身上，遮住了赤裸的身体。她们俩是正值十三四岁的如花少女，此时

西隆山红杜鹃（窗口　摄）

山中的鲜花，是其身上唯一的点缀。二人相互望着对方娇艳如花的模样，嘻嘻哈哈地打闹起来。就在这时，突然听到卡地[①]那边传来惊呼声："阿哈摆[②]蓝欧[③]——阿南鸡[④]——"姐妹俩便没命地奔进密林，找到一个隐蔽的地方躲起来，努力屏住急促的呼吸，大气也不敢出。

鲜花衣被树枝刮断，红色的花瓣散落了一路。她们身上的皮肉被荆棘划破，流出了鲜血却不觉得疼。那一刻，她们被恐惧笼罩着。两人吓得瑟瑟发抖，紧紧抱在一起，她们能感受到对方的心脏快要跳出胸腔。大人们吩咐过，山下的阿哈摆比死神还要可怕，要是被他们抓住，将会生不如死。为了躲避阿哈摆的残害，苦聪人世世代代居住在森林遮天蔽日的西隆山上，过着衣不蔽体、食不果腹的生活。不久前，就有几个阿哈摆闯进了他们的卡地，所幸那天大家都跑得快，没有人被抓走。谁能想到没出半个月，那些阿哈摆又上山来了呢？王二妹和李二妹躲在密林里，不停地祈祷，希望阿哈摆不要发现她们。

地处中越交界处的西隆山是滇南第一高峰，海拔3074米。这里山高水长，云蒸霞蔚，翠峰如簇，绿韵相缭，古岩泉滴滴，幽谷鸟关关。茂密的原始森林，是老虎、豹子、黑熊等猛兽的居所，更是蛇、蜈蚣等毒物的天堂。

在外人看来，西隆山是死亡之林，但对于苦聪人来说，它是赖以生存的神山。苦聪人相信，是神的护佑才让他们找到了这样一个让阿哈摆望而却步的庇护所，令他们得以繁衍生息。平日里，他们不会轻易下山，除非是有必要，才会冒险到山下去找亲近他们的哈尼族和瑶族交换盐和衣物。而阿哈摆也不会轻易到山上来，他们要像蚂蟥一样吸食苦聪人的血时，只

[①] 卡地：苦聪语，意为住地。
[②] 阿哈摆：苦聪语，意为汉人，这里指土司家的武装人员。
[③] 蓝欧：意为来了。
[④] 阿南鸡：苦聪语，意为快跑呀。

西隆山主峰开满了鲜花（张天祥 摄）

会让山下的阿列①通知苦聪人的召坝②来传话。可是今天，那可恶的阿哈摆终究还是上山来了，他们究竟想要干什么呢？难道就像森林里传言的，要把他们拉祜西③全部赶尽杀绝吗？

　　王二妹和李二妹紧紧地抱在一起，蜷缩着，两双眼睛死死盯着卡地的方向，害怕阿哈摆突然冒出来把她们俩杀了。她们等了很久，等到天快黑了，除了呼呼的风声，却一直没见到阿哈摆的影子。两个女娃又累又困，慢慢在树丛里睡着了，直到卡地方向传来欢呼声，才把两人吵醒。她们奔回卡地，看到亲人们相拥庆祝，卡地完好无损，阿哈摆也没了踪影，空地上还摆放着大米、衣物和好久没有品尝过的食盐，甚至还有阿爸最爱抽的

---

①阿列：苦聪语，解放前苦聪人对傣族土司的称呼。
②召坝：傣语，傣族土司封给苦聪人首领的名称。
③拉祜西：苦聪语，苦聪人的自称。

刀烟……

　　这是怎么回事呢？难道那可恶的阿哈摆良心发现了吗？还是苍天终于开了眼？在短暂的欣喜之后，大家准备分享食物和衣物时，阿布卓①却阻止了他们。他提醒大家："不要太兴奋了，难道忘了阿哈摆对我们只有剥削，哪有仁慈的时候？这些东西，只怕是他们布下的陷阱，说不定已经在食物中给我们下了毒，想让我们全部死光光！"大伙听了一怔，笑容僵在了脸上，伸向物品的手缓缓地缩了回来。

　　人们怎么会忘记阿布卓所说的往事呢？那年，阿布卓还是个小伙子，寨中人带着他到李三寨去说亲，他相中了一个叫阿里的漂亮姑娘。阿里姑娘的身世很可怜，她的阿爸在一次下山交换物品的时候被土司老爷的爪牙抓去当苦力，从此再也没有回来。阿里很小就跟着母亲和弟弟生活，吃不饱，穿不暖。为了帮助母亲养活弟弟，她除了上山采集野果野菜之外，还学会了打猎。她心灵手巧，可以把兽皮和羽毛缝在一起，做成美丽的衣裳。在李三寨二十多人中，她是一道亮丽的风景。阿布卓刚到李三寨，见到她的第一眼就看上了她。阿里也相中了帅气能干的阿布卓。两人浓情蜜意，誓死要生活在一起。阿里带着阿布卓到了自家简陋的茅屋，阿布卓把身上带着的三十只松鼠干巴解下来，递到阿里母亲的手里，请求阿里的母亲把阿里嫁给他。阿里的母亲见到这些制作精细的松鼠干巴，知道阿布卓是个能干的年轻人，自己的女儿嫁给他会过上好日子，便欣喜地同意了。那一夜，阿布卓留在了阿里家里。阿里家的火塘让他倍感温暖，他梦见自己和阿里结了婚，还生下一个白白胖胖的小子。

　　枪声惊醒了阿布卓的美梦。清晨的露水还挂在树叶上，太阳还没有从山那边升起，寨中人还迷醉在昨夜的美酒中，酣睡在西隆山的怀抱里，没有人能想到恶魔已经降临李三寨了。阿布卓冲出茅屋，发现了土司的武装队队长董小堂带着一群阿哈摆冲进了李三寨。他们见人就开枪，见牲畜

---

　　①阿布卓：苦聪语，爷爷。

西隆山原始森林（张天祥　摄）

就抢，寨中人乱作一团，纷纷冲进附近的密林里逃命。

阿里家饲养的一头母猪被阿哈摆发现了，他们用绳索套住母猪，要强行拉走。那可是阿里家唯一的财产，是留着生小猪，养活一家人的。阿里的母亲不顾生命危险，冲上前去抢她的母猪，阿哈摆用枪托把她打得满脸是血，可是她的手却紧紧地抓住绳索不放。阿哈摆见她不肯放手，便用枪口对准了她的脑袋。阿里挣脱阿布卓的手，飞奔到母亲身边，扑在母亲身上。枪声再次惊飞了林子里的鸟，阿里倒在血泊中，渐渐合上了美丽的眼眸，黎明的第一缕阳光定格在她姣好的面容上。

那是阿布卓此生最为悲痛的一个清晨。土司的爪牙洗劫李三寨离开后，他抱着心爱的阿里姑娘渐渐冷却的遗体，将她埋在了山顶的一棵杜鹃花树下。就在昨夜，她还在他耳边说，她最喜欢的就是杜鹃花，以后要是他们俩结婚在卡地建盖新房时，一定要选在杜鹃花盛开的地方。而现在，阿布卓只能含着悲伤的泪水，将她独自留在杜鹃花树下。

每次阿布卓向自己的儿孙们讲起这段往事时，都会泪如雨下……

这一夜，整个卡地的人都没敢在家里睡觉，全都躲到了树上。

卡地的那些物品原封不动地摆着，一只只口袋和箱子胀鼓鼓的，却没人敢动。黑暗中，饥饿的王二妹把手指伸进了嘴里，狠狠地咬了自己一口，疼痛让她差点摔下树去。

夜，还是那样黑，那样沉，似乎永远暗无天日。

她睁大天真的眼睛，呆呆地望着这黑夜，直到天边的晨曦露出一抹红光，把西隆山上的杜鹃花映得更加鲜亮，把这壮美的景色印在她漆黑的瞳仁上。

西隆山千年古木（张天祥 摄）

进山记

从前没有天,
从前没有地,
天地混沌一片,
平平坦坦无边。

阿娜用石头造天,
天有白有蓝;
阿罗用瓦泥造地,
地有黑有黄。

——《创世歌》

密林深处的"野人"

1949年10月1日，当雄壮的《义勇军进行曲》在天安门广场奏响时，地处滇南的金平县还没有解放。直到1950年1月，处于水深火热之中的金平人民终于等来了解放军。长期被封建势力和地方土司及国民党反动派压榨剥削的边疆少数民族身着盛装，载歌载舞地迎接亲人解放军。

1952年春天，中国人民解放军的一支肃匪小分队在西隆山的密林深处艰难地行进，他们奉命追击一小拨逃入原始森林的国民党残匪。密林中无路可行，只得砍草前进，途中除了要小心老虎、豹子、毒蛇等猛兽和毒物，还要担心那密密麻麻、无孔不入的蚂蟥吸食他们的鲜血。在西隆山上，尽管杜鹃花映红了半边天，但肃匪小分队却无心观赏这漫天妖娆的美景，而是循着林中的蛛丝马迹细致地搜索着敌情。突然，走在前面的侦察兵发出了警报，小分队队长连忙命令大家隐蔽。队长走上前去，询问侦察兵有什么情况。侦察兵把食指竖在嘴边，示意他不要出声，然后用手朝左前方指了指，原来他发现水沟边有人。

队长掏出望远镜，顺着侦察兵指的方向望去，看见水沟边有几个人影。

队长兴奋极了，他们追踪这帮残匪已经十来天了，身上带的粮食也快吃完了，再找不到敌人，就只能打道回府，等带足粮食后再次进山。可是他观察了一下，不禁又摇起头来，因为他发现这群人都不穿衣服，很是奇怪。

侦察兵接过望远镜望去，发现那几个人赤身露体，有的人腰间挂着兽

20世纪50年代苦聪人家（官朝甲 供图）

皮，有的挂着芭蕉叶。他们身边还有小孩子跑来跑去，这些小孩子全身上下光溜溜的，一丝不挂。沟旁盖着几间杈杈房，像是他们的住所。

他也迷惑了，把望远镜还给队长。他估计，这群人不是残匪，而是少数民族居民。

队长接过望远镜又看了看，越看越迷惑。他也觉得不是残匪，可是又不像周边的少数民族，他们究竟是什么人呢？

队长决定亲自带着小分队前去察看。就在他们悄然走近水沟的时候，不经意摇晃到树梢，惊动了狗儿，几声狗吠声让那群人警觉起来，最终发现了他们的身影，于是发出了惊慌而又恐惧的呼声："阿哈摆蓝欧——阿南鸡——"

一时之间，小孩惊呼着迅速投入父母的怀抱，大人惊叫着抱起孩子奔跑起来，年轻人背着老人遁入山林之中，人群瞬间消失得无影无踪。

解放军战士被眼前骤然发生的一幕惊呆了。他们走近那个宿营地，看到杈杈房是由手腕粗的圆木和树枝、竹叶、芭蕉叶盖起来的,破得几乎不能遮风挡雨。每间屋里都有一个燃烧的火塘,火塘上方挂着的一块篾片上放着几只松鼠干巴,墙上挂着弓弩,除此之外便什么也没有了。

刚开始,战士们怀疑这是敌人迷惑解放军的伪装,可是再细看这屋里的一切,又否定了之前的想法。有个战士突然说道:"不是敌人,也不是附近的少数民族,那他们会不会是'野人'?"

"野人"!西隆山竟然发现了"野人"?

解放军带回的这一消息令金平县工委书记郝建勋和县长王华坐不住了。为了一探究竟,他们决定派出地方工作人员和解放军组成一支工作队,前往西隆山寻找"野人"。

令郝建勋没有想到的是,工作队从金平县城出发,走了四五天进入西隆山深处,还真的找到了"野人"的踪迹。这些"野人"的情况和上次解放军带回来的信息差不多,他们乱发披肩,赤身露体,见到外人就飞快地

一户苦聪人家的全部家当(官朝甲 供图)

躲进丛林中。

他们究竟是一群什么样的人呢？无法接触这些人，工作队只好转而从住在半山区的瑶族、哈尼族群众口中了解情况。原来，当地人把这些"野人"称作"苦聪"，因为他们总是生活在条件艰苦的山冲里。

后来，在中央民族访问团人类学专家的帮助下，金平县工委、县人民政府才知道，这些被称为苦聪的人，并不是所谓的野人，而是生活状态还处于原始社会末期的原始人。

在幅员辽阔的祖国大地上，还生存着原始社会的人，这一发现被迅速汇报到了党中央。毛主席和周总理非常关心苦聪人的生活，在新中国成立初期国家财政非常艰难的情况下，还划拨财政专款用于帮助受苦受难的苦聪人。

救济款有了，可是怎么找到苦聪人，把党中央和毛主席的关爱送到他们身边却成了问题。一是西隆山重峦叠嶂，猛兽毒虫频出，致使工作队深入"死亡丛林"去寻找苦聪人十分困难；二是苦聪人对外人怀有戒备心理，即使历尽千辛万苦找到了他们，也无法接近他们，更难传递党中央和毛主席的关爱。

那么，金平县工委和县政府是如何解决这一难题的呢？

第一次吃上白米饭

为了接近苦聪人，金平县工委、县政府在清剿国民党残匪工作基本结束后，遵照蒙自地委和专员公署的指示，在"以对敌斗争为前提，以团结生产为中心"的工作方针指导下，认真贯彻执行党的民族政策，开启救灾救济工作。1952年，金平县财政直拨专款旧币1亿元（折新币1万元），购买粮食、盐巴、衣物、铁农具等生活用品以及30头耕牛，救济生活在原始森林里的苦聪人。

金平县金水河镇南科村委会联防村的苦聪人是最早被接出原始森林的人群之一。为书写苦聪人一步跨越千年的历史进程，2019年元月，我们在一个阴冷的天气里拜访了联防村的苦聪人王二妹和李二妹。为了表达对作家的尊重，她们姐妹俩特意换上盛装，不顾冬天的寒冷，早早就到村子里的活动室等着我们。尽管姐妹俩都已八十高龄，却神清目明、满眼慈祥，腰不弯、背不驼，面庞透着红光。在整个访问过程中，她们都面带微笑，用春天般的温暖接纳我们。

王二妹和李二妹（虹玲　摄）

王二妹和李二妹是苦聪人从原始社会一步踏入社会主义社会的亲历者。

她们当着我们的面掰着手指头细数她们住到这个定居点是第几次搬家，一个说有四次，一个说有三次。七十年的光阴，由于时间跨度太大，她们俩也记不准了，只好用微笑对我们表示歉意。但她们记得，那天清晨，当她们从极度饥饿中醒来，看到终于有人忍不住把手伸向了摆在卡地空地上的物资。

多么漂亮的衣服呀，寨中人还从来没有穿过如此温暖的衣裳。多么珍贵的食盐呀，他们已经很久没有品尝过盐巴的滋味了。多么香的大米呀，就算吃下去马上会被毒死，也值了……

"阿布卓，山下的坏心肠阿哈摆从来没有给我们送过吃的穿的，这次来的阿哈摆会不会是好心的阿哈摆呢？"

"阿布卓，这衣服真暖和呀！您年纪大了，经不住风霜了，还是把它穿在身上吧。"

"阿布卓，这些大米可真香呀！就算是阿哈摆真的又起了坏心，我们也不用怕他们，把这些米煮吃了，大家就有力气重新去找新的卡地了。"

"阿布卓，这里还有锄头和镰刀，我们拿去开挖新地，种上新苞谷吧。"

"阿布卓……"

不管是大人还是小孩，大家都在请示着阿布卓。看着儿孙们祈求的眼神，阿布卓不知道要如何决断。此刻，他也空着肚子，裸着身子。他苍老的身躯已经抵挡了西隆山几十年的风霜，当年强壮的他带着族人建设了一个又一个新的卡地，远离阿列和阿哈摆的剥削。眼看着寨子慢慢兴旺起来，人口从当年的二十多口发展到如今的七十多口，而他也成了人人尊重的阿布卓。如今他老了，身子骨又瘦又弱，再也经不住强风劲雨。他不敢拿儿孙们的生命做赌注，虽然他已无法护佑他们，但却可以牺牲自己去成全他们。

"不行，坚决不行！谁也不要动阿哈摆的东西！"阿布卓跺着手里的拐杖，严肃地命令道。

儿孙们不舍地放下了手里的东西，全都围到阿布卓身边，痛惜地唤道："阿布卓！"

阿布卓看着饥饿的儿孙们，狠狠地跺了一下脚："算了，去把这些米煮了吧，我第一个尝，我没死，大家再吃。"

于是儿孙们拾来柴火，砍开竹筒，生起了火。

可是大米要怎么煮呢？他们只听说过大米可以吃，可没有谁见过怎么煮大米饭呀。

见多识广的阿布卓又发话了："放进竹筒里面加水煮，就像我们煮苞谷饭一样。"

翠绿的竹筒里咕噜咕噜地响起了水沸腾的声音，大米的清香从竹筒里飘散出来，在卡地四周弥漫，勾得孩子们的馋虫在肚子里咕咕直叫。

"真香啊，阿妈，这竹筒里煮的是什么？"年幼的孩子一个劲地问。

年轻的阿妈慈爱地抱着光溜溜的孩子，温柔地告诉他："这是世间最好吃的东西，叫大米。只有山下的阿列和阿哈摆才吃的，我们拉祜西只有山中的苞谷和野苔吃。"

大米饭煮好了，有的稀，有的稠，有的还夹生着，可是人们并不介意，剖开一个个竹筒，把大米饭倒在芭蕉叶上准备分食。整个卡地的人团团围在十几个竹筒前，白花花的米饭直晃眼睛，可是阿布卓没发话，没一个人敢动手。

阿布卓缓缓地伸出他那枯瘦得像树根的手，轻轻捏了一坨米饭，悲壮地放进自己的口中，慢慢嚼了起来。

"嗯，香。"阿布卓又捏了一大坨，放进嘴里吃了起来。

然后他停住了，吩咐儿孙们离他远一点，要是太阳偏西他还没死去，大家才能吃。说完他就闭上了眼睛，极力抵抗着食物的诱惑：刚才吃下去的那两口饭，馋得他真想把煮好的米饭全都吃进肚子里去。

　　李二妹的阿爸找来一根木棍，把它插在阿布卓的身旁，大伙的眼睛眨也不眨地紧紧盯着那根木棍，看着天上的日头把木棍的影子一点点变短，直到影子聚成一个黑点，和木棍合成一体，阿布卓还闭着眼睛，像是睡着了。李二妹担心地叫了他一声："阿布卓。"

　　阿布卓睁开了眼睛，他没有被毒死，一点事也没有。卡地的人们再次沸腾了："哦！哦！大米可以吃！哦！哦！大米没有毒！"

　　"急什么？"见到族人们猴急的样子，阿布卓大声训斥道，"太阳还没有偏西呢，也许是毒性还不到。"

　　孩子们已经馋得口水拉了半尺长，有的已经饿得哭了起来，大人们也饿得前胸贴后背，开始焦躁不安了，可是日头就好像是故意和他们作对一样，正正地立在头顶，一点也没有要偏西的意思。

分食竹筒饭（官朝甲　供图）

有人已经等不及了，准备进山去找点吃的，平时这个时候，他们都进山去挖野苕回来了。

终于，木棍的影子长出来了一点，阿布卓还是没有什么不良反应。他缓缓地站起来，慈爱地吩咐儿孙们："吃吧，大家快来吃白米饭吧！我们拉祜西还从来没有吃过白米饭呢，大家都来尝一尝吧！"

期待已久的人们沉默了，他们默默地跪在白米饭四周，虔诚地膜拜这难得一见的粮食。

李二妹的阿爸把白米饭平均分装在一片片芭蕉叶片上，给每个人发了一份。王二妹和李二妹分别领到了拳头大的一坨米饭，尽管已经很饿了，她们俩还是舍不得马上就吃，而是用鼻子闻呀闻，把那香味吸进心田深处，才张开嘴轻轻咬了一小口，细细咀嚼。这白米饭真是世间最美的食物，她们从来没有吃过这么松软、这么香甜可口的食物，这是她们一生也无法抹去的记忆。

白米饭吃完了，又开始分发衣物。王二妹和李二妹平生第一次穿上了衣裳。从那以后，她们就开始盼着山下好心的阿哈摆再进山来，给他们拉祜西送来可口的白米饭和御寒的衣裳。

说到这些往事，特别是讲到阿布卓不准族人吃饭的那个中午，姐妹俩咯咯咯地笑起来。如今，当年视死如归的阿布卓早已入土，姐妹俩不由得感慨万千。她们说："当年那个苦日子，真是无法用语言去形容。印象最深的就是没有吃、没有穿，饥一餐，饱一餐，吃了上顿没下顿。如今想吃什么就吃什么，想穿什么就穿什么，这样幸福的日子当年真是想也不敢想。"

真情打动苦聪人

1953年,金平县基本完成了军事进剿,解除了匪特对各族人民生命财产安全的威胁。人民政府进一步加强了对苦聪人的救济和扶持力度,把分散居住的苦聪人聚集起来安置,指导他们从事农业生产。除了发放救济粮款和生产生活必需品外,还发动河坝地区的傣族和半山区的哈尼族、瑶族同胞,帮助苦聪人建盖住房、修筑道路、开垦稻田,教会他们使用耕牛、学种水稻。从1953年到1956年,仅通过民政部门发放用于帮助苦聪人购置农具、家具、耕牛的救济款就达4.8万元。

总结过去的历史,人们总是习惯了三言两语,然而从获得苦聪人的信任,到把他们接出原始森林,帮助他们定居下来从事农业生产,却是一条漫长而又艰辛的路。

西隆山重峦叠嶂,遮天蔽日,苦聪人生活在这片密林深处,大都过着衣不遮体、食不果腹的原始社会生活。为了结束苦聪人穷苦的流动生活,人民政府派出了大批的干部和解放军指战员一起,到茫茫林海中寻找苦聪人。1953年底,陆续找到52户600多人,建起了9处苦聪人集中定居点。当时,在茫茫的原始森林里传递消息十分困难,党和政府关心、帮助苦聪人的诸多情况,并没有被躲在密林深处的大多数苦聪人所知悉。

1953年春天,学者杨万智的父亲杨鸣岗带着他的收音机从昆明来到金平,和解放军一起走进深山老林里寻找苦聪人。

"说起苦聪人来好玩啰。"杨万智在文章中回忆父亲的经历时写道。那时的苦聪人,睡在树丫上,饿了吃生果,冷了就裹张芭蕉叶。解放军钻进密林中一个一个地找,苦聪人怕,你找到东边,他躲到西边,就是不出来。后来找到了,像电影里放的一样,是头人李老大站在山坡上,扯开嗓子到处喊:"出来嘛,政府家的解放军要得啰。"然后才一家一家从宽阔的老林中朝李老大聚拢过来。

苦聪人长期生活在密林里,对山外的世界知道得很少,听见杨鸣岗带来的收音机里有人说话、有人唱歌,他们先是害怕,后是惊奇,硬要他打开这个小"木箱",看看里面说话好听的"鬼"有多大。"木箱"打开了,里边什么都没有,他们又怪杨鸣岗胆子小,不敢看,快手快脚把"鬼"放跑了。政府和解放军为苦聪人建盖了新寨子,请他们的头人来金平县城参观。苦聪头人从没见过一个地方有成千上万的人,好几次问县长:"哦!那么多人从哪里叫出来的?"见到县政府三层高的办公楼,又惊叹:"哦扎扎,房子不是人盖的,是魔王盖的,那么大的棚棚人搭不成。"

1954年1月,隶属于蒙自专区的红河哈尼族彝族自治区人民政府成立时,有苦聪代表参加,但人民政府工作人员不知道苦聪同胞究竟有多少人,都生活在哪里。1956年初,蒙自军分区根据当地党委的指示,决定派出边防军民族工作队,深入原始森林去寻访苦聪同胞的踪迹。

因为交通不便,寻找苦聪人的民族工作队遇到了重重困难,但道路的艰险和毒虫猛兽的威胁并不能阻止他们进山的脚步,最难的还是苦聪人天生对外人的抗拒,让民族工作队的工作几乎无法开展。在金平县金竹寨一带,民族工作队曾三次派小分队进入森林寻找苦聪人,但苦聪人见生人就跑,跑得还很快,无法追上,因此始终没有收获。王二妹和李二妹在给我讲述的过程中也不停地强调,虽然后来苦聪人接受了民族工作队,并在民族工作队的帮助下走出了原始森林,可是刚开始见到民族工作队时他们感到十分害怕,不愿意相信和接近民族工作队。得不到苦聪人的信任就无法把他们接出原始森林，民族工作队只能改变工作策略，与当地哈尼族、瑶族山寨的老百姓同吃同住同劳动，伺机接触苦聪人。至今，在金平还流传着许多解放军寻找苦聪人的感人故事。

1956年夏天，一个民族工作小组深入原始森林探访苦聪人。

民族工作小组由副班长杨克彬和战士殷国平、郑益厚组成。在一个细雨蒙蒙的早晨，他们带上武器和三天的干粮以及一些准备送给苦聪同胞的礼物，走进了原始森林。

开始，他们完全被森林中的迷人景色吸引住了。大树粗得几个人都合抱不拢，茂密的叶子成了天然的帐篷，偶尔从树叶缝中漏出一点缝隙，射进一缕金线似的太阳光来。树干上裹了一层厚厚的青苔，好像给树穿了一件绿色的绒衣。地上铺满了一层层落叶，走在上面软绵绵的。调皮的猴子和松鼠在树枝上跳来跳去；白鹇、黄莺、画眉和许多叫不出名字的鸟儿，躲在树丛里不知疲倦地歌唱；有时候还会看到机灵的黄麂和笨拙的老熊。

解放军小分队进山（官朝甲　供图）

三个战士好像走进了童话世界。

可是没走多久就碰到了困难。森林里根本没有路，他们一边拨开乱草和刺蓬开路，一边还要做避免迷失方向的记号。他们的脸上、手上都被刺蓬划了很多的血口。碰到悬崖，他们就攀着从岩石上吊下来的藤爬上去；遇到深沟，就顺着倒在沟里的大树爬过去。肚子饿了，就吃点干粮；渴了，就伏在地上喝口泉水；走疲乏了，就倒在大树下睡觉。睡觉还要轮班，一个人睡，两个人放哨，防备猛兽侵袭。就这样走啊走啊，他们靠着指南针在森林里转了三天，却连个人影也没看见。

粮食吃完了，他们只好回到部队驻地休息了两天，接着又带上干粮，第二次走进森林。开头三天也没碰到人，战士们暗自嘀咕："哪年哪月才能找着苦聪同胞呵！"第四天，他们登上了一座山峰。这里的树比较少，忽然望见四五十米远的地方站着一个披头散发、脸色黝黑的男人，身上挂着几条烂布筋，好像在采野果。他们高兴得大叫起来："老乡，老乡。"那人听见喊声后掉头就拼命跑，三个战士急得大叫："老乡，不要跑！"哪知不叫还好，一叫，那人越发拼命地跑，到了一座石岩顶上，竟纵身一跃跳了下去。殷国平和郑益厚还要追赶，副班长杨克彬连忙阻止他们说："领导一再嘱咐我们要慎重。这样一个劲儿追，万一出了事，反而不好。"他们在这个地方做下了记号，然后返回驻地。

他们第三次进入森林，就按着记号朝那个人跑的方向找去。走了一天，前面出现了一块亮堂堂的地方，飘着缕缕炊烟。他们高兴极了，心想有烟火必有人家，便急忙往冒烟处走去。到那里后发现一座芭蕉叶盖的房子，屋里还燃着一堆火，却一个人也没有，看样子屋里的人是刚才听到狗叫声才逃走的。为了找到苦聪同胞，他们不肯放弃一丝机会，决定在屋子里等逃走的苦聪同胞回来。可是直等到天亮，仍然没有一点动静。

他们失望地回到驻地，讨论下一步该怎么办。殷国平建议先到森林旁边的瑶族寨子里去做工作，争取瑶族同胞帮助他们寻找。杨克彬和郑益厚都说这是个好办法，领导也同意了他们的计划。殷国平和郑益厚便搬到瑶族住的金竹寨住下，白天同瑶族同胞一起下地劳动，晚上围着火塘向大家宣讲党的民族政策。半个月工夫，两个战士就跟瑶族同胞处得很熟，无话不谈了。有一天，一个叫邓三妹的瑶族姑娘问殷国平："你们真心要找苦聪人吗？"

"不是真心，我们三番五次进老林去干什么？"

"你们找到了苦聪人，不会伤害他们吧？"

"怎么会伤害他们！共产党和毛主席主张各民族一律平等，所以派我们来找苦聪兄弟，要他们走出老林去过好日子。"

"你们说的当真？"邓三妹还有点不放心。

"我们在你们金竹寨也住了半个月了，伤害过你们瑶家没有？又有哪句话骗过瑶家？"

邓三妹这才告诉两个战士，她的大姐就嫁给了苦聪人白大热，她愿意领他们去见她姐夫。

殷国平和郑益厚一阵狂喜，如果有邓三妹带路，苦聪人应该就不会拒绝他们了，这样组织上交给他们的任务也就可以顺利完成了。

邓三妹领着殷国平和郑益厚他们又一次进入西隆山深处的密林，到达了上次他们到过的那间苦聪人的芭蕉叶屋子。屋子里依旧燃着火堆，却仍然空无一人。等了半天，也不见有人回来。一连去了两次，都是这样。

人到哪里去了呢？两个战士纳闷起来。邓三妹说："准是我姐夫看见你们跟在我的后面，不敢出来相见了。"

殷国平只好请邓三妹一个人进老林里去，和她大姐说好了，再领他们去会面。邓三妹去了一趟，回来说："我说了半天，大家还是不放心。只有我姐夫答应留在家里。他说：'我年纪大了，死了也不要紧，要死只死我一个。'连我大姐都不敢见你们。"

殷国平问："苦聪人为什么这样怕我们？"

邓三妹说:"苦聪人吃'黄皮狗'的苦吃得太多了。他们怕你们跟'黄皮狗'一样,也要伤害他们。我向他们保证说,共产党跟国民党不一样,绝不会欺负苦聪人,我姐夫才同意留下来的。"

两个战士跟着邓三妹又走进那间老林深处的芭蕉叶屋子,哪知道屋里还是没有人。邓三妹叫他们在屋里等着,自己出去找了好半天,才领着她的姐夫白大热回来。两个战士一看,惊喜地说:"原来是你!"原来邓三妹的姐夫就是上次他们碰到的披着几条烂布筋采野果的那个男人。

白大热见到殷国平和郑益厚他们坐在自己的屋子里,吓得就要退出去,邓三妹拉住了他,说:"姐夫,他们是好心人。"

可是白大热还是感到很害怕,周身发抖,神色十分紧张,不敢进门来。邓三妹拖着他进门,殷国平和郑益厚也站了起来,按照邓三妹提前交代他们的,主动掏出了刀烟递给白大热。这是苦聪人互相问好的方式,白大热见这些阿哈摆主动向他示好,颤巍巍地用发抖的双手接过了刀烟。他找到自己用竹子做的一只水烟筒,递给殷国平。殷国平接过来,熟练地装上刀烟,从火堆里拿起一根燃烧的树枝,点燃了烟嘴上的刀烟,吸了起来。

吸水烟筒是殷国平前几天才学会的。要想和生活在金平的少数民族谈到一块,不和他们吸上几口水烟筒,话匣子就没法打开。

白大热见殷国平愿意吸他的水烟筒,开始咧开嘴笑起来,神情也镇定了不少。郑益厚趁机拿出了他们带给苦聪人的礼物——一点盐巴和几件衣服,让邓三妹交给白大热。

邓三妹笑嘻嘻地把礼物交到白大热的手上,说:"姐夫,快拿着吧,这是解放军代表毛主席送给苦聪人的礼物。"

"毛主席?他是山下的阿哈摆?"白大热问邓三妹。

邓三妹听完哈哈大笑起来:"毛主席不在山下,他在北京,他是我们穷人的救星,是一个慈祥的阿布卓。"邓三妹平日听杨克彬他们宣传民

瑶族姑娘带领解放军寻找苦聪人（官朝甲　供图）

族政策，就记得"穷人的救星"这一句，后面这一句是她为了让白大热理解，用自己的话形容的。

"哦，毛主席，阿布卓。"白大热喃喃自语道。

殷国平听到他念叨"毛主席"，趁机拿出了一枚毛主席的像章，递给白大热："这就是毛主席！就是他带领我们穷苦人翻了身，他是我们全中国穷苦百姓的大救星！"

"对，姐夫，我们有了毛主席大救星，以后再也没人敢欺侮我们瑶家和苦聪人了。"

白大热拿着像章，看了很久，喃喃问道："再也没人敢欺侮我们苦聪人了，是真的吗？"他边说边激动地流下了眼泪。

殷国平肯定地对白大热说："当然是真的！毛主席很关心苦聪兄弟，让我们一定找到你们，把你们接出老林去，过上幸福的好日子。"

邓三妹给白大热翻译了一遍，白大热激动得哭了起来，说："好心人，毛主席真是好心人！你们都是好心人！好心人来了我还跑，真对不起你们啊！"

殷国平见白大热已经接受了他们，趁热打铁地说："老乡，白大热兄弟，你要是认定了我们是好心人，我们想麻烦你转告其他苦聪兄弟，让他们一起下山去过好日子，离开这个不见天日的原始森林。"

邓三妹委婉地向白大热讲了解放军的意图，白大热听完，沉默了。他不是不相信殷国平和郑益厚，他看出来了，如果他们不是好心人，邓三妹也不会把他们领上山来。可是他知道，自己的族人害怕阿哈摆就像害怕恶鬼一样，就算说得天花乱坠，他们也是不会相信的。

殷国平和郑益厚理解了白大热的担忧，决定先回驻地去，向上级汇报情况之后，再深入苦聪人的卡地做说服动员工作。

见到好心人要走，白大热把门挡住了，咿哇咿哇讲了半天。郑益厚和殷国平听不懂他的话，十分不解，邓三妹解释道："我姐夫说，他的女人还没见着你们这些好心人，不让你们走，要你们在这里住一夜。"

原来是这样，殷国平他们笑了。能得到白大热的信任是十分不易的，他们就决定住一夜。

为了招待客人，白大热把火塘上方挂着的十多只松鼠干巴全都放进几只竹筒里，靠在火塘边煮了，还在滚烫的火灰里埋了几截野苕。殷国平和郑益厚眼见这个难以遮风挡雨的窝棚，屋里除了挂着一把弩和几支竹箭外，再没有其他财产，明白今天的晚餐是白大热倾其所有招待他们，心里十分感动。当晚，殷国平他们把带着的干粮送给白大热，自己吃着野苕，喝着松鼠干巴汤，觉得十分鲜美。

吃完晚饭，天已经黑了，白大热客气地请殷国平和郑益厚到屋里唯一的木床上去睡觉。那可是苦聪人家的男主人才能安睡的地方，殷国平和郑益厚极力推辞，并解释说自己只是普通的战士，不能睡在床上，还是在火塘边躺一宿吧。

见殷国平和郑益厚怎么也不愿睡床，白大热便和他们一起躺在火塘边的泥地上睡了一夜。卡地露水很重，湿湿的泥地太冷，殷国平和郑益厚怎么也睡不着，只好翻来覆去地烤火。殷国平和郑益厚心想，这个地方根本就不适宜人居住，一定要把苦聪兄弟接到山下去，让他们不再过这种苦日子。

第二天清晨，天蒙蒙亮，殷国平和郑益厚在迷糊中被一阵人声吵醒。他们睁开眼睛坐了起来，见其他几人还在熟睡。是谁在说话呢？难道是林中的苦聪人回来了？听讲话的声音，还有女人和孩子，昨天白大热说他的女人今天回家，应该是他们回来了吧？

殷国平站起来，打开门正要走出去，屋外的几个人却像受惊的兔子，哧溜一下，全都躲到附近的林子里去了。此时白大热也醒了，他把殷国平拉进屋里，自己走到屋外咿里哇啦地朝林子里讲了一通，半天才见三个浑身上下光溜溜、脏兮兮的孩子睁着圆溜溜的眼睛怯怯地从林中走了出来，走近茅屋。殷国平和郑益厚从屋里的缝隙往外观察，并不见白大热的女人。

邓三妹出门去唤她的姐姐，却也是只闻其声，不见其人。她回来对殷国平和郑益厚说："我姐姐说她不好意思见你们，因为她身上没有穿衣服。"

殷国平一阵难过，脱下自己的外衣，让邓三妹给她姐姐送去。不一会儿，白大热的女人披着殷国平的外衣从林中走出来。同是姐妹，嫁给苦聪人的姐姐过的是原始的生活，没有衣穿，没有饭吃。这让邓三妹一阵抽泣。

两个解放军战士把外衣都留在了白大热家，并告诉他们，过几天解放军再来，到时候会带着更多的物资来救济苦聪人。

离开白大热家的时候，白大热叫两个儿子替解放军背着背包，一直送到森林边上。正要道别，这两个苦聪孩子一把拉住他们的手，放声哭了起来："好心人，你们一定要来呀！不要忘了我们呀！"

殷国平和郑益厚也感动得流下了热泪:"我们忘不了你们的,我们一定会来的。"

殷国平他们下山了,山风呼呼地在耳边刮着,刮得树林唰啦啦地响,同时也刮痛了他们的心。苦聪兄弟实在太苦了,他们一定要从白大热家开始做好说服工作,动员他们下山去,和全国人民一起分享革命胜利的喜悦,过上幸福的生活。

给上级政府和部队打过报告之后,殷国平和几名解放军战士带着慰问物资到白大热家旁边搭了个窝棚住下。白天,他们和白大热家一起上山采野果、打猎。晚上,围着篝火,殷国平和郑益厚通过邓三妹翻译同白大热家的人交谈,告诉他们森林外边的世道变了,苦聪人应当走出深山老林,同其他兄弟民族一样过上新生活。

这样过了两个月,白大热终于被打动了,同意帮助解放军说服族人

解放军和白大热一家(来源于网络)

出山。

在瑶族姑娘邓三妹的有力帮助下，工作队多次往返于森林与驻地，送去粮食、火柴、盐巴和衣服等物品，让白大热分给还留在林中的苦聪人。

有一天早上，殷国平在睡梦中听见白大热叫他："解放，解放，你们出来。"

自从殷国平他们上山和白大热一家住在一块之后，他和战士们就多了一个称呼，那就是"解放"。

白大热这么早来找殷国平，肯定发生了什么事。殷国平匆匆起床走出屋外，问白大热怎么了，白大热指着树林边激动地对他说："解放，你看，他们都出来了。"

殷国平这才注意到，在离他们窝棚不远的地方，静静地坐着一群身着兽皮或衣衫褴褛的苦聪人，间或有几个人身上穿着他们发放的衣物，却是穿了衣服的没有裤子穿，穿了裤子的没有衣服穿。一眼看去，男女老少有二三十号人。殷国平意识到，这些都是从原始森林里走出来的苦聪人。他一阵狂喜，禁不住抬脚朝他们走去。

人群见殷国平朝他们走来，一下子吓到了，大家都往林子里缩，吓得殷国平赶紧收住了脚步，一步也不敢挪。

"标①——，别走。"他一边试图安慰涌动的人群，一边喊，"邓三妹，你快来。"

邓三妹听见喊声，赶紧跑了出来，见到这么多苦聪人，知道殷国平急需翻译。她赶紧用苦聪语叫住往林中走的苦聪人："标——，别走！你们来这里不就是要找解放军的吗？他们是好心的阿哈摆，是我们穷苦人的亲人。"

人们停住了脚步，邓三妹赶紧拉过白大热，说："看，白大热和解放军住了两个月，他们一家都还好好的。解放军还帮他们一起干活、盖房子，教他们种地，给他们送吃送穿。白大热，你快和他们说，解放军真的

---

①标：苦聪语，苦聪人互相打招呼的称呼。

是好心人啊!"

白大热被邓三妹推上前,一时急得结巴起来:"解……解……解……解放,是……是……是……是好……好……好……好心人,你……你……你们上……上……上回拿……拿……拿……拿……"

邓三妹急了,一把推开他:"还是我来说吧。标——,我姐夫的意思是,解放军是好心人。上回他带给你们的盐巴、衣服和粮食,都是解放军送来的,是北京的毛主席对我们边疆少数民族特别是苦聪兄弟的关心。"

经过多日培训,邓三妹已经成为一名能说会道的优秀工作队队员了。这时,几名解放军战士都起来了,邓三妹指着他们对苦聪人说:"看,他们就是解放军,他们都是好心人。就是他们用马和背箩把盐巴、衣服和粮食搬上大山,让白大热送给你们的。"

"解放,工作队。"苦聪人已经不止一次从白大热的口中听到这些新名词了,现在在邓三妹的介绍下,他们又真真切切地看到了亲切的"解放"和"工作队",他们开始围了过来。

"这就是解放?"

"这就是工作队?"

"就是他们给我们送吃的送穿的?"

他们不停地向白大热和邓三妹求证着,当得到肯定的答复时,这群从丛林里走出来的苦聪人咧开嘴笑了。

"我们也要和解放军在一起。"

"对,和工作队住

解放军用真情打动了苦聪人(官朝甲 供图)

在一起。"

这个可喜的变化让殷国平他们欣喜不已，赶紧把情况上报给金平县委和蒙自军分区。金平县委和蒙自军分区得知这一消息，十分高兴。

这次说服工作获得突破性进展，让白大热也深受鼓舞，他带着殷国平、郑益厚等人一次次深入翁当老林，对着茫茫丛林呼喊："李二哥，出来嘛，政府家的解放军要得咯。"

"白幺妹，出来嘛，阿哥说的话是真的，解放军是好心人呢！"

…………

一个个苦聪人在他们的呼唤下从老林里走出来了。这个场景后来被八一电影制片厂拍进纪录片《苦聪人》中。

就这样，他们又找到了37户185名苦聪人。找到这部分苦聪人后，国家又拨给33000元的专款买了粮食、衣服和农具，帮助他们在老林脚建起一个定居点，取名为"新安寨"（又名"苦聪新寨"）。苦聪人代表李批章、王二还被县委、县政府委派到北京开会，见到了毛主席，和毛主席一起合影留念。毛主席很关心他们，送毛呢衣服给他们穿，给他们钱买东西，苦聪人自豪地称他们是毛主席的幺儿子。

访问团入山

部分苦聪人被找到了，但更多苦聪人仍隐藏在深山老林中，过着刀耕火种、不见天日的生活。金平县档案馆的一份馆藏档案引起了我们的注意，这份珍贵档案叫《金平县委关于开展苦聪民族地区工作的初步意见》，记录了当年苦聪人的真实情况。

根据档案记载，当时苦聪人有400余户2000余人（包括200余岔满人在内，后来这部分人归为布朗族）。中华人民共和国成立前，由于反动统治采取民族压迫及民族间歧视，苦聪人在政治、经济、文化上长期处于原始状态中，与其他民族产生隔阂，还受迷信等思想的影响，极少与其他民族往来。他们深居在高山原始森林内，这片区域南起金水河河头，西至平河老林，长约300里，宽约80里，属国境前沿，地势险要。中华人民共和国成立后，在党的民族政策照耀下，经人民政府几年不间断的扶持和救济，部分苦聪人有了一定的改变，由深山老林搬至土地、水利条件较好的老林边沿定居。定居的最大寨子是四区的苦冲大寨，有51户228人。其余多为分散居住，刀耕火种，以种植苞谷、地谷，饲养家禽、牲畜谋生。散居深山老林的，部分没有一定的住屋、炊具和农具，用芭蕉叶简单地遮盖，用竹筒当炊具煮饭，每煮一次要用一节竹筒，把木枝削尖当农具。一见到政府

苦聪家长分食松鼠干巴（官朝甲　供图）

工作人员及其他民族即躲开。一是怕其他民族；二是衣不蔽体或完全没衣裤穿，见人害羞。

针对这种情况，金平县政府决定按上级指示精神，统一步调，正确贯彻执行党的民族政策。在上级党委的统一领导下，组织了18人的访问团，与边防部队的苦聪民族工作组密切配合，充分利用各个方面的有利条件，采取访问的形式，疏通了与苦聪人的民族关系，建立了民族感情，对他们进行政治教育，启发他们提高思想觉悟，逐步消除民族隔阂。通过扶持、帮助苦聪人解决在生产、生活上的困难，使他们由分散迁徙的生活过渡到集中定居的生活，发展了生产，逐步过渡到社会主义社会。

这份意见以请示的形式上报到当时的红河边委后，引起了红河边委、蒙自地委、云南省边委的高度重视。很快，金平县委就得到批复，开展了全面进山搜寻苦聪人的工作。

1957年2月，蒙自军分区又派出35名战士，同金平县委、县政府抽调的18名干部组成苦聪人访问团，进入深山寻找苦聪人。访问团在副县长刘天德的带领下，背上粮食、布匹、棉毯、铁锅、食盐等，分为4个小组分赴勐拉区的普角、翁当和老集寨区的新寨、茨通坝4个乡，对西隆山进行地毯式搜寻。

在这个访问团中，18岁的哈尼姑娘普秀英是一道亮丽的风景。她是金平干塘村革命烈士普三的女儿，因为父亲参加了共产党，小时候的她曾经被白匪用刺刀刺杀八刀而大难不死。中华人民共和国成立后，普秀英继承父亲的遗志，参加了革命工作。苦聪人基本听不懂汉话，但他们大部分能听得懂哈尼语。为了响应党的号召，普秀英毅然决然地参加了苦聪人访问团，成为一名普通的工作队成员，进入西隆山茫茫原始森林，走上了她人生中最艰苦、最难忘的帮助苦聪人出林定居定耕之路。

普秀英被分在第二组，分在翁当乡。翁当乡由三区管辖，区政府设在勐拉坝，也称"勐拉区"。当时的勐拉坝瘴疠肆虐，医疗条件极差，外

解放军访问团进山寻访苦聪人(官朝甲 供图)

地人去到勐拉大部分人会染病身亡,故有"十个去勐拉,九个不回家"和"要去勐拉坝,先把老婆嫁"的说法,但普秀英不怕。

"我说的不怕,并不是说命不重要,而是说不怕'打摆子'。我们在培训的时候医生老师就讲过啦,摆子病就是疟疾,是可以治疗的。以前我们寨子也有人着过,到政府打一针就好啦!有政府在,我怕哪样?"

普秀英对疟疾说不怕,说的时候声音脆,底气足,颇有烈士后代的风范。

第二组的成员有组长许文清(勐拉区区长)及朱成英、胡庆来(县委秘书)、潘世方、李金兴和普秀英。

在西隆山茫茫原始森林中,湿地铺满枯枝败叶,一脚踩下去像踩在棉花上一样,还冒出一层黄褐色的臭水。走不了多远,鞋袜都湿透了。进入这样的区域,别看四周静悄悄的,什么动静也没有,但这才是最危险的境地。那些林下的统治者——干蚂蟥,平时沾歇在树叶的背面睡大觉,但路过的人只要轻轻一碰，它就立即醒来，悄无声息地黏在人的脚上，有的顺着人体往上爬，钻进大腿，有的甚至钻进裤裆！它们用吸盘吸附在人身上吸血，吸饱了才脱落。因为干蚂蟥在吸血时会分泌出麻醉物和一种凝血抗体，因此就算它吸饱脱落了，人们也感觉不到。被它咬开的伤口还会不停地往外冒血，有的人直到裤管湿了，才发现自己被干蚂蟥咬了。

普秀英家干塘村背后就是一望无际的茫茫原始森林，她从小就跟随父母在森林里采野果、讨猪食，对于如何应对干蚂蟥的攻击，她很小就从父母那里学到了一些方法。访问团进山的时候，在上级配发的物资中，有老百姓常吸的刀烟丝。普秀英找到组长许文清说："组长，能给我一小点刀烟丝吗？"

许文清是个清瘦精干的领导，组织观念很强。普秀英说话时声音很小，但他听得很清楚。他看了一眼普秀英，和蔼地说："哟，我们的小白鹇鸟，你要刀烟丝干什么？莫不是你也要当女烟鬼？"

"区长，不开玩笑，也不是我自己想要。给大家分一点，进老林收拾干蚂蟥很有用。"

"姑娘，你不要这样拿眼睛讨好我。我严正地告诉你，这些刀烟丝是上级发给苦聪同胞的，我们队员任何人都没有拿来自己用的权利，一丝也不能拿。"

"对不起，区长，我错了，不该开这个口。"

普秀英在许文清面前道歉后，转身才走出两步，就被许文清叫住了。

"哎哎，小普姑娘，你等等，你刚才说拿烟丝收拾干蚂蟥？"

普秀英转过身来，双手理了一下两条乌黑的辫子，把头靠近许文清，说了几句悄悄话。许区长立即召开了小组会议，所有组员全部到齐后，许文清说："同志们，现在突然把大家召集起来，只有一个议题，那就是请我们队里的哈尼姑娘普秀英来给我们讲对付干蚂蟥的新招。大家欢迎！"

身穿没有领章的军服、腰扎武装带的普秀英从座位上站起来,右手三个指头在左手掌心里撮起一小坨刀烟丝,对着大家说:"大家注意啦,刀烟丝对付干蚂蟥很有用。我们小时候就用过,灵得很!进老林里,如果你被干蚂蟥叮上了,你不要一来就用手指去抓,干蚂蟥没有吸饱很难抓得下来。就算你想办法抓下来了,干蚂蟥留在叮咬处的口水都会让你的创口发炎,痒得你抓烂肉皮。发现被干蚂蟥叮上了,你先拿一小撮烟丝放进嘴里,拌上点你自己的口水,然后拿出来敷在干蚂蟥上,干蚂蟥立马就脱落了。你再拿有口水的烟坨擦伤口,好好揉几下,干蚂蟥叮过的地方就不会痒了。大家听清楚啦?"

"听清了,普姑娘!"

"还有,老林中有一种牛马牲口都叮得死的大黄蚊,一旦被它叮咬到,伤口就奇痒溃烂,用烟丝的办法也有特效!我说完了,谢谢大家!"

大伙的掌声刚停,许区长又说:"同志们注意了,我已向上级请示

普秀英(右二)和苦聪人在一起(普秀英 供图)

了，上级同意给我们队员每人配一点刀烟丝，作为防治干蚂蟥用。等会儿散会了找小普领。明天我们就进老林。"

第二天，队伍从勐拉出发，赶了一个"两头黑"，就是天不亮就出发，天黑了才到目的地，第一站就到金竹寨。

这一片区域除了金竹寨外，还有7个苦聪寨子。金竹寨的苦聪人从意识观念到社会交往，都算得上较先进的，居住相对稳定和集中。但由于受粗放的刀耕火种生产习惯影响，加之土司、头人的剥削，他们仍然处于半耕半猎半居半游的生产生活状态。住的是低矮的篱笆墙竹叶顶房，一旦漏雨就用木棍在屋里掬一掬、戳一戳，以理顺竹叶，让雨水漏得少一些。寨子里的人普遍吃不饱，穿不暖。

就在普秀英他们到来之前，已经有解放军部队开始在做苦聪人的工作了。第二组到后与解放军一起工作，大家既有明确的分工，又有密切的合作。他们以群众基础比较扎实的金竹寨为据点，在丫口寨、老马寨、老白

普秀英（右一）带领苦聪人盖房子（普秀英　供图）

寨、老杨寨、李家寨、河边寨、荞菜坪河头寨开展了寻找苦聪人的工作，计划在找到苦聪人时大力宣传民主改革运动、党的政策和毛主席对边疆各族人民的关怀，并动员这7个寨子的苦聪人出林，组建苦聪新寨，实行定居定耕。按照工作要求，他们在当地村民的配合下，进山对这7个寨子展开了逐村逐户寻找、走访。在石头脚下，在岩洞中，在杂草遮天的深山上，在树木蔽日的森林里，都有苦聪人的"家"。村与村之间要步行五六个小时以上，户与户之间要步行一两个小时以上；东一户，西一家，一个寨子少的有3户，多的也只有5户，还有单户住在一个山头上的。事实上，这些寨子根本不是真正意义上的村寨，只能称为临时游猎游耕点。所有的人都没有大米吃，只吃苞谷，也没有衣服穿，大人在腰间系一些烂布之类的东西遮羞，十几岁以下的孩子都是裸体。

"我印象最深的是我们找到王二家的时候，他们住在一间竹叶盖的烂棚子里，一家五口，即王二和妻子及三个女儿，其中大女儿已有十三四岁了，全家人身上一丝不挂。屋内根本没有床，不论白天黑夜都是烧一堆火，夜晚全家人就围在地上的火塘边睡。在寻找苦聪人的过程中，只见茫茫的大山和森林，一山比一山高，一林比一林密，杂草、树木遮天蔽日，有的地方有毛路，有的地方连毛路都没有，要重新砍路，才能勉强前行。"

解放军和民族工作队进山找苦聪人，送给他们火柴，苦聪

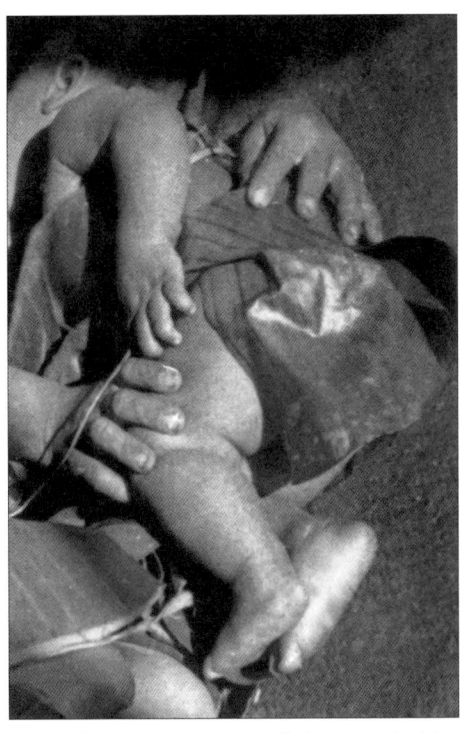

用芭蕉叶包裹的孩子（官朝甲 供图）

人十分感动。以前苦聪人需要外面的衣服、火枪、盐巴、铁器，往往碍于没有衣服遮羞，交换时只好拿着松鼠干巴、兽皮、药材、篾器等，放在其他民族村寨边的路旁，自己则躲进附近的草丛里。寨子里的人一看就知道是苦聪人来交易了，便拿旧衣服、盐巴等物品放在旁边，拿走苦聪人的东西。苦聪人则等人走远后再出来拿走换回的东西。这种交易方式，会出现别人多拿少给或白拿的情况，苦聪人便以射箭或掷石块表示异议。如果别人强行拿走，苦聪人就会抬着弓弩追击。如果苦聪人不放箭，就是表示同意。这种"默商"的交易方式，大约在20世纪50年代后期苦聪人基本定居后才告消失。

普秀英他们和解放军在深山老林里面经过一个多月的寻找，宣传党的政策，发给他们衣物、布匹，动员他们集中定居。在与他们面对面交流的过程中，沟通了情感，基本消除了苦聪人的顾虑，还帮他们携老背幼走出森林。历时半年，才将这些散居于茫茫林海中的苦聪人全部找到，并分批带出森林，建立了32个自然村，加上早先已经出林定居的苦聪人，总共465户2500多人。

这是苦聪人第一次大规模出林定居，被称为"苦聪人的春天"。当年那一场轰轰烈烈的"战役"，由于年代久远，进山的工作队队员们留下的资料非常稀少，普秀英所讲述的事实仅仅是冰山一角。在去苦聪地区采访的时候，我们很想从苦聪人口中听到当年的工作队队员和他们之间发生的故事，以便我们把那场艰苦的"战役"了解得更加透彻，可惜王二妹等在世的老人只知道叫他们为"解放"和"工作队"，询问无果，甚为遗憾。王二妹和李二妹回忆道："那时的工作队队员太能干了，白天帮助苦聪人开田挖地，晚上宣传党的民族政策，把党和苦聪人的心紧紧地联系在一起。苦聪人记不住干部们的姓名，都亲切地称他们为'解放''访问'和'工作队'。他们说共产党的干部比亲人还要亲。"

杨鸣岗去到翁当乡荞菜坪河头和翁当河头两个村的9户苦聪人家中做

调查。当时的情况是，9户人家总共只有3把铁斧和12把铁刀，平均3户才有1把铁斧。劳动时，苦聪人只会使用木、竹工具，用天然的细树枝或竹竿点种，用天然树丫作木锄，用木棒削成的木锹除草、挖掘。在打破了原始的生活状态，进入社会主义社会之后，苦聪人又是怎么走向文明社会的呢？他们又经历了哪些不为人知的故事呢？在采访中，我们深深体会到，苦聪人的生活习性和固有思想观念的影响，使苦聪人出林定居成为一场艰辛而漫长的拉锯战。

出山记

祖祖辈辈藏老林,
世世代代不见天,
树叶做衣裳,
兽肉野菜当食粮。
芭蕉叶是苦聪人的屋顶,
麂子的脚印是苦聪人的大路……
共产党领我们离开了山箐,
走出了老林,
苦聪人才有房屋,
有了火,有了太阳。

————苦聪民歌

新的战役

西隆山茂密的雨林是苦聪人天然的保护屏障。当人们带着探寻的目光打开那个原始世界的时候，苦聪人是不安的、排外的。经过工作队的不懈努力，渐渐地，苦聪人曾经披着铠甲的心灵被那春风般的温暖融化，外面未知的世界也在眼前徐徐打开，牵引着他们一步步去探索新奇的文明世界。然而，在访问团的帮助下欢天喜地走出丛林定居的苦聪人没有想到，他们憧憬的新生活并不像他们想象的那么简单。

王二妹与李二妹对我说，那天阿布卓视死如归的行动证明了这次进山的阿哈摆是好心人之后，她们就对山下的阿哈摆充满了期待。随后，解放军一次又一次进山赠送物资，她们的族人开始接受了这些"解放"和"工作队"。就像白大热一家一样，姐妹俩在家人的带领下开始出林定居。

新房是山下的瑶族、苗族、哈尼族帮忙建盖的。苦聪人从来没有住过那样的房子，筑土做围墙，大树做房梁，茅草用来盖屋顶。那之前，他们的房子简简单单，几根手腕粗的木头和一些细树枝搭在一起，有的围上篱笆，再盖上芭蕉叶，就是一个遮风避雨的卡地。

他们在分到的新房里激动地东看西看。解放军为他们准备了做饭和炒菜用的铁锅，可是他们不会用，还是习惯用竹筒烧饭。屋子里有搭好的床，可是他们不愿意睡，还是要睡在火塘边。他们穿上了解放军送来的新衣服，却不会洗衣服，穿脏了就任其脏着，一层层的污渍看上去油汪汪的，满身的汗味。妇女不会补衣服，衣服被刮破了，任破洞越张越大，直到变成烂布筋挂在身上。

曾经剥削过他们的傣族土司刀家柱不见了，山下的傣族同胞变得非常亲切，把最好的田地分给他们种。政府给他们送来了耕牛。到1957年底，已有80%的苦聪人尝试出林在山腰和山脚发展生产，70%的苦聪人开始学习使用板锄、刮子等铁农具，35.9%的苦聪人家开始种植水田。

由于苦聪人没有使用过牛，更没有犁田耙田的任何常识，一般情况下其他民族只需要一个男人就可以犁田或耙田，而苦聪人却必须四个男人才能犁田或耙田。他们犁田耙田的方式为：一人拉牛，一人犁或耙，牛的两边还要两个人护犁或护耙。即使是这样的人力投入，还是不能把田犁好耙好。为了让苦聪群众尽快掌握种田技术，工作队队员与附近的哈尼族寨子联系，带苦聪人去向哈尼族学犁田、耙田。关于苦聪人与牛，普秀英还

开荒种地（南马 供图）

给我们讲了一个真实的故事。她说:"苦聪大寨有40多户人家,为发展生产,我们访问团帮他们组成3个换工互助小组。顶青的傣族群众向他们捐送了40多亩水田,国家送了3头水牛。当访问团成员黄正忠将牛赶进寨子来的时候,全寨男女老少都来围观。黄正忠说这是政府送给他们犁田耙田用的,是党对苦聪人的关怀,希望他们好好喂养和使用。但苦聪人显得很胆怯,不敢去牵牛。黄正忠贴近水牛的身子,用手抚摸着水牛解释说,这是很温顺的牲畜,是不会伤人的野兽,不用害怕,但他们还是踟蹰不前。黄正忠只好找来一根长长的绳子把牛拴好,苦聪人才敢上前牵牛。"

比起在山里采集和打猎过日子,挖地种田实在过于辛苦,苦聪人又完全没有农耕经验,这种生活对他们而言并不十分理想。有些苦聪人出了林子后什么也不会做,只会蹲在墙根下晒太阳,完全不适应新生活。对此,金平县委、县政府的领导十分着急,只能给他们发救济粮,然而粮食吃完了,他们又进到树林里去挖野苕、摘野菜。这样的结果对历尽了千辛万苦才找到他们劝他们搬出山的工作队队员来说简直就是沉重的打击。"对这部分苦聪人,到底还要不要帮?"

"帮,当然要帮!要把帮助苦聪人过上新生活当成新的战役来打!这场战役,只能成功,不许失败!"刚担任金平县县长的龚则盛是个山西汉子,1958年5月他从部队转业到金平县后,很快就对如何帮助苦聪人适应新生活下了命令。

苦聪人访问团就地改为民族工作队,继续带领和帮助苦聪人搞好定居定耕工作。19岁的普秀英就地转为苦聪工作队队员,留在了金竹寨。

在采访中,她告诉我们:"1958年,组织上把我调到翁当乡的苦聪大旗,要求我动员苦聪大旗和几个零散寨子的苦聪人出林定居定耕,走集体化道路。后来组织上又分来一个姓熊的苗族小伙子,但不久就跑回了老家,我一个人在苦聪大旗片区工作了三年。"

苦聪大旗生产生活条件和金竹寨差得多。面对东一户、西一户的篱笆墙、竹叶顶、低矮透风漏雨的房子，面对一个个光着膀子的苦聪人，普秀英体验到了工作的艰难和身上担子的沉重。为了早日把零散居住的苦聪人动员集中起来走集体化道路，她又开始逐家逐户做寻访动员工作。

为了工作方便，工作队队员入村后，都会选定一家农户作为工作点。在农户家，普秀英每月把国家核定供给的口粮拿出来"打平伙"。她一个人的口粮拿出来给一家子人吃，而且是平时吃不饱肚子的苦聪人家，那点粮食只够塞牙缝。普秀英的口粮吃完后，她就与工作点的苦聪人家一道做苞谷饭吃。

她说："我在工作点可以吃到苞谷饭，在寻找苦聪人的路上就没有苞谷饭可吃了。每到一家，饿了就在火塘边炸苞谷花，吃一粒苞谷花、喝一口水充饥。有时连炸苞谷花也吃不上，就在山上掰一些竹笋烧着吃，若能吃上一顿苞谷饭，那是一件既开心又开胃的事啊！"

历尽艰辛，普秀英终于把苦聪大旗和几个散居点的苦聪人动员出林。为使这些苦聪人有更多机会与其他民族交流，学习其他民族的先进生产技术，更好地融入社会主义社会，政府在临近哈尼族和其他民族寨子的山垭口，建了一个新寨子，取名丫口寨。县委、县政府给他们下拨经费、生产生活物品，购买了耕牛、农具等等。

在土改工作中，县委、县政府决定对普角、翁当、新寨、茨通坝4个乡，社会经济落后、生产力水平低下的62个苦聪村寨实施"直接过渡"，也就是直接从原始社会过渡到社会主义社会。

其他民族寨子留有部分机动田，政府将这些机动田调给苦聪人耕种。苦聪人在农业生产上，向来以种苞谷和少量地谷为主，未曾涉及水稻。普秀英他们这些民族工作队队员就教他们撒种、晒田、耙田、拔秧、栽秧。

1959年的春天，普秀英召集了丫口寨的苦聪同胞来到田中，教他们栽秧。她用哈尼语说："大家瞧好啦，我边栽边给你们讲。你们瞧我的屁股后面——我的屁股后面是耙好的田。现在我走进泥水里了。我的左手拿一把秧苗，秧根朝下。大拇指和食指捻着最多三棵秧，送到右手这边。右手大拇指和食指夹住左手递来的秧，五个指头伸直，插入稀泥水里。注意，右手的指头一定要伸直，弯起来的话，栽下去的秧叫'蜷头秧'。这种秧不会活。哪个人会不会栽秧，我不用眼睛看，单听声音就晓得啦。栽的时候，拇指伸直的是'嚓'，拇指蜷着的是'噗'。有'噗'声音的是栽'蜷头秧'。还有，秧苗栽稀、栽密一定要合理，宽窄要一样的。"

普秀英手把手教苦聪女人种田，可是农耕能力不是一天两天就能培养出来的，普秀英发现一年过去了，第二年又得从头教。田间休息的时候，她突发奇想，用苦聪语唱起了哈尼族的《栽秧歌》：

> 晨鸡报晓吃早饭，
> 天还没亮出早工。
> 勤劳农妇栽秧忙，
> 勤劳农妇忙秧活。
> ············
> 农妇理顺解开的背绳，
> 系日绳将挂在东方。
> 农妇准备作栽秧仪式，
> 农妇作栽秧仪式时，
> 右手拿着祭礼糯米饭。
> 农妇开始栽秧，
> 上午从东边开始栽秧，
> 左手来分秧，
> 右手来插秧。
> ············
> 插一棵能发十根，

> 插一苗能发十芽。
> 农妇又要重挂系日绳,
> 将早上挂的系日绳解开,
> 将天上的太阳再系牢,
> 将天上的阳光再系紧。
> …………

学栽秧的苦聪妇女们,不但学会了栽秧,还学会了用苦聪语唱哈尼歌。那几年,像普秀英一样手把手教苦聪人怎么生活的民族工作队队员有很多。他们来了一茬又一茬,苦聪人在他们的帮助下,渐渐学会了农耕劳动与生活。

然而,天不遂人愿。

苦聪人历尽艰辛组建的丫口寨,只住了一年多后,房子建在小山包上的几户农户就遭到了雷击。幸好当天村民都出工,只有一人在家,雷击击死了一个人、一窝猪、一条白狗,还有一些小鸡,地上击出一个大洞。

"那些被雷击中而死的猪和狗,就像睡着了一样。"普秀英向我们形容道。

那个击出的大洞,他们用3根竹竿绑接起来,顺着洞口插下去量,3根竹竿(约12米)插完了还不见底。至此,村民议论纷纷,趁普秀英回区里汇报工作的时机,全村人又跑回了原来的老寨子——苦聪大旗。

在苦聪人的传统认知中,只要有人死于非命,就认为是鬼落地来害的,就要搬家。刚住了一年多的丫口寨的苦聪人搬离,普秀英三百多日的辛苦在一夜之间就化为了泡影。按区里要求,普秀英只好跟着他们又回到了苦聪大旗。

从苦聪大旗到勐拉区政府,只有一条人迹罕至的山间小路,其他地方不是遮天的杂草,就是黑咕隆咚的树林。如果有事要去区政府,全靠两条腿，一天两头黑，走一天很难遇见一个人。

有一次，普秀英一个人从苦聪大旗到勐拉区政府开会，当走到大旗与小白河村（苗族寨子）之间的路上时，发现烂泥塘路上有老虎脚印顺着小路往前去。顿时，"前面有老虎"的警示令她心里立即紧张起来，非常害怕——一个不到20岁的哈尼小姑娘，尽管无数次出入莽莽原始森林，但还真没有遇到过老虎！在渺无人烟的深山老林里，说不害怕，那是假的！怎么办？返回去，路又太远，附近又没有寨子，更不能耽误开会时间。

只能往前走！普秀英手上拿了一根有镰刀把粗的木棒，一路跟着老虎的脚印走，一路心怦怦跳。在快要到老刘乡火炭洞村（瑶族寨）背后的茅坡路上，老虎拉的屎还在冒着热气。此刻，她极度恐惧，心都快跳出嗓门了！但别无选择。她镇定下来后，小心翼翼地沿着老虎刚走过的小路继续前行，一直走到勐拉普洱上寨背后，那里有条大沟，过了那条大沟后，路上再没有老虎脚印了。她终于安全到达了勐拉区政府。

还有一次，普秀英在勐拉区政府开完会，在返回工作地丫口寨的路上，经过小旗寨后山的山坡，那里有一片旱谷地，当时正是谷熟时节，正在行走的普秀英突然听到一阵阵极为怪异、响彻山谷、撕心裂肺的叫声。她从未听到过这种声音！恐惧感油然而生。经历过了跟老虎脚印走的事，她一下子回过神来，想想这不是人的声音，心中就稳定了许多。她回到丫口寨一讲，村民都说那片区域有一群猴，有50多只，会欺负人，特别是女人。它们没有发现普秀英，真是她的万幸。

出山这样危险，进山又那么艰难，苦聪人的日子哪天才能赶上山外的人呀？这真是愁死人啦。可是再愁，还得坚持下去。普秀英每次看到有工作队队员放弃这项工作时，也会打退堂鼓。每当这种时候，牺牲的父亲就会慈爱地浮现在她的脑海里。她可是烈士的女儿呀，再怎么难也不能做抹黑家庭的事情。再说了，苦聪人对她就像亲人一样，这样的鱼水深情怎么能割舍！

1959年夏天，苦聪大旗发生了一起要命的大事件。

老刘乡火炭洞村是当时土改的试点村，土改中地主盘大（瑶族）逃往越南，不久又潜回火炭洞村，纠集小白河村的王二（苗族）等人，向群众大肆宣扬"工作队的人不是好人，部队的人也不是好人"——当时小白河村驻有一个班的部队。盘大等人游说各村村民联合起来，要把工作队和驻军全部杀掉。按照这个计划，小白河的马老幺（苗族）邀约苦聪大旗的黄三（苦聪人）一起干，单纯的黄三不懂如何拒绝，愁得茶饭不思。普秀英就住在黄三家。这天傍晚，黄三几次想要跟普秀英讲点什么，但又紧张得说不出来。普秀英把黄三叫到她的房里，对黄三说："黄哥，我从来这里工作就住在你家啦，我们都是一家人了噶。"

黄三头像鸡啄米一样点着，连连低声说："是是是，阿妹。"

"阿哥，到底是哪样事？勐拉河水长牙齿啦？"

"阿妹啊，出大……大事啦！火炭洞的盘大，还有小白河的王二来找我，叫大家一起来杀掉你们嗦！"

普秀英得到情报后大吃一惊。她叫黄三不要再对别人说，叫上娜炳、杨妹两位苦聪姑娘陪伴，谎称老家妈妈病重，提上一盏马灯，连夜赶到勐拉区政府，向上级汇报。上级立即派驻守在金水河的部队赶来，把盘大和王二两个主谋抓起来，及时制止了这起即将发生的反革命暴乱。

1959年下半年，中国人民解放军八一电影制片厂来了6个人，到苦聪山寨拍摄苦聪人在党的领导下走出深山建设新生活的纪录片。因为普秀英和苦聪人关系处得好，又会照顾生活，通过组织安排，由她跟摄制组拍摄。

在拍摄片子《苦聪人》的过程中，普秀英得到了一个去北京参加国庆十周年观礼的机会。但由于影片拍摄的每一天都离不开她，摄制组说："你要是走了，我们就拍不成了。"普秀英一想，她要是离开了，他们饿了吃什么？他们不会讲苦聪话，要如何和群众演员沟通？思来想去，普秀英最终放弃了去天安门观礼，虽然这成了她人生中的一大遗憾，却成就了一部珍贵的纪录片。

拍摄这部两个小时左右的纪录片，历时一年多，将苦聪人早期从事刀耕火种、狩猎以及迁徙、婚嫁、丧葬等等一系列活动场景真实再现在观众面前。在拍摄过程中，八一电影制片厂的摄影师杨光海被蚊虫叮咬之后，竟患上神经性疟疾，差点死掉，只好停止拍摄，回到北京治疗了几个月。从1959年下半年开始，到1960年4月，摄制组成员七上西隆山，才把片子拍完。

1960年，苦聪大旗成立了农业合作社。普秀英继续一个人带领大旗的苦聪人开沟、挖田、种田，政府又买耕牛、药品、盐巴、农具、布匹分发给他们。1961年，根据中共金平县委的工作安排，把各个点的民族工作队成员全部召回。普秀英这只给苦聪人民带去吉祥的白鹇鸟，才离开了工作和生活了5年的苦聪山寨回到县委工作。

至1963年，定居的苦聪人共3739人。当年3月，第二批苦聪民族工作队进村，与苦聪人同吃同住同劳动，手把手教他们生产生活技能，并以定居点为单位集体开垦田地。在适应集体生产的基础上，又将有血缘姻亲关系的家庭建立起互助组，组长通过民主选举，民族工作队负责思想教育和生产技术指导。哈尼族、傣族等群众帮助建房盖屋，同时让出部分水田给苦聪人栽种。无微不至的关心、体贴，逐步消除了苦聪人的顾虑，使其安心定居生产。通过党和政府的帮助与苦聪人自身的努力，他们终于学会了开沟、挖田、种田，吃上了大米饭，穿上了衣裤！

教育的力量

冰冻三尺，非一日之寒。

尽管苦聪人在党和政府的帮助下逐渐向外界迈出了探索的脚步，但因为他们的社会发展程度尚处于原始社会末期，要跨越千年，脚步迈得无比艰辛。渐渐地，人们明白了"教育兴，民族兴"的道理，知道引导苦聪人从原始社会进入社会主义社会，教育不可或缺。除了安排民族工作队教苦聪人生产生活外，还在苦聪人聚居地开办学校，兴办教育。

那么，在社会发展程度低、文盲率为百分之百的苦聪人聚居地发展教育，真的能行得通吗？

显然，这并不是件轻松的事情。但是有一个人做到了，他就是赵吉祥。

金平地处祖国的边疆，教育人才非常稀缺。1959年8月，金平县决定到泸西县录用一批老师。那时正好18岁的赵吉祥因种种原因未能升学，苦于没有出路的他赶紧报了名。很快，录用通知书就来了。9月4日，他和其他5名同学随着招工的工作人员一起来到了金平。经过几天的业务培训，他被分配到金平最边远、最艰苦的四区者米乡的茨通坝小学任教。年轻的赵吉祥没有沮丧，毫不迟疑地打好背包和向导走向了未知的世界。他相信，在这里，会有一块属于他的天空在等待着他。他们步行了两天，才来到四区的区政府所在地老集寨，在区教委办完相关手续后，顾不上休息，马上下山去者米乡茨通坝小学。

从老集寨下山快到者米河的时候，天色已近黄昏，金色的阳光映照着者米河坝两岸的梯田，他被眼前那层层叠叠而又金光灿灿的稻田震撼了。这片田坝，就是一个金灿灿的大粮仓，如何不令他激动呢？

以后可以不用饿肚子了，他想。他猜中了，"者米"是傣语，意为富产稻米的地方，河坝一带的傣族儿女开垦的这些良田，足以让他们衣食无忧。茨通坝的生活对他来说如同世外桃源，让他深深地爱上了这个地方。尽管他是外地人，可仍然能够感受到本地少数民族对他的热情与爱戴，他和这里的群众建立了深厚的感情，在学校的教学也如鱼得水。

一个学期之后，他教过的学生都取得了好成绩。就在他深受鼓舞，准备继续全身心投入到教学工作中时，上级领导突然通知他，要把他调到苦聪大寨去充实那里的教师力量。

赵吉祥在茨通坝教书的半年中，在顶青的街子天会看见苦聪人下山来赶集。他们经常是蓬头垢面，不修边幅，倾巢出动。他们身上会带着一点山货，在供销社里交换点东西。他们很少与山下的人交流，成群而来，结队而归。山下的人看这群人的眼光是奇怪的，因为他们的言谈举止与这个世界格格不入，当他从同事的口中听说他们还是原始社会的"原始人"时，更增添了他的好奇心。现在，上级领导要派他到原始社会去教书，这让他感到担心。

教委领导看他犹豫的样子，担心他害怕吃苦，不愿意去。没想到他稍微迟疑后，就一口应承下来。教委领导松了一口气，接着对他说："赵老师呀，苦聪兄弟现在虽然还十分落后，可是我们决不能让一个兄弟民族掉队。这次派你去苦聪大寨，是对你的锻炼，也是对你的鞭策，你一定要向民族工作队学习，和苦聪人吃在一起、睡在一窝，把他们的下一代培育成社会主义的接班人，让他们尽快走向文明世界。"

赵吉祥听了，毫不犹豫地回答道："请领导放心，我到了苦聪大寨，苦聪人就是我的亲人，苦聪孩子就是我的孩子，不把文明的种子播进原始的荒漠，我就不下山！"

立下了军令状，赵吉祥背起背包就上了山。

当他好不容易爬上苦聪大寨，第一次走进小学的时候，就感觉到这里和距之不远的河坝地区是完全不同的两个世界。两间简陋的校舍，四个狭小的教室，屋顶是茅草盖的，篱笆墙是牛屎糊的，课桌椅是竹子搭的，黑板是几块木板刷上黑漆靠在墙上的，加上低矮的门框和阴暗的光线，让雄心勃勃的他差点泄了气。

条件这般艰苦，该怎么办？当晚，赵吉祥就和其他两位教师交流起来，其他两位老师也和他一样，感觉无从下手，只能先教着看。

第一天上课，教室里挤着三十多个年龄不一的学生，有儿童，有青少年，还有成年人。赵吉祥说"上课"，学生们跟着喊"上课"；他说"起立"，学生们跟着喊"起立"；他说"请坐下"，学生们跟着喊"请坐下"。闹了半天，他才知道，这些学生完全听不懂他说的话，而他也完全听不懂他们的语言。

这下，他可真是慌了神，语言不通，就连交流都很困难，更别提教书育人了。那一夜，赵吉祥怎么也无法入睡。尽管山村的夜晚是那样静谧，山上也十分凉爽，适宜休息，可是一想到自己在领导面前许下的承诺，他就感觉到后背发凉，直冒冷汗。

没有语言环境，学生们就不可能在短期内学会汉语，赵吉祥便决定改变教学方法，并逼自己学习苦聪语。第二天，他进入教室并没有带课本，而是带了一些碗筷等生活用品。他先拿起一样东西教学生们认，记住之后再拿起第二件，等他们都记住了，又把物件的名字写在黑板上教他们读。慢慢地，学生们竟然读出了那些字，这让他非常有成就感。学生放学后，他又跟随学生到他们家里去，和学生的家长一起干活，虚心向他们学习苦聪语。

经过三个月不懈地努力，他终于可以和他们做简单的对话了。这样，他开始进行双语教学，工作渐渐有了新的突破。苦聪学生把他当成了最亲的亲人，有好吃的都要送来给他吃。就在他满怀信心要把文明之花插满苦聪山寨的时候，受三年严重困难的影响，苦聪寨子的教育进入低谷：28所小学关闭了25所，只有赵吉祥所在的学校还正常办学，可是学生也快跑光了。这让赵吉祥心急如焚，他和几位老师不顾山高路远，白天教书，晚上走村串寨进行调查和走访，动员学生回来上课，直到1963年才得以逐步恢复。

为了改善学校的教学条件，赵吉祥决定不等不靠，和其他老师一起发动学生和苦聪群众自己动手筑土墙，修建了稳固安全的教室，还挖了一块简易的土球场，让孩子们课间有了娱乐的场所。学校的条件得到了改善，吸引了更多的适龄儿童前来读书，入学率达到90%以上。

课间时分，赵吉祥看着操场上欢乐的苦聪孩子，心里就像被灌了蜜一样甜。他感受到了孩子们带来的喜悦，觉得这些孩子并不像从原始社会一步踏进社会主义社会的孩子，他们非常聪明，只要找对了方法，把文明的种子播进他们幼小的心灵并不困难。

他发现了几个特别聪明的孩子，如李普龙、王成洪、王有明和李正忠。他悉心地教导着他们，李普龙住校没有吃的，他就把自己的口粮省下来给李普龙吃；王成洪上学生了病，他就给王成洪寻医买药。这几名学生后来都成长为国家干部，有的还成为州县领导。和他挤在同一间宿舍的学生李普龙就是他们当中的杰出代表。李普龙从上海复旦大学毕业后，很快走上了领导岗位，曾担任金平县委副书记，现已从红河州人大常委会退休。为了方便照顾学生，赵吉祥还利用假期到山下的卫生院去学习医术，一些常见的感冒和咳嗽他都能帮学生治。渐渐地，不但学生生病要找李老师，就是寨子里有人生了病也要来找李老师。很多现在还在工作岗位上的苦聪人都承认，自己曾经是赵吉祥的学生，他曾像父亲一样关爱着他们的

第一代苦聪大学生李普龙（左三）（者米乡政府　供图）

成长，是他们生命中的贵人。苦聪人接受文明社会的历程，与赵吉祥他们这些沉得下心来教学的外地老师是分不开的。

赵吉祥说，他在苦聪山寨从教19年，先后教过600多名学生，培养出了苦聪人的第一代大学生、第一代人民教师、第一代医生、第一代售货员、第一代子弟兵和第一代国家干部。

"自从上了苦聪山寨，我就没有想过再回老家。"赵吉祥的脉搏始终同苦聪人的心一起跳动，苦聪人的心时刻牵挂着赵吉祥。"文化大革命"期间，富农出身的赵吉祥是被批斗的对象，这让他心惊肉跳，寝食难安，和他谈恋爱的姑娘害怕惹祸上身，和他分了手。良竹寨的苦聪姑娘王秀英毫不犹豫地嫁给了这个教书匠，还把他受到顶青公社革委会威胁的事情告诉了当村长的父亲。村长知道了这一情况后，就趁着赶集日到顶青公社革委会，对领导说："我们不知道阶级是什么，我们只知道赵老师是好人，是我们苦聪人的恩人,现在他还是我的姑爷。谁要是想拉赵老师去批斗,我们整个寨子的人就冲下山来。"有了苦聪人的保护,在十年"文化大革命"中,赵吉祥平安无恙。在采访中,他深情地对我们说:"苦聪人说我是他们的恩人,其实他们才是我真正的恩人呀。在那个年代,如果我没有遇到真诚善良的苦聪人,也许我无法活到今天!"

赵吉祥作为一个知识的传播者,带动着长期生活在老林中的苦聪人。他们从他一点一滴的行为中学到了城里人的生活方式:学会刷牙,学会用肥皂洗衣服,学会用玻璃杯泡茶,学会在炒菜时一样一样地放作料。他教他们元、角、分地数钱,分斤、分捆、分堆地卖东西。名义上,他是一个教书匠,实际上,他在当地具有很高的权威。寨子里一年一回的分肉,只要他点个头,就没有人敢说个不字。最看得出他的分量的就是在他生病的时候。有一天,赵老师得了重感冒,没有按时出现在教室里。不得了啰,从早到晚,寨子的娃娃、婆婆个个拿来鸡蛋,把他的家都堆成了鸡蛋店。年长的男人到山林里挖来各式各样的药材,叫他一样一样地吃,哪种药灵就用哪种。天一黑,一寨子的人都围在他家周围守护着,怕他的魂跑掉。

正因为赵吉祥与苦聪人之间有着这样的恩与义,因此他发誓要把文明的种子种进苦聪孩子的心中,让他们成长为新一代的苦聪人,走出深山去看看外面的世界。1975年,他亲自抓的良竹寨生产队体育运动队被评为全国群众体育先进集体,队长朱墨斗赴京参加全国第三届运动会,并荣幸地参加了在人民大会堂举行的中华人民共和国成立二十六周年招待会。1979年,他被调到者米学区任校长后,便从更高层次上考虑苦聪人的教育工作,在上级的关心支持下,创办了者米附中,为培养更多苦聪学生创造了良好的条件。

创办学校是赵吉祥的拿手好戏,培养接班人他也不在话下。身为苦聪人的姑爷,他深深知道,仅靠外地教师的支援是不够的。铁打的营盘,流水的兵,因为苦聪山寨艰苦的教学环境,外地教师基本上都留不住,还是要培养苦聪人自己的老师。

家住良竹寨的王有才，读小学的时候就是赵吉祥的学生，这个孩子学习成绩非常棒，遗憾的是有一只眼睛失明了，但赵吉祥一直鼓励他：一只眼睛失明不要紧，只要努力学习，就能成为对社会有用的人才。他初中毕业时，赵吉祥鼓励他去考师范，尽管他知道体检时有可能被刷下来，但他多么希望政策能对这个苦命的苦聪孩子网开一面，让他毕业后回到苦聪山寨教书育人呀。

然而越怕事，便越是出事。

"赵吉祥，你这个骗子！你早就知道我的眼睛看不见，咋个还叫我去读书，还鼓励我报考师范？现在人家说我是个瞎子，不要我去读，你把我害惨了！"

一天下午，赵吉祥的办公室来了一位不速之客，刚见他的面，便悲愤地大骂起来。赵吉祥定睛一看，这不是自己的学生王有才吗？他竟然骂起老师来了，这怎么得了？

他拍案而起，骂道："王有才，我看你是个人才，才鼓励你来读书。想着你是苦聪人，只有你这样的人才能真心留在苦聪山寨教好苦聪小娃，所以鼓励你去报考师范。你说，我的想法有错吗？我告诉你，说你眼睛瞎的那些人，他们晓不得你的心里面有多雪亮，他们才是真正的瞎子！"

骂完，师生二人抱头痛哭。哭够了，赵吉祥对王有才说："有才，这个不怪我，我也没有办法，你学到的知识千万不要丢掉，用处多得很。古人云，东方不亮西方亮，黑了南方有北方。"

命运多舛的赵吉祥用自己的经历安慰着怀里这个苦命的苦聪孩子。在王有才来找他之前，他已经知道自己这个得意门生虽然以高分考取了红河州民族师范学校，却不幸在体检中落选了。

出生于1968年的王有才，他的父母生了十个小娃，五男五女，王有才是第九个，下边还有一个弟弟。当时赵吉祥在良竹寨自力更生开办学校，既任校长，又教书上课。王有才6岁入学，聪明伶俐，深得赵吉祥喜欢。王有才家孩子多，父母不在家时经常为争吃而打闹，王有才的一只眼睛就是被弟弟戳瞎的。

王有才到校读书，赵老师教他们要注意个人卫生，要勤洗澡、勤换衣服。勤洗澡不是问题，苦聪孩子从小上山摘野菜，下河摸鱼虾，进沟背水吃，水冲身体是经常的事，但换衣服就是大问题了。在无衣可换、衣服又很脏很臭的情况下，只好选择在晴天将脏衣服脱下，洗了晒干再穿上。

"那个时候我就很羡慕这些老师。他们不着雨淋，不着风吹，有饭吃，有衣穿。所以我就认为要好好读书，以后也能当上一个人民教师，能过上好日子。"

读好书就能免受穷，就能过上好日子。苦聪孩子王有才的这个认识，现在看来也还是真理！

从小学一年级到五年级，王有才的学习成绩在班上都是数一数二的。读初中，他们寨子只有三个人。他说，学校领导和老师个个对他们很好——因为他们学习成绩都很好，在班上都是名列前茅的。读小学的时候，良竹寨小学没有一个汉族学生，汉语只有在上课的时候才能听到。来到中学，连汉话都很不会说，王有才自卑了一段时间。好在赵吉祥又到中学当他的班主任，还让他当班长，他才不自卑了。到了初三毕业的时候，他们班三四十个苦聪同学，只剩下十多个，其他人都辍学跑完了。

初三上学期，王有才青春荷尔蒙波动——曾跑回家里，与本村的一个小姑娘往来密切，一周都没有去学校。他家人发现后，都骂他，让他回学校去。他哥哥、嫂嫂、父亲骂得更凶，但他不回嘴，也不去复学。家中只有母亲不骂他，而是对他说："你还是去读书的好。你想想，你在家中干哪样都不行，日子咋个过嘛？你成绩那么好，不读多可惜啊！"

母亲的一席话戳痛了王有才。等家人出工后，他悄悄背上书包，返回了学校。赵吉祥见了，就乐呵呵地说："哟嗬，王有才，你回来啦！好，好！要好好学习，不要东倒西歪地乱想。"

然而，放弃了初恋的王有才却没能被自己梦想的学校录取，要知道，他考的分数在者米附中可是最高分呀！和他一起考取师范的还有一名同学，得到学校体检通知那天，他们俩高兴得睡不着觉。当时从者米去金平的公路连影子都没有，他们两个从者米走路到勐拉，再从勐拉坐车到金平进行体检。在报志愿前，王有才就问赵吉祥自己的眼睛不好会不会有影响，赵吉祥鼓励他说，没有影响。然而现实是残酷的，他的所有努力都化成了泡影。

回到家里，他天天躲在家里以泪洗面。实在苦闷得受不了了，才跑去找赵吉祥的。

第一个教师梦就这样破灭了。王有才的人生道路遇到了一条比者米河还要宽得多、深得多的鸿沟，他无法越过去。每当失望甚至绝望的时候，看到篱笆墙上挂着的书包，他就会想起赵老师的话："知识有用，千万不能丢！"自此，他的心情便平静下来，边劳动边看书学习，温习着功课。

1983年，赵吉祥到区里当学区领导，叫王有才去区上。当年有政策，要招代课老师，但没有粮食和其他待遇，只有一点生活补贴。赵吉祥是个非常爱惜人才的人，王有才的遭遇他看在眼里，记在心上。这次县里有了招代课教师的名额，他第一时间向区委、区政府汇报。他向区领导反映说："王有才的眼睛只是有一只出了点问题，但并不影响上讲台教书。他在农村劳动，没有丢弃学到的知识，这个在苦聪山寨以前是没有过的。这种精神要发扬光大。"

王有才来到学区办公室，赵吉祥对他说："有才，这些年我们了解你的情况，你边劳动边自学，你的知识没有丢。现在我们区里有两个代课教师的名额，我给区长汇报过了，他也同意。如果你不嫌弃愿意干，就来签合同，在你们寨子里代课。"

王有才签了合同，在他们良竹寨小学代课。他对学生认真负责，学生也很听话，学习比较努力。他在那里教了一年，就被调到了金竹寨。

到了金竹寨一转，他就立即返回设在区政府的学区，向赵吉祥反映说："赵老师，我去金竹寨咋个教书呀？那里没有学校，没有教室，一样都没有！"

"王有才老师你听我说，你年轻肯干，思想上积极进步，我们调你来金竹寨是来创办学校的，不是来享福的！"

"那赵老师，我刚刚去要咋个办呢？"

"先找村长，动员群众把学校盖起来再说。"

听了赵吉祥的话，王有才背上简单的行李，提了一个学区发的闹钟，走路来到了金竹寨。他发动群众，在寨子边的一块空地打了地基，用泥巴舂墙，用茅草盖顶。不出一个月，学校就盖起来了。盖好了学校，有了学生，但没有课桌椅和黑板，课无法上。他满怀希望，跑去学区找到赵吉祥要课桌椅，却招来了赵吉祥更为严厉的批评："哪样？课桌椅？我说你个有才啊有才，你真是有才了！我派你去发动群众盖学校，你连课桌椅这样的小事都解决不了，跑来我的面前当花子？你想想，当年我们在你们寨子那会儿，不是发动大家砍来树和竹子，做成了课桌椅吗？你家爹做的桌子还是最好的嘛！"

王有才脸面发烫，低下头，喉咙滚动了一下，嘀咕着："我，我——"

"我哪样我？你赶快滚回去做桌子！"

王有才被他最尊重的老师和领导骂出办公室来，心里一气，跑回金竹寨，发动群众做课桌椅。苦聪人很少有锯子、斧子，也就缺少木板。没有木板，人们就用砍刀砍来碗口般大的树木，按照王有才量好的尺寸修齐，再从中间破开，削成木板的样子，做成了简易的课桌椅。有了课桌，招来了首批24个学生。该上课了却发现少了块黑板。他们不会做黑板，王有才硬着头皮去找赵吉祥。这次赵吉祥不但没有发火骂他，反而客气地说：

"有才，你干得不错。课桌椅我没有，黑板倒是早就给你准备好了。你好好教那些娃娃，一定会有出息的。等哈去我家里喝松鼠干巴酒哦！"

王有才在金竹寨小学教了一年，因为他用双语教学，学生成绩都不错，在全区排在前列。

1985年7月，上级来文说代课老师可以参加考试，考取的就可以转为正式老师。当时者米全区有代课老师10人，其中外地的2人、本地的8人。王有才找到赵吉祥说："让我去县上考试，我的眼睛就这样，考取了也没有用，转不了，这是明摆着的。我不去考了。"

赵吉祥听了，脸色有些难看。他在办公室给县文教局领导打了电话，汇报了王有才的情况。县上的意思是王有才已经教了几年的书了，教得不错，业务也不错，叫他来考，只要他成绩考得好，就吸收他。放下电话，赵吉祥故意抹下脸来对王有才说："王有才，这次你要拿出真本事来考，看看你是不是真的有才！"

王有才到金平考完试回来。一个星期后他从良竹寨下来赶街，在者米街上，赵吉祥看见了他，老远远地跑过来，拉住他的手说："哈哈，我说过东方不亮西方亮嘛！王有才，这回还可以嘛，你的成绩考得比较好！上面承认你了。你的那个成绩超过分数线好多，你马上可以转正了，以后像我们一样不要操心其他了，好好教书，把苦聪孩子送出大山去。"

王有才终于成为一名光荣的人民教师。自1985年转正以来到2020年，他一直在苦聪山寨教书，培养着一代又一代的苦聪孩子。

那些年，从内地县市到边疆苦聪山区从事教育工作的教师为数众多，赵吉祥只是其中一个。他们的到来为原始的苦聪人社会注入了新的活力。通过教育，苦聪寨子文盲率大幅降低，文明的一线曙光照进了苦聪人的心里，拉开了天际的夜幕。但是，残酷的现实接踵而至，大多数苦聪孩子在寨子里上完小学就不愿离开家去上初中了，能够迈开脚步走出去的孩子，简直就是凤毛麟角。

教育之路,任重而道远。

在历史的旋涡中寻找出路

事实证明,在少数民族地方开展党的工作,必须依靠当地的少数民族干部。土地改革后,金平县各族人民中涌现出许多积极分子,县委、县政府组织他们到内地参观,并分别送往县民族干部训练班、省州干部学校和云南民族学院学习,提高他们的文化水平和政治理论水平。在这批少数民族干部中,苦聪人黄志春就是受益人之一。

有44年党龄的77岁的黄志春,在2020年9月接受我们采访时,仍然精神抖擞,目光犀利,语调铿锵。

这个出生在西隆山的树洞里、用芭蕉叶包着长大的苦聪后代,在后来的生活中,经历了无数的波折,成为者米拉祜族乡第一任乡长。

1943年夏,黄志春的阿妈在西隆山原始森林的一个大树洞里生下了他。那时正是苦聪人与猴子、老熊争抢青苞谷的时节。

大群抢食青苞谷的猴子发出的惊叫声,让人毛骨悚然。黄志春的父亲用木锄好不容易种了一小块苞谷地,还没有等到苞谷长大,就遭到了猴子的洗劫。他父亲用力挥舞着木棒,吓退了猴子,抢得了少量的青苞谷。等他父亲回到大树洞时,刚生下黄志春的母亲正盘腿坐在地上,用芭蕉叶把他包好,放在两腿中间。他父亲一边欣喜地望着眼前红通通的新生命,一边带着胜利的微笑将青苞谷递到他母亲手上。他母亲剥开苞谷壳,脆生生地咬了一口鲜苞谷,一阵鲜甜的奶香令她满足地闭上了眼睛。不一会儿,她抬起右手,用大拇指和食指从噘起的嘴唇上拿下一小噘嚼细了的苞谷,轻柔地塞进了黄志春的嘴巴。连青苞谷都吃不上的时候,黄志春只好与家人一道吃野菜野果。好在他父亲是一位狩猎高手,隔三岔五就能捕获松鼠、麻雀等,煮成汤汁替代母乳,催长了他的骨骼。

1953年春,人民解放军挺进边境深山,10岁的黄志春得以跟随父母从深山里搬了出来,定居于南科联防村。联防村紧邻中越边界,部队在这里驻扎,一边守卫边疆,一边积极帮助定居的苦聪同胞发展生产,改善生活条件。部队还在寨子里开办了"政治夜校",教苦聪人识文断字。1958年,县人民政府派来的民族工作队,从森林中找出了更多的苦聪同胞,联防村变成了有几十户人家200多口人的寨子。民族工作队在寨子里组建了合作社,开办夜校。黄志春白天参加社里的农事劳动,夜里去夜校跟老师学文化。夜校的老师是广西人,叫林玉平,是土改干部,在勐拉区政府当

种一坡收一箩(官朝甲 供图)

文书，娶了黄志春的姐姐为妻。1959年，政府将黄志春选送到了昆明，进入云南民族学院读书。

领导问他："苦聪小同学，你是要在政治部学政治，还是要到语文部学语文？"

黄志春干脆地回答说："我要学语文。"

于是，他去了语文部，那里都是年龄和他相仿的人，都是民族地区来的，各个民族的都有。

"我们刚入学的时候，学校发了一套衣服外加一件过冬的棉衣，还发了一个月的零用钱6块钱。也发了饭票，每顿饭可以去食堂吃一斤的杂粮饭，有的掺了苞谷米，有的掺了蚕豆。"

黄志春在民院读了三年书，1962年7月回到县委报到，参加了民族工作队，开始了帮助自己族人发展生产。和他一起的民族工作队队员有蒋太平、李光能、黄正中、张洪顺。他们一起住在勐拉区翁当乡的老林里，宣传党的民族政策，发动群众出林定居定耕，教群众犁田耙田，还教他们种草果。

黄志春以为自己从此可以安定下来娶妻生子了，哪想到命运突然来了一个大转折。1966年春，勐拉区区长兼民族工作队第二组组长许文清找到黄志春，问："黄志春，县委和县人民武装部来了一个通知，要在我们的工作队里挑选一名苦聪人去当兵。我们认为你符合条件，准备推荐你去。你有什么意见和想法？"

尽管很意外，但黄志春马上回答道："许区长，我是民族工作队的一员，组织叫我干哪样我就干哪样，坚决服从组织的安排！"

就这样，黄志春当了兵。他从小在山里和父亲打猎，是个神枪手，到了炮兵部队后，就安排他当了炮手。

黄志春在部队表现非常出色，英勇善战，从部队转业回来后，即在老集寨公社（七区）任武装部部长，不久与同一个寨子的苦聪姑娘白秀英结为连理。他的妻子出生于1946年，是1965年第一批政府通知来县缝衣社学缝纫的苦聪工人。因没上过学，学不会用缝纫机，就让她去参加民族工作队，先是到县委党校培训，培训完就到"五七干校"干了三年，后来被调到了老集寨去做妇工。

黄志春说，那几年，由于"左"的思想影响，民族工作队撤走之后，苦聪人也被纳入人民公社，很大程度上挫伤了他们定居定耕的生产积极性，不少苦聪人又重返老林。1966年1月，县委、县政府再次组织苦聪工作队进入苦聪地区开展定居定耕工作。1966年和1967年，再次动员苦聪人出林及分散居住的苦聪人集中居住、生产，先后新建"六六新寨""六七新寨"。1968年，苦聪工作队撤出。

苦聪人出林定居似乎又陷入无形的旋涡，运动不断，苦聪人几度搬回老林，这场原本胜利在望的战役，再次被拉长了战线。

1974年，从老集寨分出顶青公社（又叫江边公社），黄志春被委任为顶青公社武装部部长，白秀英也从老集寨调到了顶青公社工作。1976年6月，黄志春光荣地加入了中国共产党。

土地承包到户后，虽然有少部分苦聪人渐渐学会了农耕，但大多数人仍然不习惯当前的生产生活方式。

原来帮助定居的一些村寨，变成分散于一个个山头的数个小村，村与村之间相距数十里，曾经耕种的田地逐渐荒芜。

1981年5月，红河州民族事务委员会组织调查组调查苦聪人安居区。他们发现，1979年至1980年10月，仅顶青公社就迁回老林175户1057人，分别占当时苦聪人总户数的30.2%和总人口的33.1%。

要如何才能让苦聪人真正出山定居下来？锲而不舍的共产党人再次寻找出路。民族工作队在调查中发现，这个族群流徙的习惯，是因为他们如同无根的浮萍，如果帮助他们找到自己的根，他们会不会安定下来呢？然而，他们的根究竟在哪里？

在各级领导的关怀与帮助下，1984年，金平县民族事务委员会与有关单位配合搜集资料，以苦聪人的自称"拉祜"为线索，组织苦聪人认亲访族代表团赴澜沧拉祜族自治县参观访问并互相介绍各自的语言和风俗习惯，同唱民族歌、同跳民族舞。通过认亲活动，找到了苦聪人与拉祜族之间的共同点。1985年10月，红河州人民政府根据苦聪人的意愿，恢复其拉祜族称谓。1987年8月，云南省民委召开全省拉祜族座谈会，正式宣布"将苦聪人恢复为拉祜族"。

1988年，顶青区撤区建乡，正式更名为者米拉祜族乡。在换届选举中，黄志春高票当选为第一任乡长。

再寻苦聪人

拉祜族苦聪人的社会发展相当缓慢，其生产生活令人担忧，帮助他们解决定居定耕、发展生产、改善生活条件的问题又一次摆在了乡干部的案头。

1990年春，金平县委、县政府决定再次组建拉祜族民族工作队，队员在全县范围内进行公开招考，编制为干部身份。民族工作队编制11人，配属到有苦聪人居住的3个乡镇，其中金水河镇3人、勐拉乡3人、者米拉祜族乡5人。通过认真准备，当年12月考试招录结束。

1991年1月10日，25岁的哈尼族退伍军人郭勇，在军用挎包里放了简单的生活用具，背着打成豆腐块的背包，走进了者米拉祜族乡政府的办公楼，成为民族工作队的一名队员。接受我们采访那天，郭勇笑着说：

小妹子（郭勇曾经是我的同事，一直称我为小妹子），你们不要见笑。真的，在我考试来者米之前，没有听说过拉祜族苦聪人，只是听老辈人曾说过在中越边境的原始老林里，还有一种不穿衣服、不洗脸、见人就躲的"野人"。来到者米，我们的第一个工作就是去大老林里找苦聪人，找到就动员他们出林定居。集中定居后，帮他们找水源、挖水沟、开田。我们一起去者米的5个人中，杨自华当队长。当时陈小三是乡党委委员，分管民族工作队，他是古登寨的苦聪人。我们先是去老林脚和金竹寨这两个片区找苦聪人，这两个片区的苦聪人住得比较分散，老林脚一队有5个山头，东一家西一家的。进去后就一处一处地找，找到后就集中起来居住。开始的时候，我们只是调查了解情况后要求他们集中居住。大规模的开发是后边一点的事了。当时全乡的苦聪人大概有5000人。

郭勇的家在金平县十里村乡白马河村，1991年他走进了西隆山，就走进了他人生的另一种风景！

一天清晨，者米河坝的大雾还在酣睡的时候，郭勇就已经做好了准备，与下新寨村公所的文书毛玉新一起，从乡政府的后山爬坡，开始向原始森林中的龙潭进发。他们此行的目的是进一步摸清住在龙潭的苦聪人情况，为乡政府的决策提供翔实的依据。初春的山野，雾气很大，林子里几乎没有空隙，全被白色的晨雾填满了。人走在雾里，三两步外，看见的只是一个灰黑的影子在移动。西隆山的晨雾充满了个性。这雾，不仅浓，而且还很重，有水，因此，本地人称之为"雾露"。"雾露下坝，晒死老鸹。"这民谚是说，越是雾露天，太阳越大，阳光越毒。

郭勇和毛玉新在山上爬了不一会儿，身上就被雾露打湿了。虽然是卖着力气爬坡，但还是觉得有些凉气袭身。郭勇他们爬的是西坡，太阳在他们的身后，看上去他们是背着太阳走的。人走，太阳也走；人爬坡，太阳也爬坡。

直到太阳落到山那边密林中的时候，他们才到达龙潭村。他们找到生产队长毛老大家。毛老大正在竹笋壳盖成的房子里烧火，见有人来，只是抬眼看了他们一眼，丢出一句"你们来啦"，就没有了下文。

天色已经不早了，他们爬了一天的坡，早已饥肠辘辘，可是主人并没有埋锅造饭的意思。郭勇看到势头不对，就拉着毛玉新出来，说："走，这里不能在了，先去你父亲他们解大板的地方再说。"

在路上，毛玉新和郭勇说过，自己的父亲和几个人在龙潭村的下方砍大树解大板，已经来了好几天，估计已经解完了板子，准备回者米了。郭勇二人来到解大板现场，正遇上他们吃饭，肚子饿的问题得到了解决。

郭勇（左一）教苦聪人拌饲料（者米乡政府　供图）

吃罢饭，郭勇二人又爬上寨子，来到了毛队长家。郭勇问毛队长："你咯吃饭了？"毛说没有。实际上毛队长已经一个星期没有吃的了。

"那，毛队长，你们肯定饿了，赶紧到下边林子里去，那里还有些剩饭，可能还有酒呢，快去吃。他们会给你们吃的。"

听了郭勇的话，毛老大他们几个人就下去吃了剩下的饭菜。因为解板人明天早上就走了，就把剩下的一点米也给了毛老大他们。

"毛队长，你们咋个一个星期都没得饭吃啊？"郭勇惊讶地问道。

"政府，你晓不得，我们寨子男的去老林里找木耳香菌，要到幺街天才回来。街天拿去换米，一碗香菌换两碗米，换了后背回家吃一点，又背一点进老林中再找香菌。今天不是幺街天，他们还没有回寨子。"

郭勇虽然也是少数民族，可是如此贫困的景象他也是第一次遇见。

第二天，郭勇他们便去看地形，找到了修水沟的地方，随后向乡党委、政府汇报。鉴于财政困难，当时还没有搬寨子的意图，乡里便开始组织大家挖水沟。那个时候有一个叫"以工代赈"的政策，意思是用劳动力（工）来换取物品（粮），也就是群众出劳动力，政府把赈灾的粮食发给群众。根据这个政策，郭勇他们就在龙潭村发动苦聪群众开挖水沟。一个寨子的男女老少都出来了。挖了半年，将近4千米的水沟挖通了。随后，在寨子下边的岔河边选了一片比较好挖田的平地，挖了三年的田。从此，龙潭村的苦聪人基本上家家户户都有了一点田。

郭勇是哈尼族，苦聪兄弟个个会讲哈尼话，他们之间的交流没有障碍，所以苦聪兄弟都爱听他的。

1994年前后，也就是郭勇到者米乡民族工作队工作的第四年，由于苦聪人的游耕对森林造成破坏，为保护原始森林，林业部门组成了工作队，深入西隆山原始森林腹地，拆除了苦聪人的住房，铲除了地里的苞谷，将苦聪人带回山下定居。按乡党委的安排，郭勇负责到下纳咪蹲点。

入夜的寨子，四周死一般沉寂，只有低矮的茅草房里，那将熄未熄的火炭时不时被火塘边的人"呼——"地吹了一口。劳累了一天的苦聪一家人围在火塘边,你看着我,我看着你,无话可说。突然,"咕唵"一声婴儿的哭啼,从某家的静谧中传来,更增添了寨子和夜的孤寂。

郭勇到寨子背后的一片荒地里看了好几回。他找到村干部商量,发动群众将那片荒地挖出来栽上木薯。木薯是一年生作物,管理得好,当年就有收入。收入由集体掌管,用来建"小摩擦电"——当时在边远乡村推广使用的小型、微小型水轮发电机组。下纳咪的群众被发动起来栽了两年的木薯,得了8000块钱,郭勇请来了县水电公司的技术师傅,安装好机器,每家每户都架通了线路。通电典礼那天,他们把隔壁村子的干部和村公所、乡上的领导请来,吃野味,喝木薯酒,热热闹闹庆祝了一天。

那个年代,别说是苦聪山寨了,就连者米街上的乡政府所在地也没拉通大电网,只能使用沟边一个小水电站发的电,每到夜晚用电高峰期时,者米街上的电视就放不出来,100瓦的电灯泡只能露出一线红丝,大多数人家还得靠点煤油灯和蜡烛过夜。因此,当下纳咪的苦聪人破天荒地用上电灯后,山寨沸腾了,很多其他寨子的苦聪人专门来看电灯,然后下决心不管再苦再难,也要在自己的寨子里用上。从那以后,苦聪寨子就开始推广开了"小摩擦电"。直到后来"155"扶贫工程实施了电力建设之后,"小摩擦电"才在者米渐渐消失。但它仍不失为苦聪人踏入文明的历程中极为浓厚的一笔,值得我们去书写与讴歌。

和郭勇一起加入民族工作队的队员朱华在采访中回忆道:

> 1991年1月初,我去者米乡报到,参加了民族工作队。刚去的时候,老林脚、金竹寨这些地方的苦聪人大部分还在原始森林中,工作条件相当艰苦。整个乡里,拉祜族20多个寨子,一个通公路的寨子都没有。粮食自给自足的人家,一个寨子都没有一家。一个星期都在老林里找药材、野味等,一个星期才出来一

回，在市场上卖了药材、野味，买点粮食，又返回老林里去了。在我去之前，我还不知道有这样一群人。放火烧山，种点苞谷，种田的很少。黑拉祜那边种田的多一点，像苦聪大寨、南门、地棚、上下良竹等。我们入村后发现，苦聪人不像我们金平的其他民族一样，与人频繁地交往，但也不像人们所说的"野人"。当时他们的主要问题是没有田地种。我们刚入村的时候，是大面积地走访，每一个村都要走到。陈小三带我们入村，有我、杨自华、郭勇、刘宁、普秀珍5个人，主要是入村熟悉苦聪人的生产生活情况。我们先是去老林脚。那晚上我们在村干部家住（白树林家），一帮人拿了一块白色的水布铺在地上，盖一床毡子就睡了。房子漏雨，很冷。家里一颗粮食都没有。房子是拿竹笋叶子一张一张盖的。人户住得相当稀散。我们用十多天走完了所有的黄拉祜寨子。开群众会的时候用哈尼语讲，他们听得懂。动员他们一两年后才慢慢地搬出了老林。1994年、1995年就动员他们挖田。挖田政府有补助。田挖出来后，我们就开始推广杂交水稻。

要留得住苦聪人，不解决吃的问题绝对不行。开沟挖田成了当时最主要的工作。如果说那些工作是郭勇和朱华他们的主要工作，那么当年的兽医员谢小华的际遇便令人啼笑皆非了。

1995年9月，年仅20岁的谢小华身上背了一点简单的行李，走进了者米拉祜族乡畜牧兽医站的大门，开始了他与苦聪兄弟相伴的日子。这个个子瘦小、留着分头的小伙子刚从红河州畜牧兽医学校毕业。

来到者米拉祜族乡畜牧兽医站报到的第17天，谢小华就接到了乡政府的下派任务：到离乡政府几十公里远的河边寨村委会三棵树村驻扎，负责动员、组织东风寨的苦聪兄弟开挖团结大沟。

从东风寨乌丫果后山走路下到河边寨村委会要3个多小时。从村委会

开挖团结大沟（者米乡政府　供图）

到东风寨是爬坡，时间消耗要翻一倍。

谢小华不满地跟乡长叫板道："乡长，我是个兽医，只会劁猪，你叫我挖沟，不对嘛？"

乡长一点面子也不给地回答道："水沟不挖通，苦聪兄弟饭都吃不起，水都没得喝呢，哪点养得起猪来？解决问题要一样一样来，你不去挖沟么，没得猪养，你这个兽医就当不成了，对不对？"

谢小华听了乡长的话，无理可驳，只好来到东风寨，和苦聪兄弟有了第一次亲密接触。他告诉我们说：

第一感觉他们是纯朴善良的民族。他们散居在深山老林，勤劳但没有发展思路和计划。集体观念比较强，一人有全家有，一人有全村有，一人得吃全村不饿。在一个寨子中如果哪家养了猪杀吃，那全村人都会来把这头猪吃完。他们野外生存能力强，采集、狩猎能力强。从当时的外表和穿着来看，就像原始人一样。由于生活上困难、精神上匮乏，导致精神面貌很差，蓬头垢面，衣服破烂。我去东风寨看到的情况是：十几岁的娃娃没有衣服裤子穿的大有人在，大人身上穿的基本就是政府救灾救济给的，自己购买的只占到10%。大部分苦聪人家在老林里有草果，到卖草果的季节，偶尔会买点衣服。因为精神困顿，自身没有什么追求，老老小小都喝酒。到卖草果的季节，草果卖了钱，一家老小都来赶街，到饭店里大吃大喝。我问他们咋个不买回家做吃，他们说要吃饭店的才香（他们不会烹饪）。他们没有计划，"有了一顿胀，无了烧火向"。他们生存能力强，不论老小，如果给他们一封火柴，在老林中生存十天半月没有问题。寨子里的房子最真实的写照是：竹篱笆编的墙，竹叶和芭蕉叶盖的顶。当时，你用石头砸进他们的房子，只"砸得着南北，砸不着东西"。"南北"是指他们围的篱笆；至于屋里的"东西"，是一无所有。

采访谢小华的时候，离他第一次去东风寨的时间已经过去二十余年。听到他滔滔不绝地讲述那段经历，我们也忍不住笑出了声。在真实地看到苦聪人的实际情况后，他认识到乡长说的一点没错，如果苦聪人连吃饭都解决不了，那肯定没办法养猪。他只好乖乖地待在挖团结大沟的工地上。

东风寨实际上是由几个山头组成，苦聪人散居在几个山头间的树林中。站在某个山头，你会看见对面山头树林中隐隐约约有一间间泛黄的芭蕉叶棚，或者是茅草棚。按照谢小华的说法，这就是"一个寨子几座山"。

一天清早，谢小华走到一处小山包的斜坡上，突然看见眼前的平路坎上插着一根手腕粗的树枝，枝叶被人用藤子绾了，拢在了一起。拢起的枝叶下，睡着一个衣服破烂的男人。谢小华被这个睡在树枝下、模样像叫花子的男人吓了一跳。他把右肩上扛着的剽刀顺下来，刀口朝前，杵在地上，上身前倾地对着蜷睡在地上的人大声说："丢①——你是人还是鬼哦？是人就站起来！"

地上蜷睡着的人先是双腿动了一下，右手臂从小肚子下收回，放到脑门头处，食指拨开像茅草般凌乱的头发，眯起眼睛，打了一个哈欠，坐起身来，对谢小华嗡声说："我想是只白肚皮②来钻肚子，原来是谢政府来嗷。"

在谢小华脚下边说话边坐起来的苦聪男人叫白我黑，已经40多岁了，是寨子里的光棍，谢小华刚入村时村长就介绍过。那天在发政府救济物的时候，谢小华按名单叫："白我黑——白我黑——白我黑——"他大声连叫了三遍，人群边上才慢腾腾地站起来一个蓬头垢面、穿着破衣烂裤的中年男人。那人向着谢小华和竹片上堆着的粮食、衣物走来，刚要走到那堆物品跟前，那人右腿上已成条块的裤脚挂着了地上的一截树枝，把他绊倒在地上。人群里发出了一阵哄笑。

"我黑狗吃屎啦，哈哈哈——"

村长对谢小华说："谢政府——"

"白村长，我叫谢小华，是政府派来帮助你们过上好日子的政府工作人员，不是政府。你叫我小华兄弟就得啦。"

"好嘛，谢政——谢兄弟，前面狗吃屎的那个人叫白我黑，是我们寨子里有名的懒鬼穷鬼，40多岁了还光棍一条，全靠政府救济。"

当谢小华把一袋米和一套灰色衣服递到白我黑手上时，温和地说："你就是白我黑？来，拿回去好好生活。要听话，要感谢人民政府，要发家致富。"

---

①丢：苦聪语，是汉语"喂"的意思。苦聪人对不认识的人打招呼都是先来个"丢——"。

②白肚皮：在西隆山的森林里，生活着一种大型的杂食性老鼠，成年个体都在一市斤以上。该鼠肚皮是白色的，因而叫"白肚皮"。

白我黑领了政府发放的救济物品，并没有立即转身走开，而是把蓬乱的头凑近了谢小华的脸，笑嘻嘻地说："谢政府，谢兄弟，你们政府咋个不发个老婆给我呢？"

旁边的村长生气地站起来，指着白我黑吼道："你还不快点滚开？"

白我黑遭了村长的责骂，抱着刚发的物品，悻悻地走到一边去了。

通过这次发放救济物品，谢小华认识了东风寨的苦聪兄弟，尤其是记住了光棍白我黑。

这会儿坐起来的白我黑从旁边拉过一截树枝，对谢小华笑笑，说："谢政府你要去哪点？坐嘛。"

"白兄弟，我不去哪点，就是专门来找你的。你的家，你的房子呢？"

白我黑揉了揉双眼，侧过头，指着树枝说："这个就是我的房子。我来这里支白肚皮。我到哪点家就在哪点。我穷，盖不起茅草房，劈根树枝插在地上就可以睡了，露水又淋不着我。"

谢小华对白我黑说："走，跟我到寨子上去，那里我们盖了新房子，不会淋露水，还有饭吃，有酒喝。"

"政府，你说的是真的？"

"真的，我哪哈说话骗过你？"

"好嘛，等我拿两只烤好的白肚皮。"

谢小华扛着长把瓢刀在前，白我黑手提了两只烤得黑黑的白肚皮干巴在后，一前一后走出老林，爬上一个小坡，来到了为挖团结大沟刚盖好的工棚。

谢小华他们工作队的一个重要任务，就是把散居在老林里的苦聪人找到，集中安置，然后发动他们一起去挖团结大沟，实现定耕定居。工作队队员进山一个村子一个村子地找，只知道一个村子里的户数，其他情况连村长也不知情。工作队队员只能依靠会讲苦聪话的人员和本地的村干部开展工作，否则便寸步难行。正常情况下是两三个人为一个组，由一个会讲点汉语的拉祜族人带领进山。有时候一进山就是两三天，吃的是压缩干粮和面条。每人背一两把三九牌手电筒、两三对电池。他们翻山越岭，爬坡上坎，每找到一家，就劝说这些苦聪人返回寨子。尽管已经到20世纪90年代末期了，但苦聪人初见工作队队员时，仍然感觉到很害怕，不和他们讲话。

白我黑和其他被动员来的苦聪同胞一道，参加了挖沟工程建设。因为他们的身体太差，人没有力气，其他民族一人一天能挖5米，他们最多能挖2米。

尽管金平县财政收入低、家底薄，但县委、县政府知道苦聪人生活艰苦，还是力所能及地帮助他们解决了温饱问题。开挖团结大沟就是解决问题的办法之一，而动员苦聪人出山挖沟，以工代赈，既解决了基础设施建设问题，又解决了苦聪人的吃饭问题。

谢小华身为乡政府工作人员，刚参加工作就遇到了这项水利工程，兽医员暂时成了水利员，他没有选择，唯一能做的就只有进山。

好不容易找到一户苦聪人家，经过村干部与他们交流之后，他们才敢坐下来与工作队队员交流。通过翻译，讲清楚搬出山的好处。好多苦聪人当着工作队队员的面说"好"，等工作队队员走了，他们还是不搬。解放初期第一次寻找苦聪人，请他们出山的场景再次出现了。但这次好在已经有部分苦聪人切实感受过党和政府的关怀，他们不再那么害怕和怀疑工作队队员了。

谢小华说："有什么办法呢？他们不肯搬出来，工作队只能再次进山找，再次做思想工作。一次不行做两次，两次不行做三次，直到他们同意搬出来为止。有的做了五六次思想工作还是不肯搬，连安居点的房子都盖好了，他们就是不搬出来。"

我们问："那这部分人怎么办？"

他说:"只能等嘛。等他们看到搬出来的人过上了好日子,就会自觉地搬出来了。"

谢小华说,他们出山难,工作队进山也难着呢。有一次,他与者米村公所的王成方进山,去牛底寨子的老林里做苦聪人家的思想工作。他们走了八九个小时,到一条河边,水流湍急,天也快要黑了,过不去河,两人十分着急。王成方经常下乡,有过河的经验。他沿着河岸徘徊了一会儿,就用随身带的小砍刀砍了一棵手腕粗的小树,将一枝分枝砍短,另一枝分枝留得很长,做成了一个"巴钩"。王成方在河面窄的地方,伸出"巴钩",钩住对岸的一棵树,然后像猴子一样倏地飞了过去。王成方稳稳地站在对岸大声说:"兄弟,你要像我一样抓着'巴钩'飞过来嘎!飞的时候不要低头看河水,看着我。"

王成方在河对岸把"巴钩"丢过来后,谢小华心里胆怯起来。这也难怪,谢小华是旱鸭子,几乎与水无缘。他出生在高山密林里,村边没有河,只有山褶皱里流淌出来的几条小溪。

为了过河,谢小华依照王成方的做法,先是把身上背着的包摺到河对岸,然后用"巴钩"挂住对岸的树枝,试了几次,心脏突突狂跳,脚始终没有离开地面。对岸的王成方急了:"谢兄弟,你怕个啥?闭上眼睛,脚一蹬就过来啦!"

谢小华终于过了河。两人跋山涉水,找了一户又一户苦聪人。这次,他们每人背了5包压缩饼干、10把面条。5天后,这些东西都吃完了,还在老林里转。谢小华生气地责问王成方:"你不是经常来吗?怎么连路都带不好?没了粮食,看来我们俩要饿死在山里了。"王成方也尴尬,以前来下乡,他饿是饿过,可是没有这次饿得惨。因为是雨季,他们行走的速度特别慢。苦聪寨子里一颗粮食也没有,他们只能靠野菜充饥。第七天,他们终于走到下纳咪寨子后山。当看到下纳咪的寨子时,他们饿得实在走不动了,就在一个烂棚子里生火,到木薯地里挖木薯烧了吃,吃了两三截,才感觉自己活了过来。

谢小华说，苦聪人思想单纯，人也很纯朴。"在1995年、1996年时，苦聪人一家的财产值几百元就算是好的人家了。但是你去到他家里，他家只要有一只鸡都会抓来杀给你吃，并且吃的时候只有男人陪着你吃，连他家小娃娃都不得吃。我们当年到老林脚二队的副组长家，他把家里唯一的一只鸡杀了，还从二队到翁当走了三个小时的路打了两斤酒提回去。这种真诚令人感动。他们从不与其他族群发生纠纷，在日常生活中，同族之间的纠纷几乎为零，邻里关系很好。"谢小华说完这些话，眼里闪着泪光。

尽管党和政府历尽艰辛找到了苦聪人，但他们大多数还是不愿意下山。这究竟是为什么呢？难道他们还有什么顾虑吗？

难以割舍的独特传统

人文学者杨万智从小就听父亲讲述苦聪人的神秘故事，对这个族群产生了强烈的好奇心。1976年，杨万智刚参加工作不久，有一天，县委陈书记交给他一个任务，让他和宣传部的老同志一起，陪同上海来的三位学者去顶青公社调查苦聪人的生活。接受了任务，在准备的几天时间里，他一直激动得睡不着——终于有机会去看苦聪人了。那几年，苦聪人居住的山区不通公路，去顶青，需先从县城坐半天车到勐拉乡，然后再走三天山路才到。由于艰苦，县城里的人能去到的也很少。更没有想到，因为这件事，杨万智和几个学者变成了好朋友，还由此走上了问学之路。

在勐拉，喝过公社领导的送行酒，由一个当地哈尼族人做向导，牵着四匹驮物载人的马，他们一行六人沿着勐拉河边的羊肠小道，去寻访西隆山密林中的苦聪人。

开始两天走得很慢，边走边采访沿途的壮族、哈尼族、傣族村寨。走不久，老天就下起大雨，有马也骑不成。田埂的路很滑，学者有时还会摔倒在泥田里。傍晚到了住宿的村子，洗漱时才发现，白天扶草踩水的手脚早被旱蚂蟥咬得皮破血流。后来他回想起来，那时的模样就像电视《西游记》里的苦行僧，"你挑着担，我牵着马……"爬山过河赶路途，取经之路无比艰辛。

第三天上午过了茨通坝，他们一行的步子就加快了。哈尼向导老远就指着一片密林激动地说，六六新寨到了。那时的六六新寨隐藏在树林中。快到寨子时已经是中午，还下着小雨，天灰蒙蒙的。走到寨子边了，杨万智心里还在猜想："原始人像什么样子呢？"一会儿，他们走到两棵大树中间，突然听见天上一声炸雷，接下来是大树上唰唰作响。杨万智算胆子大的了，两眼直盯着树上，想看看是什么东西落下来。随着响声，他看清楚了，是几个十来岁光屁股的娃娃，身上泥呼呼的，顺着垂吊的树藤从天而降，落到地下时，嘴里还"哦……哦"地叫着，快步朝寨子跑去，任杨万智怎么叫喊也不应声。

泥娃娃们是去报信的。他们刚进寨子，村长李四明和几个干部就站在路口了。进寨子时杨万智看了看，寨里的茅屋有十来间，围着一块篮球场大的平地，半圆状一间接一间坐落在丛林边。平地边上有间空着的土墙草顶大房子，像是开会用的公房。大房子旁边有一个已不完整的木板篮球架，还有一个给娃娃们玩耍的木转秋。

和干部们简单寒暄后，随后就去李村长家，开始了解苦聪人的生活和历史状况。学者们询问得很仔细。访问中杨万智兼做汉语翻译，向导做苦聪语翻译。

交谈中，有人在火塘边烧木薯，烧好后掰给他们一人一截，边说话边吃。相互间的交谈很愉快,常常伴随有爽朗的笑声,引得屋里屋外站满了人。

过了好一阵,公社来接应的袁书记赶到了,见学者们交谈得很愉快,放心了许多,说是怕相互间听不懂话。袁书记接下来问:"吃午饭没有?"杨万智这才觉得肚子饿了,摇摇头。但寨里的干部大声说:"吃过了。"杨万智转眼看看他,他又说:"刚刚一个人吃了一截木薯。"这下杨万智才听明白,苦聪人是把给他们的烧木薯当饭吃,原先杨万智还以为是吃零食呢。袁书记听后也没说什么。大家又谈了个把小时,就赶路到公社驻地去了。路上袁书记一直道歉:"对不起,对不起,苦聪人的粮食困难,让大家挨饿了。晚上到公社好好吃一顿。"

他们在顶青公社的苦聪山区采访了四天,跋山涉水,拄着木棍步行到顶青、下新寨、金竹寨、良竹寨四个苦聪人聚集的村子,体验他们实际生活的状况,了解他们的历史文化。虽然已经时隔多年,但对苦聪人的访问

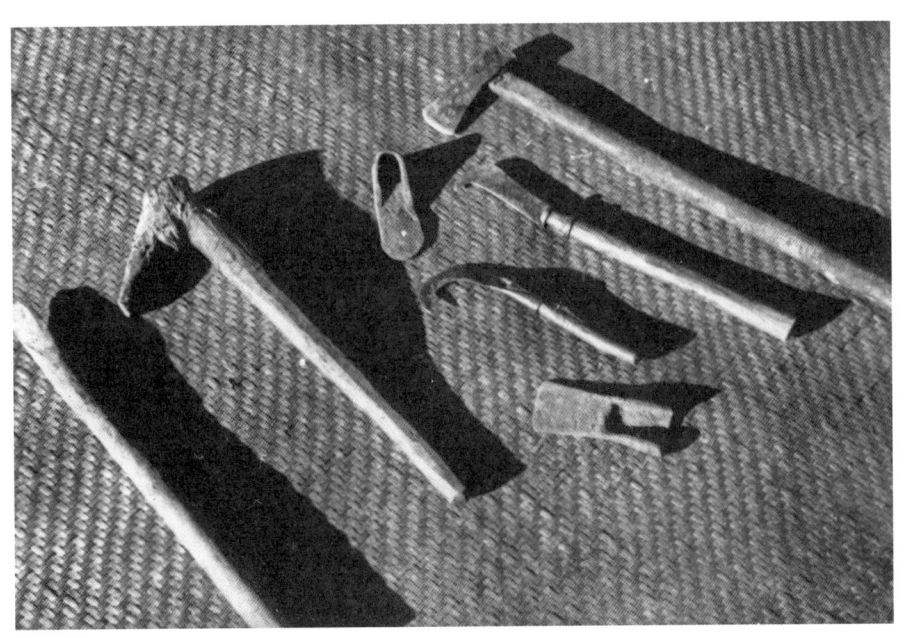

苦聪人的农具(官朝甲 供图)

却让杨万智终生难忘。

20世纪90年代末，已经调离金平县多年的他又回了苦聪老林，去探访他的老朋友苦聪人。多年过去了，杨万智以为在当地政府和解放军的帮助下，苦聪人已经走出了丛林，然而令他惊诧的是，散居在西隆山中的苦聪人，有4000余人还在陡峻林密的地方，依恋着那块被山外人视作原始、闭塞、贫瘠的山林。为了探寻苦聪人不愿意走出丛林的原因，作为人类学研究者，杨万智只身闯入西隆山中人迹罕至的苦聪山寨。经历一个月的探访、观察、体验后，他稍有所悟。原来，令苦聪人难以割舍的是属于他们自己的独特的传统文化。

据杨万智记载，那时的苦聪人居住在海拔1000米以上的高山地区、原始森林的边缘。外界与他们的联系，仅靠一条条崎岖陡峭、荆棘杂生的小路，一切物品全靠人背进去。除了少数村寨有土木结构的草房外，大多数人住的"房子"仍是用竹片、树棍编成篱笆墙壁，用芭蕉叶盖成房顶的草棚，屋内面积约10平方米，全家老少仅有一张小床，基本上席地而卧。家当就是几件简单的农具和餐具。杨万智在六六新寨张三忠家观察和登记其家产仅有一把砍刀（旧，有缺损），一把小锄头（旧，有缺损），一个锣锅（旧，已经修补过），四个土碗，一个旧塑料盒，一个自制旧木箱，一个用墨水瓶自制的缺油油灯，一床破旧的棉絮，这些东西总价值不足人民币20元。年轻夫妇除了身上的破旧衣服之外，就没有可以再换洗的了。婴儿只用一块旧布包裹着。屋中唯一的小床供夫妇二人睡，老母亲夜里垫一个破麻袋躺在火塘边。家中的编箩里没有粮食了，老父亲去山里寻野苕、挖野菜已经两天未归。大多数的苦聪人家里每年只有半年左右的粮食，余下日子主要靠政府救济或到森林深处狩猎、采集度过。

苦聪人有自己的语言，周围其他民族基本听不懂他们的话，但他们多数能说哈尼话、苗话、瑶话和傣话等，少数人能说一些汉话。与外界的沟通，主要是他们去山下赶集、换购物品，而其他民族很少有人会进入苦聪人住的老林。杨万智每到一地,苦聪人见到他,无论老幼,他们的反应都是先盯着看,然后转身离开,沟通都由胆大的成年男人应付。

在调查中,杨万智了解到,苦聪人又分为黄、黑两个分支。他们习惯用鸟类和松鼠的称呼作为自己家族的名称,如黄苦聪人中的氏族有亥扣、怕透、法拉透、楼牙等,黑苦聪人中的氏族有阿沙普、哈那、娃米、楼篓、那迷等。传统上每个村寨多是由数个父系血缘近亲家庭组成的,或是相异民族间因通婚而组建的婚姻集团。他们称这种村寨为"卡",每个自然"卡"通常有5个左右的家庭,后来经过政府的组织,每个村寨增加到20—50户,在较大的联防村,有71户。

南科村的苦聪人生活极有规律:清晨每家都将门前小道清扫干净,老人去河边用竹筒背水,年轻人整理农作用具。傍晚饭后,长者围在火塘边喝酒聊天,青年人则相聚歌舞嬉笑,体现出他们对物质贫困现实的豁然。当杨万智急切地向他们介绍现代都市的变化时,在座的长者都频频劝其喝

狩猎归来(官朝甲 供图)

酒，酒过三巡后，长者才说："城里人日子过得好哇，但苦聪人不慌，要过的日子比树叶还多哩！"

在良竹寨采访时，杨万智发现苦聪人屋里唯一的小床照规矩只能让男性长者睡，因为男性长者负有神圣的职责，要守护挂在床旁柱子上叫"欧代"的竹牌（装在竹箩内，秘不示人）。"欧代"可以看作是苦聪人精神文化的代表物，代表着苦聪人心灵中的神灵和沿袭世系的祖先，以及作为一个家庭甚至一个家族的象征。

"欧代"是祖先的象征。苦聪人的一个大家庭无论多少"户"都只供奉一个"欧代"。父亲死后儿子要分家远离，就要重新挂一个"欧代"。由此，一个竹牌就成为一条维系苦聪人家庭和心灵的纽带。苦聪人之所以对山林恋恋不舍，根源就在于不能舍去那块不能随意带走，而又延续着他们血脉的"欧代"竹牌子。

守护神灵祖位的男性长者是家族中的主宰。在家庭生活及与外界联系中，男主人负责裁决和安排事务，长子则为执行者。家里的财物由女主人保管并行使否决权，女儿及儿媳妇协助做好家务及劳务。与其他民族不同的是，在苦聪人家庭里，兄弟媳妇地位极其低下，生活中对其有许多不可逾越的"家规"："不能在公公、兄长一旁坐篾凳"，"兄长面前裤脚不能向外卷，只能朝内翻"，"不能亲手递东西给兄长"。代表神祖、代表族人的男性长者的所在之处，随即就成为"卡"中的聚集点。

能与长者（象征着神祖）相聚，能与长者同食一物，在族人看来都能沾着神祖的佑光。这样，也就形成了"见者有份""有食共享"的习俗。可以想象，苦聪人置身于特异的生存环境中，当一个人（或一家人）在阴霾的密林中游动时，有什么比获得神祖的庇佑和族人的互助更重要呢？由此，杨万智终于明白，苦聪人为什么总是一家（族）建一个房子，总不愿离开那个挂着"欧代"的山林了。

当然，苦聪人的世界也是多姿多彩的。女性的盛装展现了苦聪人的灵巧和秀美。严格地说，一家一户生存在密林中的苦聪人还未形成富有自己特色的服饰。他们不会做，但却善于从哈尼族的服饰中挑选亮点装饰自己。比如，镶在衣襟上亮闪闪的银币和挂在胸前重重的银项圈就是从哈尼族那里买来的；相应地，全身衣着也就全然借用了哈尼族罗碧支系的样式，只是制作得简单一些。男子的传统衣服是标准的哈尼装。在南科村，苦聪长者接纳杨万智为苦聪"荣誉人"，为他披挂的"族衣"便是一件苦聪人制作的哈尼族"批合"（上衣）。衣饰的珍贵使得其只能在赶集、婚嫁和一年一度的"卡腊节"（过大年）时才露真容。在婚嫁和过年的时候，人们围成一圈手拉着手，随着舞步把手从腰部朝头部用力地甩去，脚"左、左、右"地迈出舒缓的慢三步，这是苦聪人唯一的"百尼尼"集体舞蹈。在山静星稀的夜晚，就着微弱的火光，闪动在女人们胸前的银光，让人恍惚感觉到是地上的星星在跳跃一般。

当杨万智的摄影镜头展示出每一个苦聪山寨四周大片大片黑油油的

苦聪人的服饰（者米乡政府　供图）

火烧地时，苦聪人现实的生存方式和经济状况便成为他访问中最多的话题。

在1959年摄制的中国少数民族社会历史科学纪录电影《苦聪人》中，其传统的农事耕作方式是："每年春天，他们随便砍倒一片森林，晒两个月后，放火烧光。火为苦聪人烧出可耕的土地，草木灰就是肥料。"时隔多年，令杨万智吃惊的是，这种以毁灭自然生态为代价的原始做法仍然存在。更令人担忧的是，这样做的恶果已经让苦聪人苦不堪言：距村寨较近、适于垦殖的山坡草地都已被烧光了，几乎每个聚居点四周的山岭，远远望去都是白一块黑一块的。轮歇地不够，只好在"老地"里以极为粗放的方式耕作，每亩地一年的旱谷产量仅在200市斤左右。劳作不能维持生存，狩猎和采集就成为他们谋生的重要来源，其结果就是林中难见兽影、箐底觅不见野苔，常有外游一周不见有收获者。大自然已不能为苦聪人存储所需的物用。尤其令人惊诧的是，长期的刀耕火种造成严重的水土流失，聚居在林区的苦聪人竟然最缺乏的是饮用的水。在六六新寨、良竹寨、苦聪大寨等地，寨中最显眼的建筑物，竟是当地政府和部队扶贫救济的蓄水池。面对现实的生存环境，当他们询问每个苦聪人今后怎样发展经济、靠什么找钱时，回答都是"不知道"。

面对这样的境况，作为人类学研究者，杨万智陷入了深思，他此行的初衷，是想通过了解苦聪人的生存方式，观察他们从原始社会过渡到社会主义社会的道路。没想到，近四十年来，苦聪人的每一点变化，都是以对自然生态、生存环境的破坏作为代价的。苦聪山寨之行令杨万智深深感到，人与自然的和谐共存，是我们以后应当更多思考的问题。对于苦聪人来说，保护自己生存的环境，应是他们谋求生存与发展的唯一途径。

小乡长遇到大工程

李玉明是个学历不高的泥腿子乡长,他的出山颇富戏剧性,十分精彩。

他曾经当过赤脚医生、村委会干部、乡生产办事员、武装助理、外事特派员、乡长、县民族宗教事务局副局长,现为金平县民宗局四级调研员。虽然不再在领导岗位任职了,却繁忙得见不着他的影子,因为他的脚总是行走在去苦聪山寨的路上。

接到我们要采访他的电话,他正陪着新华社的记者在苦聪山寨采访,因为在金平,他是最了解苦聪人的苦聪人,凡是上面来人想了解苦聪人,县里第一个想到的人就是他。出生于苦聪山寨又具有丰富的基层工作经验让他成为人们认识苦聪人最直接的途径与窗口。他说:"我都记不清自己陪了多少人去过多少次苦聪山寨了。"在他工作过的者米拉祜族乡,苦聪人曾经居住的原始村落,他都一一走过。正是由于他在任上实施了者米拉祜族乡"155"扶贫工程,用3年的时间把那些散落在西隆山密林深处的苦聪人分别接到了政府的安置点,让他们实现了真正的定居生活。他从者米拉祜族乡调到县民族宗教事务局任副局长后,又担当起金平县拉祜族片区综合扶贫开发领导小组副主任的重担,历经4年的努力,让苦聪山寨实现了亮化和美化,让苦聪人脱贫致富的梦想真正变成了现实。

苦聪人经历的三个春天,他是见证者,也是参与者。

李玉明的老家在金水河镇南科村委会的联防村，1963年他出生于中越边境上的老白寨，在一岁多的时候搬到了绿树河村，居住一年后第二次搬家。这次一同搬来的有三个寨子，新寨子起名为联防村。寨子旁边有个部队，政府的工作队也经常来驻村。就在李玉明两三岁的时候，父亲得急病去世了，从此母亲白二妹就带着他们兄妹四人讨生活。

工作队和部队的人经常到寨子里开展帮贫扶弱的工作，因为李玉明家只有他母亲一个劳力，缺吃少穿的，所以大家都来帮助他们。大家送衣服、送粮食、送柴火，他家的柴火经常堆一长排，烧也烧不完。因为有了政府和部队的关照，他小时候的生活比其他苦聪孩子过得好一些。后来办合作社，大家都在一口锅里面吃饭，虽然吃不饱，但是也没有饿死。他读小学的时候，母亲给他买了一双解放鞋，那是他唯一的一双鞋子，他非常爱惜，只要穿脏了，都要刷干净，用火烘干，第二天接着穿。那个时候寨子里能有衣服穿就算不错了，能穿上鞋的小孩简直是凤毛麟角，大家都是光着脚丫在山里跑，所以孩子们都羡慕他有一双鞋子穿。至今他都不知道母亲是怎么找到钱买那双鞋的，现在想来，仍然觉得那鞋子特别珍贵。

寨子里办有小学，小孩子都可以去上学，上学是免费的。他读书晚，八九岁才开始上学。为了给母亲分忧，他一边读书，一边在社里当牲口登记员，帮家里挣工分。读完五年级后，就到勐拉中学去念初中。那时候政府对苦聪人很关心，苦聪人的孩子只要愿意读书，都可以去。每个月学校还发几块钱的生活费，差不多够吃饭了。联防村不通公路，从家里到勐拉中学，要走十多个小时的山路，可以说是翻山越岭、跋山涉水。

李玉明第一次去上中学，见到拖拉机，感觉它是个骇人的庞然大物，吓得跑去躲了起来。在中学待了不到一个月，就只剩下他一个人，其他苦聪孩子全都跑回家去了。一个原因是不适应当地的生活；另一个原因是读书没有在山上好玩，在山里大家可以打鸟捉老鼠，读书只能枯坐在教室里；更主要的是他们跟不上学习进度，听不懂老师们讲的。李玉明坚持了

苦聪学生（者米乡政府　供图）

一些日子，感觉没有伴，也跑回去了。一年后，政府的工作队和学校的老师又来叫他去上学，他和四五个孩子又去学校学了一年，勉强上完初二，又跑回家了。

回家后，到村里来发预防药的卫生员发现他腿脚勤快，还读过书，就让他帮忙发放预防药。不久，那里的赤脚医生不干了，就让他去当赤脚医生。后来，南科乡政府（现在的南科村委会）里面需要人，又来动员他去。去后他当选副乡长，他的基层工作经验就是那个时候积累的。之后南科乡政府改为村公所，要在金水河成立乡政府。1988年1月，李玉明通过参加招工考试被金水河乡政府录取，就这样，他调到了金水河乡政府工作。

一段时间后，组织上见他很勤快，也肯学，就让他当办事员，还让他代表乡里去海南培训。他从未出过远门，乡党委书记担心他上当受骗，特意把他叫去叮嘱，天下不会有白来的午餐，出门不要和陌生人讲话，如果有什么需要就去找戴圆盘帽、穿白制服的公安。他怀着一颗忐忑不安的心踏上了征程。

当时，金平外出的交通非常不方便，从金平到海南的路程真的很远。从乡政府坐车到县里住一晚，第二天早上又坐车去个旧住一晚，然后再去昆明住一晚才能转广西的车，到了广西去海南，又要坐轮船，要走好几天。李玉明对那次出门记忆深刻。到个旧的时候天还没黑，有一些旅店来拉客的人问他去不去住，他谨记乡党委书记的话，不跟他们走，找到了乡党委书记说的红河宾馆，和一个陌生人住了一个晚上。在个旧那天，天还没黑的时候，他还是忍不住好奇出门去转了转，还真被几个男人瞄上了，说他手上戴的梅花手表值一万多块钱，想跟他买。他的手表买的时候才37块钱，听了骗子的花言巧语，确实就有点心动了，可是骗子又说他现在没装那么多钱，身上只有一颗蓝宝石，说着他掏出了一颗蓝色的"宝石"，有鸡蛋那么大。骗子说那颗蓝宝石价值七八万块钱，拿到银行去就可以换成钱，如果他不嫌弃的话，这颗宝石就估价三万，让李玉明把表给他，再补两万块钱的差价。他这么一说，李玉明就想起书记叮嘱的话来——天下不会有这么好的事情等着他这个乡下来的苦聪人，就没理他们，赶紧离开。可是几个骗子一直跟着他，他越走越快，到了一个十字路口，见有两个公安（警察）在那里执勤，就赶紧朝他们靠过去，那几个人才离开了。和他住的那个陌生人是个黑黑的汉子，晚上打鼾打得他睡不着，又怕那人会偷了自己的东西逃走，害得他一夜睡不着觉。第二天，他从个旧到昆明，住宿的时候遇到了一个东北人，个子高大，在房间吃着花生，喝着酒，还热情地邀请他去喝酒，让他感到有些害怕。到了晚上，东北大汉非要拉着他去玩，他被连拉带拽地带出了旅馆。他在昆明又不认识路，找不到回旅馆的路，急得眼泪在眼眶里直打转，一个劲地说要回去。东北人没辙，只好把他送回了旅馆。回到旅馆，东北人问他第二天要去哪里，他老老实实地说了。东北人说要是没有买车票不急着去，要带他在昆明玩两三天，他哪里敢听他的话，第二天趁他还没醒，早早爬起来就跑了。

  坐车到了广西，又坐船到了海口，找到了开会的国际饭店。抬头看到二十多层高的楼房，头上要是戴帽子，帽子肯定要掉在地上的。当时他就想："天下怎么会有这么高的房子呀？这是怎么盖出来的呢？"他边想边往饭店走，被门口的保安拦住了，原来是见到他衣冠破旧不整，不准进酒店。他只好拿出文件来向他解释，说是来培训的，保安才把他的领口拉拢，还指着酒店的牌子告诉他："看到没有？这是国际饭店，要注意形象！"

李玉明讲到这里，自己忍不住笑了起来。

哪知接下来又发生了更可笑的事情。开会报到是在第十二层，他不知道有电梯，愣是气喘吁吁地爬上了十二楼。说起那个电梯真是快把他给气死了。学习培训期间，学员们都知道要坐电梯，只有他不知道，每天都是爬上爬下。他搞不清楚他们为什么一转眼全都不见了，只有他在爬上爬下，他们还说他不爱坐电梯。他听都没听说过电梯，别人讲什么他也不太懂，年轻人又好面子，不敢问，只好盯紧他们，终于见他们进了电梯，一转眼上了十二楼，一眨眼下了十二楼，想起自己刚来的那几天，天天爬楼都快累死了。后来他趁其他人休息就去坐电梯，上上下下地坐，同学们遇到他问："小李，这几天你怎么爱坐电梯了？"他只好一笑而过。

那次培训他还闹过一次笑话。他不会放电视，可是又不好意思去问人家，生怕别人看不起。于是在一天中午他跑到隔壁学员房间去，假装说房间的电视放不出来，让学员帮忙看看。学员到房间帮忙放电视的时候，他眼睛都不敢眨一下，就怕一眨眼睛，就错过怎么放电视了。学员帮他放好电视，又调了几个频道，说："没什么问题呀，可以看了。"他赶紧连声道谢，等人走后自己又摸索起来，打开、关掉，重复几次后也会放电视了，心里特别高兴。

后来和学员们混熟了，大家听说他是来自云南深山老林的苦聪人，都跑来房间要听他讲苦聪人的故事，他就把小时候的一些事情讲给他们听。他觉得很平常的事情，他们却感觉不可思议，很新奇。从那以后，他开始思索苦聪人的未来。

由于当年参加工作的苦聪人很少,组织上就开始有意培养他。县委组织部派他到省委党校去脱产读书两年半,李玉明不但学到了知识,还增长了见识,更让他认识到了苦聪人与外界的差距。他暗暗发誓,回乡后要多为乡亲们做实事。

1996年初,他正忙着下乡给老刘村委会开展架水、架电工作,县委组织部打电话到乡里通知他到县里来一趟。他都没来得及回去换一身衣服,就穿着那身带着泥水的衣服进了城。到了县城也没敢耽搁,直奔组织部。到了才知道是组织部部长段国兰找他谈话,让他第二天就去者米拉祜族乡,参加乡长选举。

这下可把他吓着了,但他服从组织的安排,赶紧去街上现买了一身衣服换上,第二天赶到了者米拉祜族乡。

全票当选乡长后,李玉明做的第一件事就是走遍者米的山山水水。那时候者米只有河坝地区通公路,要深入村村寨寨,只有靠两条腿去跑。苦聪人的寨子,是藏在西隆山的深山老林中,而且分布很散。他走完这些村寨后,感觉者米的苦聪人比联防村的苦聪人还要落后,还过着原始社会的生活。

他们住的是权权房,房顶用竹叶和芭蕉叶盖着,屋子里除了一个火塘,什么也没有。大人穿的衣服基本上是政府救济的,小娃大多没有衣服穿,全身光着。看到这种情况,他十分痛心,但是一时也不知道该如何才能真正解决问题。

正在他愁眉不展的时候,1998年2月,两位新华社记者到者米采访,在《国内动态清样》上发表了《金平县苦聪人生产生活困难》的文章,引起了当时的省委书记令狐安同志的极大关注。同年4月,由省民委牵头,省扶贫办、省教委和红河州民委、州扶贫办、州教委及金平县有关部门共同组成的联合调研组深入者米拉祜族乡,进行了长达22天的实地系统调

难以遮风挡雨的杈杈房（者米乡政府　供图）

研。调研组身背干粮，自带行李，翻山越岭，风餐露宿，进村入户，步行600多千米，走遍了全乡拉祜族苦聪村寨，对拉祜族苦聪人生产生活状况、资源状况、经济社会发展情况、思想状况等进行了深入细致的调研。在此基础上，经过认真分析、反复研究，提出了《关于解决金平县者米乡拉祜族贫困状况的调查报告》，计划由省、州、县共同投资3967万元，用5年时间，每年解决1000人，5年解决5000名拉祜族群众的温饱问题。

此即者米拉祜族"155"扶贫工程。

省政府以《关于金平县者米拉祜族扶贫问题当前落实情况的报告》先行协调省级资金1425.86万元，使"155"扶贫工程于1998年10月得以启动实施。

"155"扶贫工程总体操作上分两步走：第一步，用3年时间使拉祜族苦聪人"吃饱饭、能上学、有水喝"；第二步，用2—3年时间"修通路、有电用、有钱花"。"155"扶贫工程按照先定居再定耕，进而配套实施社会服务工程的递进式工作程序，采取"推拉帮带"的帮扶方式，先后实施了安居、改土及温饱、水利、饮水、农业科技、畜牧业、林业、教育、卫生等十多个子项目。

"可别小看'吃饱饭、能上学、有水喝'这简简单单的三句话，要在完全没有一点基础设施的苦聪山寨里实施，那可是一项巨大的工程。那三年，从省委到乡里，领导和干部职工们可没少吃苦。1998年8月的一天，正值雨季，令狐书记来到者米，轻车简从，撑着竹竿，跋山涉水，在被雨水泡烂的山路上走走停停，饿了吃干粮，渴了喝山泉水，走访了上纳咪村、白小村、下纳咪村、东沙小寨、六六新寨等苦聪山寨。每到一个村寨，令狐书记都要亲自进到权权房里去看望苦聪同胞，查看他们的粮食有多少、有没有衣服穿。干了这么多年工作呀，他是我遇到的领导干部中最廉洁、最务实的领导了，见到省委书记亲自脱了鞋过河，那个场景让我永生难忘。途中，有的省州干部还摔倒在泥路上，滚了一身的泥，大家开玩笑地说：'哈哈，这下屁股上盖章啦！'说得大伙都笑起来，所有的疲劳都在笑声中淡去，化成了天边的云霞。"李玉明回忆当年的"155"扶贫工程时说。

"想要'吃饱饭、能上学、有水喝'，首先得解决苦聪人居住的问题，结束他们流徙不定的漂泊生活。只有在定居的基础上才能实现定耕，有了生存条件才能全面发展。"李玉明的这句话说到点子上了。

1998年4月2日至23日，由云南省委、省政府组成37人的联合调研组，对苦聪人口最集中的者米拉祜族乡进行了为期22天的调研。当时者米拉祜族乡有苦聪人1039户5220人，占全县苦聪人1287户6307人的82.8%。调查发现：96.24%的苦聪人缺粮，大部分人都靠救济或靠木薯、猎物、野果、野菜维持生计，还有些人到河坝地区乞讨。他们的生产经营能力很差，不懂养殖。文化教育落后，适龄儿童入学率仅25.5%，文盲率达94.45%。30个自然村没有一个卫生室或医疗点。很多人家住房是由篱笆墙、茅草和竹叶等构成，晴不遮阳，阴不挡雨，大部分家庭没有价值100元以上的物品，许多人家只有一条破毡子，全家人挤在一张光竹床上或火塘边过夜。大部分人不会制作基本的农具，普遍缺少耕牛和化肥、籽种，绝大多数人处于吃饭靠政府、穿衣靠救济的状况。更为糟糕的是，他们的精神状态不佳，绝大部分蓬头垢面，两眼无光。

实施"155"扶贫工程，其中"并村定居"的安居工程是首要的措施。这项措施的具体内容是将者米乡30个分散的苦聪人自然村搬迁合并为21个，实行定居。

安置的原则是：让游耕游居的零散农户进行并村定居或插入附近其他

无学可上的儿童（者米乡政府　供图）

村寨定居。把地处偏僻、规模小的村寨并入自然条件较好的村寨。对规模较大，但生产生活条件差、就地难以脱贫的村寨，在乡内易地建村，集中开发。对生产生活条件较好、规模较大、就地可以脱贫的村寨，就地安置。

在一穷二白、完全没有一点硬件基础设施的条件下实施如此巨大的搬迁工程，无疑是一个巨大的挑战。

"那相当于要把大山劈开，这要有愚公移山的精神。"李玉明说。

他向我们讲述道："别人都以为当官好当，我当这个乡长，不知道有多少人羡慕，然而工作中的苦与乐只有自己才深深体会得到。'155'扶贫工程项目实施的第一年，为了调查有多少苦聪人居住在深山老林里，有多少人需要搬迁，搬迁点要选在哪里，搬迁之后的人畜饮水从哪里引来，定居后要在哪些地方开田种地，每天天不亮我就得上山去跑。那是实实在在的跑呀，山上没有公路，一寸也没有，从海拔只有300多米的乡政府爬到3000多米的西隆山，每一步都得靠自己的双腿。只要听说还有苦聪人居住在哪个山头，没有路也要砍出一条路走过去。所以上山去访问我们都提着砍刀。别说是我啦，那一年，县委书记唐明生差不多每个月都要到者米乡一两次。分管的县委副书记杨臻，每个月要往者米跑三四次。我不跑能行吗？那一年，居住在者米乡政府街道上的傣族人见到我都说：'乡长，你这个乡长还是不好干的嘛，天天戴个烂草帽，走得一身臭汗。'我总是开玩笑地回答他们：'当官好当呢嘛，不然你们都会想当官噶？'玩笑归玩笑，工作还是要踏踏实实地干。对拉祜族苦聪人来说，只有彻底结束流徙不定的漂泊生活，才能全面发展。"

那么，他们成功了吗？我们采访了众多当年在这庞杂的工程里付出无数汗水的基层党员干部，力图还原当年那场艰苦卓绝的扶贫战。我们发现，当年为了落实这项艰巨的任务，他们的办法简直是五花八门、异彩纷呈，彰显了基层党员干部真扶贫、扶真贫的智慧与本领。巍巍西隆山见证了他们的汗水与艰辛，苦聪人迎来了第二个春天。

开山记

出工去了啊,
上山砍地去啊,
不要爹妈叫,
太阳起来追我们了。

祖祖辈辈都由你哟,
今天我要把你拴起来哟,
我还有一点活路没做完。
你不要忙落山。
　　　　　　——苦聪民歌

打响扶贫战

俗话说，儿多母苦。金平世居着苗族、瑶族、傣族、哈尼族、彝族、汉族、壮族、拉祜族、布朗族共9个民族，少数民族人口占85.5%。特别是拉祜族苦聪人属于特困少数民族，其经济和社会发展缺乏内生动力，成为金平县扶贫开发的硬骨头。

李玉明说："没钱开展工作的时候大家都叫苦，这下有钱了，可更加

时任省委书记令狐安（左一）跋山涉水看望苦聪人（者米乡政府　供图）

苦坏了乡里的干部职工。"乡里分工具体负责的副书记刘文和、副乡长施祥，还有农、林、水、畜等几个站所的干部职工几乎是天天泡在山寨里的工地上。

在具体抓落实的过程中，最苦最累的当属民族工作队的同志。为培养苦聪人劳动的自觉性和提高他们的生产技能，每个队员要挨家挨户手把手地教，随时进行苦口婆心的说教和督促引导。如果发现村民白天喝酒或是农忙时喝酒，都要立即批评教育；不听劝导的，将在补贴粮食、物资中适当扣减，以示劝诫。考虑到苦聪人体质较弱、劳动力少的状况，民族工作队队员帮助联系以每8户结成互助组开展生产劳动，亲自动手帮助缺乏劳动力的家庭插秧割稻、搬木材、运砖瓦等，手把手地教苦聪人学会洗碗、洗衣服、刷牙、整理床被等基本生活技能，使他们养成讲卫生的习惯。民族工作队成年累月地驻扎山寨，与他们同吃、同住、同劳动。

为了彻底解决高山地区苦聪人的安居温饱问题，乡党委和政府决定把找到的37个自然村撤并为24个自然村。省民委投入了420万元安居工程资金，从1998年10月开始，分三期完成了安居房的建设，解决了17个苦聪人村762户3256人的住房问题。其中搬迁新建531户2245人、就地改造231户1001人，比计划超额完成12户，用三年的时间完成了五年计划的101.6%。

安居工程的实施，改变了苦聪人住茅草房、群居、人畜混居的状况，每家每户都住上了瓦房，住房条件得到了前所未有的改善。人均住房面积由1997年的6.79平方米提高到了2000年的17.33平方米。同时，认真实施了饮水工程，共架设饮水管道42.55千米，建蓄水池67个，解决了19个自然村982户4680人以及1373头大牲畜的饮水困难。

住进了新房，他们高兴地说："这下就是撵我们回老林，我们也不会回去了。"

讲到这些，李玉明的脸上露出了满意的微笑，紧接着讲道："成绩

"155"工程盖好的新房（者米乡政府 供图）

是可喜的，可是人们不知道，在刚建房的时候，由于经费预算低，很多建筑材料都要苦聪人自己从山脚背上山。他们从来没有干过重体力活，不习惯。一边背一边丢，说政府把这么重的东西给他们背，真是累死了。后来通过做工作，他们慢慢理解了党委和政府的苦心，也就配合了。不是自夸，那个时候为了让他们自力更生，我是亲自示范如何扛树、如何背水泥，直到他们心服口服，自觉去完成自己家的任务。所以现在我不管去哪个苦聪寨子，都受到热情接待，群众基础就在那时打下的。"

有了房住，还要有田耕。从1998年到2000年，苦聪人的安居工程与温饱工程齐头并进。到苦聪人搬进新居之时，他们的农业生产条件也得到了明显改善。三年时间，共完成新开田2150亩、坡改梯2120亩；新建、修复、续建水沟9条，受益8个自然村713户1540人。苦聪人人均水田面积从1997年的0.49亩增加到2000年的1.02亩。政府为了教他们耕田，还为他们购置了52头耕牛。农田水利设施的改善，改变了苦聪人人均耕地少、耕地不固定的状况，为稳定解决他们的温饱问题提供了良好的物质基础。

至于教苦聪人开田的故事嘛，那可就比天上的星星还多啦！

为帮苦聪人差点"翘兜①"

"155"扶贫工程开始后，民族工作队队员就分任务到个人，每人负责几个寨子。郭勇他们负责的是上下纳咪村、白小村和老白寨这一片区。乡党委和政府给他们下达了任务：每个苦聪人必须开挖一亩水田。

"这个任务相当重，要完成起来还真的不容易。你想想，当时的苦聪人是一无房、二无钱、三无田的'三无人员'，他们的现实状况是'耗子舔米汤，刚刚糊得了嘴'，你要叫他们每人开挖一亩田出来，这比登天都还难啊！接到任务时，我头都大了！"

头大归头大，任务必须完成。

平时乐观开朗、天塌下来都不怕的哈尼族退伍军人郭勇，此时的大脑里像灌进了者米河坝的雾露，很重。他思来想去，最后把"主意"打到了老婆的身上。郭勇退役返乡，在家乡娶了一位美丽善良的哈尼族姑娘。他到西隆山当民族工作队队员，他的媳妇在老家养猪。当他得知媳妇最近刚卖了一批猪，进账5000元的时候，他的眼睛亮了。他返回家中，哄媳妇说："这几天我在寨子里蹲点，那些苦聪人收草果了。你不晓得，今年苦聪的草果非常好，结得太多了，价格又老实便宜，一斤一块都不到。那里公路还不通，他们背不出来卖，叫我帮他们想办法。"

---

①翘兜：金平方言，意为"死了"。

"你是苦聪人的政府,你不帮他们哪个帮?"

"老婆,你以为那是到菜园子里拿菜?说得倒是轻巧了,收他们的草果要本钱。不过我倒是和供销社的朋友说好了,只要我暂时垫点钱出来,把草果驮到公路边,他们立马就来拉,马上就付钱给我。你想想看,你今天拿出去5000块钱,明天就会回来10000块钱。扣除你的5000块钱,还有一半的赚头,两天就抵了你养一年的猪了,太划算啦!"

"你是在打我的主意?我不给!"

"你就给一回嘛。过两天我就还给你啦。我是民族工作队队员,帮他们解决困难是我的职责嘛。我工作干好了,得了优秀,你也面子大了,走到哪里脸上都光彩。"

"呸呸,嫑吹你的大牛啦,你明天就赶紧回去。你说两天,我给你五天。五天后你必须还我本钱哦!"

郭勇老婆卖猪的5000块钱在腰包里还没有焐热,他回了一趟家,5000块就跳到了他的军用挎包里了。

老婆的养猪钱哄到手,郭勇心里升起了胜利的希望。

他赶回者米乡下纳咪河村,像部队的侦察兵一样,认真察看了地形,坚定了心中的谋划。他请来隔壁老集寨乡的彝族人帮他开挖新田,每亩200元。他在心中算好了一笔账:挖一亩新田,乡政府就补助150元,另外那50元嘛,将来分给哪家苦聪人,就让哪家付给他。就这样,下纳咪河村挖田工程动工了。彝族人是开挖新田的老手,每亩200块钱对于他们来说,是进自家菜园摘菜,不费多大的工夫就进了腰包。

苦聪人有"号地"的习惯。刀耕火种的时候,一户人家在林中看上了一片地,就先用砍刀在四面的树上砍个码口,再找来小树枝或者竹枝夹在码口上,以此告知别人,这里是有主人的领地了。在苦聪人传统中,别人号了的地,是不能再动一草一木的。搬出森林定居后,寨子前后左右的大树大多消失,主要是小灌木和铁巴茅、白茅草、洋藿秆等速生草本植物。

在这种情况下，苦聪人号地就不再砍树了，而是到草丛里，看准了哪片地，就选定四面中的一个或者两个点，将点上的草绾成草疙瘩，算是"号地"了。但苦聪人"号地"比较勤快，挖地却不上心。有好些地，他们号而不挖，时间一长，绾疙瘩的草又长出来了，原来的记号消失，地盘也就不算数了。

郭勇请来的彝族人在下纳咪河村承包了30亩的地。刚开挖的时候，有人问："郭政府，你把我们的地挖成田整哪样？"

"整哪样？我开会宣传的时候，你们耳朵聋了，没有听见我讲？土地是集体的，哪个挖的哪个要。你们一定要自己挖，挖了的是自己家的，政府每亩还补给你们150块钱。你们只是号地不挖，那个不算，我挖了就是我的。"

下纳咪河村的苦聪人仍然半信半疑，不把挖田当回事，只有三两家动手开挖。他们三天去找木耳，两天去摘香菌，挖田进度十分缓慢。看到这个情况，郭勇又心生一计：叫彝族人连片开挖，包括苦聪人绾好疙瘩的地也不放过。这样一来，苦聪人开始急了，说是"郭政府"抢了他们的田地，这才开始大面积地开挖新田。上纳咪河村的苦聪人得知下纳咪河村的情况后，怕"郭政府"来抢地，都开始积极挖新田了。

郭勇请彝族人挖的新田挖完了，苦聪人自己的地也挖好了。农科站来验收，合格后，政府"以工代赈"资金补助每亩150元，苦聪人每亩再给他50元。上下纳咪河两个寨子轰轰烈烈挖了一年，就把每人一亩田的任务完成了。

"我们开会的时候就想好了，他们把田挖够任务数了，我们才分。把没有田的人户剔出来，先满足这一部分，有田的人户，他们再挖一点补上就够了。"

见苦聪人积极挖了田，政府又出钱把下纳咪河的水沟修成了三面光，水就放得大了。每2亩地发给尿素1包，虽然是新田，但化肥足，粮食产量就上去了。

"我拿家里的5000块来请人挖田,按照当时的'以工代赈'政策,与乡上说好了,由我来带头,挖好的田不是我要,是给苦聪人的,我的钱是先垫着。每亩150元,分给苦聪人的时候收200元,这其中的50元由苦聪人自己承担。没有现钱,等卖草果的时候再给。那些苦聪人,我一亩垫给了他们50块,到卖草果的时候,家家户户都拿来了,一家也没有差我的。这一点上,苦聪人很讲信誉。"

田挖好了,没有水灌溉不行。郭勇说,为了帮助苦聪人挖渠引水,有两次他差点就"翘兜"了。

我赶紧追问道:"快讲讲是怎么回事?"

郭勇喝了一口茶水,继续讲述起来。

1998年,郭勇负责在上纳咪河村蹲点,发现了一块荒芜的田地,他便问村干部:"这片田咋个不栽秧,专门挖来给小树子长?"

新开的梯田(者米乡政府 供图)

村干部惊诧地说："啊，郭政府，你是说那片长满小树子的田？1984年雨水大，垮山了，水沟被大石头卡了，水出不来。水不来我们栽不了秧，田就全部长出小树啦！"

回到乡政府，郭勇就去问缘由，水利站的同事跟他说，1981年，县水利局派出的工作队在上纳咪河村发动苦聪人开挖水沟，三年后纳咪河大沟通水。1984年，西隆山的雨季反常，连日暴雨，导致水利设施多处出现险情，垮塌现象严重，损失巨大。纳咪河大沟垮塌，沟上方一块巨石掉下来卡在沟帮上，堵住了通水。当时的水利工程，新建项目有资金，维护方面没有预算。上纳咪河的苦聪人自身没有能力将堵水的巨石盘开，就来乡水利站报告说："政府，你们的大沟垮了，我们修补不起。"

乡水利站的人员也苦于没有修复资金，就顺口说："我们的水沟也修不起了，不要啦。"

当时是政府出钱挖的沟，苦聪人理解为叫他们去修，意思是帮政府修了。由于认识偏差，苦聪人没有去修，水利站也无资金投入，这条水沟就闲置了，一闲就是十多年。那沟在挖的时候就做成三面光的了，长6千米，这样闲置着让郭勇心疼，他决心要把它修通。

他先到水沟的灌溉区察看，又到水沟塌方现场做了详细勘察，心里就有了主意。他画了一份草图，写了一份简短的书面报告，直接跑到了位于个旧市的红河州民族事务委员会，找到了时任民委主任，把要带领苦聪人开建果树基地、种植果树的想法进行汇报。他的想法得到了州民委的大力支持。返回上纳咪河村，发动群众几天就砍了田里的小树，太阳暴晒了几天，一把火烧去，田的形状就显现了出来。

郭勇与请来的爆破人员填好炸药，他叫大家撤到旁边的山梁子上，躲到安全的地方。爆破人员引爆了炸药后，他大声说："我先去看情况，你们一个都不准来！"

有人劝："郭政府，山陡，石头咕噜就来了，会翘兜呢！"

郭勇不听，戴上一顶草帽，小心翼翼地来到了爆破的地方。他站在炸去了一大半的岩石前，抬头一望，突然发现那炸松了的石块在往下掉，朝他砸来。他没有惊慌，抬腿向右斜下方跳去，同时，双手抻开，牢牢抓住了沟边上的一大蓬铁巴茅秆，整个身子悬空吊着，贴在沟壁上。上方的石块轰隆隆地砸下来，冲下深箐。他睁大眼睛看着上方的石头滚落，偏头让开朝他砸来的石头，哪怕是土粒掉进眼里也不敢闭上……

不知过了多久，只听见苦聪人的呼声："老郭——老郭——""郭政府——郭政府——"

"啊嘛嘞，这回郭政府翘兜啦！"

人们呼唤着郭勇的名字，向事发地涌来，有的苦聪妇女哭出了声。

修复的水沟（者米乡政府 供图）

郭勇见石头全滚下了深箐，便抓住铁巴茅秆爬到沟帮上来。人们见郭勇无事，心才放下。但郭勇发觉自己的双腿不停地颤抖，大汗从头上噼里啪啦地滴落。也是从部队退伍回来的本寨子人张普忠说："哦嚯，你真的是命大呀！要是我们早就翘兜啦！"

"老张，你我都是从部队下来的，见过这阵势，翘兜不了。"

与死神擦肩而过的郭勇，正应了那句：狭路相逢勇者胜！

这是郭勇在苦聪民族工作队中遇险的第一次。还有第二次。

2000年春，巴哈村委会的南鲁水沟动工上马。水沟30厘米的沟面，50厘米的高，全部是三面光。施工了三个月，水沟完工。者米乡开发公司的副经理王成华带队去验收，副乡长和郭勇去了。领导和施工队走在前面放水，郭勇跟在后面仔细查看有没有地方会漏水。到了一个地方，有些松土，看不见漏，但郭勇踩在沟面上，像踩在梯田的埂子上，有闪动的感觉。他意识到危险，一纵往上沟帮跳去。当他双脚刚落到上沟帮时，"哗——"的一声溜响，下沟帮和沟面全部坍塌了，大水卷着松土，直冲下深箐。

"这水沟帮高四五十厘米，我还跳得上去。前边的人赶紧返回来，以为我翘兜了。这次差点就去见马克思啦！但他看着我还年轻，不肯收我，共产党人的生命不会随便翘兜的！"

已有多年党龄的郭勇，面对我的采访，讲话很是幽默。

在苦聪山寨，这样的故事一收一大箩，真是几天几夜也讲不完。有房住，有田耕，苦聪人总算是安定下来了。但仅仅这样还远远达不到省委的要求，基层干部们又钻开了脑洞。

解决吃饱饭的问题

在者米，苦聪人亲切地称戴荣柱为"杂交阿波①"。

1999年初，戴荣柱被提拔为科技副乡长。他是个细高个子的汉族干部，颇富传奇，主要有两个"大"：一个是饭量大，一人一餐可以吃下一电饭煲的米饭；一个是种的萝卜大，因此当上了科技副乡长。

1992年，20岁的戴荣柱被分配到者米乡政府工作，开展杂交玉米和杂交水稻推广。刚到者米接触苦聪人，戴荣柱感到特别迷茫，不知道自己能不能在苦聪人中推广科技。那个时候，每到街天，从山里来赶集的苦聪男人基本上都要醉酒，街子边、公路边经常看得到醉酒睡了的苦聪男人，旁边还有他们的女人守着。后来他到下纳咪河村推广"两杂"，果然难度很大。他们连基本的农活都做不好，更别提有科技含量的农业技术了。

当时者米的工作条件特别差，山上不通公路，通往者米的公路也才挖通没几年，水毁严重，经常断，就连客运的班车也没有，在者米工作就像与世隔绝一样。戴荣柱努力把精力放在工作上，否则感觉自己的精神会崩溃。所以尽管苦聪人一时无法接受先进的农业技术，他也尽力去教导他们。这就是为什么他经常一出门就是几天，回到家一身泥水一身汗，可以一口气吃完一电饭煲饭的原因。

1996年，戴荣柱转到地棚村，这里情况好一点，至少这个村子有一些

---

①阿波：在哈尼语、彝语、拉祜语等民族语言中，是爷爷的尊称。

水田。他请示乡里，决定在这里建科技示范村。

为了充分发挥科技示范村的作用，乡里在地棚村集中了县乡两级的科技力量，县科学技术委员会（简称"科委"）在资金上给予支持，科技人员根据工作情况进行定期和不定期指导，准备通过这个科技示范村在拉祜族地区推广"两杂"，解决拉祜族的吃饭问题。

从动员宣传到犁田耙地，戴荣柱把老百姓当成自己的亲人用心教导，把他们的田地当成自己的田地，一丝一毫也不敢粗心。解决吃饭问题，不要说在苦聪人聚居区，就是在县里的其他贫困地区也没有解决，戴荣柱深知自己肩上的担子有多重。

1998年初，县科委给了一部分启动资金，解决了购买种子和化肥的困难。为了保证项目成功，县里决定种植晚稻，并尝试旱育稀植技术，希望能提高产量。

旱育稀植，就是把水稻在旱地里育苗，然后再移植到水田里去。这可是一个非常精细的活计。在旱地上育秧，就得精耕细作，把地挖成垄，再把土块敲碎，撒上农家肥，播入种子，浇上水，盖上塑料薄膜。等到种子长到五寸高的时候，再移栽到水田里。因为苗比较小，对耙田的要求就非常高，田要耙得又平又细腻，留的水位还不能太高，这样秧苗种进去才不会漂起来。在插秧苗的时候，为了保证植株的分枝发芽，植株之间还要留有一定的比例空间，那就是稀植。

如此精细化的耕作方式对于习惯了刀耕火种的苦聪人来说，简直就是"折磨"。村长庙正发多次和戴荣柱争吵，说："这样做实在太麻烦了，天下哪有这般种田的？"可是说归说，政府工作人员的话他们还是愿意听的，因为从深山搬出来的几十年间，他们不断得到政府部门的关心，知道政府都是为他们好。

旱育秧苗到了水田里，如同久旱逢甘霖，不但成活率高，植株分枝快，长得也茁壮。苦聪人从未见到过自己田里的秧苗如此欣欣向荣，他们

令狐安把苦聪人吃饱饭的重任亲手交给"杂交阿波"戴荣柱（戴荣柱 供图）

吃惊而欣喜若狂。

驻村的工作队队员和群众打成一片。没有菜吃，戴荣柱就和庙正华买了好多小"铁猫"拿去田边地头，专门捉那种来吃庄稼的大老鼠。每天下午捉回来后，与苦聪人一起吃。庙正发自己的小娃都舍不得给吃，好吃的都夹给工作队队员们吃。可以说，苦聪人非常敬重工作队队员，尤其是科技人员。这令他们非常感动。

转眼入了秋，谷子黄了，地棚村29户人家，每家每户粮食都装不下，全村人的吃饭问题得到了解决。旱育稀植实验大获成功，戴荣柱第一次深深感受到身为科技工作者的自豪。在庆丰收的酒桌上，不善喝酒的他把自己灌成了红脸关公。看到他们有了饭吃，戴荣柱再苦也觉得开心。

在旱育稀植总结大会上，戴荣柱提出在全乡大力推广旱育稀植。但也有不少人担心，地棚村是成功了，可是一下子要全面推开，万一出了问题，乡党委和政府的干部撑得住吗？

说实话，戴荣柱自己也不敢保证在全乡推广都能获得成功，毕竟每个村的田地基础并不相同。旱育稀植水稻种植技术对基础条件的需求相当高，只能在中低海拔地区种植。而苦聪人大多生活在海拔1300米以上的地区，他们一直在种植收成较低的本土品种，虽然只够吃三四个月，但总比颗粒无收要强得多。

那么，旱育稀植技术究竟要不要推广呢？刚刚当上副乡长的他站了出来，以一名领导干部和科技人员的身份郑重表态，与其让苦聪人一辈子吃不饱饭，不如试一次。如果成功了，他们就能年年吃饱饭了；如果推广失败了，由他来承担责任。

他掷地有声的保证让整个会场为之一震，所有的乡领导都惊讶地看着这个瘦高的年轻人。几代人都没解决的苦聪人温饱问题，他戴荣柱居然敢保证。这不是吃了熊心豹子胆了吗？

但戴荣柱心里雪亮，有了地棚村的经验，他没有给自己留后路，为了解决苦聪人的吃饭问题，他拿自己的前途作了赌注。县委书记唐明生知道这个情况后，非常支持他的选择，并且保证，不管推广成功与否，都不会追究他的责任。他说："在社会主义事业建设的道路上，如果连一次失败都不敢尝试，还如何领导人民群众脱贫致富。"

有了县委和书记的支持，戴荣柱开展科技推广就更有劲了。1999年，他跑遍了全乡所有的苦聪寨子，一个点一个点去指导旱育稀植水稻种植技术，全乡推广面积达到了3012亩，只盼着苦聪人不再饿肚子。

他笑着对我说，那一年呀，他每天都要跑三四个寨子，跑坏了十多双解放鞋。从他身上流下来的汗水，都可以煮盐啦。

辛劳是有收获的，让他踏破鞋子的那片土地，最终结出了沉甸甸的稻子。那铺满了山谷的一片片金黄，是对他的褒奖。

旱育稀植技术大获成功，仅用一年的时间，就解决了当地三分之二的苦聪人的吃饭问题。他骄傲地说，从那以后，他这个大肚汉在老百姓家吃饭，才不会有愧疚。

我问他除了工作的辛苦之外，还有没有其他令他印象深刻的事情。他想了一会儿，笑着说道："想起来了。当时还出现了一个'不种粮食的人家要比种粮人家粮食还多'的情况。"

我惊讶地问："那是怎么回事，难道有人偷粮食？"

他笑着答道："不不，苦聪人不会偷东西。这事发生在上下良竹寨和牛底寨。牛底寨的海拔偏高，田少。他们自己不种，但收割的时候天天去帮亲戚朋友家打谷子。收成好了，苦聪人心又好，帮工没有工钱，就每个工每天给一大袋谷子。这样收割完成，有的不种粮食的人家到亲戚朋友家帮忙，背回来的谷子就很多。"

我听了不由得跟着他大笑起来："那不是在不能推广旱育稀植的高山地区也解决了吃饭问题吗？"

他点点头："基本上是这样的。"

从这件事情上，我们可以看出，苦聪人互帮互助的思想并没有消失，只是在社会的进步中呈现出不同的方式。从原来共产生活分享一只老鼠，到土地承包到户后分享粮食，在他们的骨子里，和同胞分享食物是天经地义的事情。

从那以后，戴荣柱就被苦聪人叫"杂交阿波"了。但是，我也很好奇人们又说他是个"萝卜乡长"。

他笑着说，他们在地棚村驻村的时候，苦聪人还普遍不会种菜，于是他们一边推广"两杂"，一边教群众种菜。先在村民组长家种，然后叫群众来看。当大家看到绿油油的菜苗长得整整齐齐、鲜嫩多汁时，不由得啧啧赞叹。戴荣柱趁机教他们种菜，还把优质的菜种送给他们，他们就在地里、林子里到处撒了菜种，长出了菜秧。

1998年底，地棚村推广种菜成功，特别是萝卜长得很大。县委书记唐明生到科技示范村检查工作，让戴荣柱拔一个萝卜给他看看，他顺手拔了

苦聪人的萝卜地（者米乡政府 供图）

一个，那个萝卜长得又大又长，估计有40厘米，唐书记看了非常高兴，当场表扬他不但杂交水稻旱育稀植搞得成功，就连种菜也是全县一流。没过一个月，他就被县委提拔为科技副乡长。乡政府的干部职工喜欢开玩笑，就直接叫他"萝卜乡长"了。他也不介意，还应得很快，这个绰号就被叫开了。

原来是这样，我心中多年的疑问终于解开了。像他这样敢做敢当、埋头苦干、脚踏实地的科技干部可不多。

当然，推广杂交稻的成功，不仅仅是戴荣柱一个人的功劳，还有很多基层干部也付出了辛勤的汗水。郭勇他们这些驻村工作队队员为了解决苦聪人的吃饭问题，真是想尽了一切办法。

要推广杂交稻，群众没有籽种钱，没有化肥钱，郭勇就去农科站赊种子。把种子赊来发给群众，有乡领导说："你郭勇发下去那么多种子，到时候种子钱收不回来怎么办?"他说:"我自己负责。"

"那你的工资不够又咋个整?"

"领导,不怕,我会负责,我有办法。"

种子播下去了,郭勇早晚都去看秧苗的长势,秧田里的秧长出来两三厘米后,才慢慢地揭开薄膜。在下纳咪河村,郭勇头天晚上揭开的薄膜,第二天早上就被人盖上。连续几天都这样。这真是奇了怪了,难道有人从中作怪?

想了想,他决定召开群众会,听下大家的意见。

群众会议上,他问:"这些谷子出芽了,要练苗了,两头的薄膜是我扯起来的,是谁又把它埋起来了?"

苦聪人的新居新田杂交稻(者米乡政府 供图)

"我们以为是风吹开的,就又埋起啦。"苦聪兄弟笑嘻嘻地说。

原来他们比他还关心谷子的成长呀,这倒让他放心了。

从撒秧到栽秧,郭勇都在田里与苦聪兄弟们一起干。

他们当时工作任务已经包干到个人了,谁也没有退路。除了赊种子,郭勇还去供销社赊农药、化肥。他赊的种子钱是3万多元,肥料也是3万多元。那个时候的3万多元可是一笔"巨款",郭勇一个月的工资还不到1000元,万一失败了,他要赔到猴年马月呢。

郭勇说,当时的肥料钱是项目钱,按每亩补助标准核算。但种子的补助标准还不清楚,所以有些担心。可是苦聪兄弟把他当亲兄弟一样,田里抓到只老鼠都要给他留下一块,他不能因为担心就不干,所以只管大胆赊来发给群众。到第二年收草果的时候,他亲自去向群众收,收到了就交上去。还清了第一年的,第二年再赊。因为苦聪人的草果钱也不多,没有多少结余。这样一干就是三年。

2000年秋,省委书记令狐安第二次上苦聪山。郭勇说,这次他来,有点带着验收的意思。那时,下纳咪河村苦聪人已经搬迁到现在的新址了。山上全是新开的田。听取了杨自华队长的汇报,说下纳咪河村的吃饭问题已经解决,令狐安就去看组长家和王老努(下新寨村委会副主任)两家。两家新盖好的仓库里堆满了谷子,谷子上还有麻袋装着的草果。这和他第一次走进苦聪人家里时看到的情况完全不同,是不是过于夸张了?令狐安书记怀疑郭勇他们可能是把一个寨子的粮食都拿来堆在一起的。他把带去的省州县人员分成三组,到寨子里一家一户地查看,一户也没有放过。人不在家的就叫亲戚把门打开看,看完后再集中汇报,大家说的情况大体相当。等工作组成员汇报完,令狐安书记就笑了,说:"达到了我们预期的目的。"

我问郭勇当时紧不紧张,郭勇说,不紧张,成绩就摆在那里的,不怕他们查看。当时每家都有猪圈,都养有猪,那些猪都养成了架子猪,一百二三十斤了。有的人家还挂有腊肉，菜园里有菜。令狐安书记看了就很高兴。

"155"扶贫工程提前两年完成。2000年底，金平县委、县政府对"155"扶贫工程进行中出现的先进人物进行表彰奖励。郭勇获得一等奖，奖金4000元。

"我拿我的这4000块奖金去营房寨子栽草果。后来我一蓬草果都没有要，全送给了苦聪兄弟啦。"郭勇向我说起了4000元奖金的去向，却没有提老婆养猪的5000元还了没有。

我们也不好问他。

像戴荣柱、郭勇这些朴实的基层干部，用再美的赞誉都不过分，他们能够沉得下去、住得下来，和群众同吃同住同劳动，把自己人生最美好的时光都奉献给了苦聪人脱贫攻坚的伟大事业中，以自己平凡的人生铸就了不平凡的事业，他们是时代的楷模！

还要有肉吃

苦聪人解决了"有房住、有饭吃"的问题之后，县委、县政府并没有满足，不仅要解决温饱，还要解决"有肉吃"的问题。这个任务就落到了青年谢小华的肩上。

1998年底，谢小华被抽调来当工作队队长，负责顶青村委会的苦聪大寨、古登、地棚、下纳咪河村这几个寨子的农户的养殖培训工作。此前，他已从者米乡调到勐拉乡兽医站任站长了，当时的勐拉乡是金平县除了县城之外最繁华的乡镇了，美丽的勐拉坝良田万亩，富庶的傣乡儿女不愁吃穿。谢小华从者米乡调到勐拉乡，可以说是从糠箩跳进了米箩。现在为了养殖培训，他再一次踏上了者米乡这块土地。此行的主要任务是教会苦聪人养猪致富。谢小华很高兴，他终于可以教苦聪人养猪了。或者应该说，苦聪人终于养得起猪了，这是个重大的突破。

进村后，结合当地实际，谢小华首先带着工作队队员手把手教苦聪人砍竹子盖猪圈。

"你们寨子的竹子很多，我们要就地取材，用大竹来做猪圈。竹子一定要砍老的来，不要破开。每节砍一样长，两头砍个半拃深的卡口——你们看我的右手掌，一拃就是我大拇指与食指之间的距离。砍好卡口的大竹节要横着放，四面一节卡着一节地排上去，围成一个猪圈。卡口一定要扣稳，这样猪就拱不开；老的大竹皮很硬，猪就不好下口啃咬，圈就牢靠

搭建好的猪圈（者米乡政府　供图）

了。"这是谢小华在苦聪大寨召开"猪圈建设现场会"给苦聪兄弟讲解猪圈的建法。没有话筒,他伸长了脖子,扯着嗓子使劲喊,把脖子都喊哑了。

"每次开现场会都是这样,当时的条件就逼着你自己想办法。"

开会培训喊破嗓子还不算什么,难的是真正盖猪圈的时候。

当他实地查看每家每户砍来的竹子时,才知道自己喊破的嗓子白哑了。因为他们根本没听懂,砍来的竹子大小不一,长短不一,老的嫩的都有。他只能一家一户地带着男人上山去砍竹子,一根根砍好,砍出卡口,然后再让他们扛回家去。

"真的像教小娃娃一样手把手地教啊!"他感叹道。

猪圈盖好了,政府拉了猪崽来发,组长家养4头,一般人家养1—2头。饲料也拉去发给他们,教他们怎么喂猪。

"我们亲自拌猪饲料,亲自抬去喂给他们瞧。可以这样说,我们苦聪人第一次养猪就遇到了'高科技'——生喂,其他民族还要喂一段时间的熟食才来过渡。1999年开始推广这个工作,一个寨子一个寨子地去干,去推广。我到寨子里去教他们喂猪,督促他们喂,一天只能跑一个寨子,要家家户户都跑到,查看清楚情况。把猪食喂了还要教他们喂水。这样循环教了三四天后,就把这督查的事交给村组长,我又去下一个寨子。为了养出成效,我吓唬村组长说,叫家家户户都要认真去做,小猪一定要看好管好,不准死,哪家死了要赔好多好多钱,还要拉去坐牢。这一招还真有效。后来大家就学会管理了。"

事实上,苦聪人不是没有养过猪,在过去,还是有少数苦聪人善于饲养母猪的。1957年,八一电影制片厂来拍摄专题片,其中就有母猪与苦聪人一同迁徙的镜头。

因为有了传统,谢小华的养殖推广工作还算进行得比较顺利。

但是,养猪也有风险,谢小华说:"猪是个'脖子上有血的东西,不可能不生病'，我们在教他们饲养的过程中，发生了病害。"

有一次，古登寨老陈家养了两头猪，有一头死了。他跑来找到谢小华说："政府，你的猪死了！这不怪我。我都好好喂它，它不吃，自己死的。你不能拉我去坐牢噶。"

谢小华曾经在会上说过谁养死了谁负责的事。看到老陈急了，他就说："好好好，我晓得了。你先回去，我核实一下，到底是哪个的责任再说。"

他去到寨子，把村组长叫来问情况。村组长说按他们教的办法喂了。谢小华对老陈说："你喂了它，它不吃食死去，是它的命不长，不能怪你。但这个死猪不能吃，吃了人会生病。"

当时猪已有七八十斤，看起来好大了。村民们说："这么大个了都不给我们吃？可惜了。"

谢小华就趁机把吃病死猪对人体的危害以及给其他生猪带来的危害向大家讲清楚了。然后强调，这死猪不但不能吃，还要挖坑深埋。老陈想通了，谢小华就带着人把死猪抬去深埋了。在即将回填掩埋的时候，老陈淌下了眼泪。通过这件事，大家对养猪越来越认真了。

谢小华说："苦聪人杀猪吃，一头猪需要十几个人来杀。他们认不得咋个杀。他们以前在老林中把猪敲死后，不烫皮不刮毛，浑乱砍成几块就成了。"为了教苦聪人杀猪，谢小华在古登寨做了示范。先买了两口大锅，教他们烧水、动刀、接血、烫毛、刮毛、开膛、破肚、下头、砍脚、翻肠子等，一步一步手把手地教。

教完杀猪，又叫人把烧水的大锅火烧旺，顺便教教苦聪同胞如何做菜。

"来来来，村长，叫你们的人围过来，我先教你们切肉。等会儿还亲自炒给你们瞧，给你们品尝。"

人们围了上来，有的苦聪女同胞也靠近了谢小华。谢小华右手拿了菜

苦聪人终于养出了肥猪（者米乡政府 供图）

刀，在菜板上刮了几下，拿了一坨猪屁股肉，摆在菜板上，眼睛扫了一圈众人，说："我们切肉前，先要看清楚肉的路数，也就是说，按照肉的生理纹路下刀要横切，不要直切。横切的肉片炒出来鲜嫩，放在口里好嚼；直切的肉片在你爆炒的时候就会卷起来，嚼不细，会卡脖子眼。"

谢小华教完了切肉，又教切大葱、蒜苗。最后是炒菜示范："大家看好啦，我今天炒的菜叫'爆炒'，就是把油温烧高，再把肉倒进去，在锅里翻炒几下，加盐巴和作料。记住，作料是生葱熟蒜煳辣子。生葱就是要起锅时才放进去，不需要炒熟；熟蒜的意思是蒜苗要炒熟，香味才出得来；煳辣子要掌握火候，辣子要刚好煳，又不能过火，过了就不香，反而变苦了。"

谢小华立在锅台边，连续炒了三道肉菜，弄得满寨子飘起了肉香。早上杀猪时接猪血的李沙黑向谢小华说："以前我们的猪血是生吃。前几天我背草果去街上给开饭店的高老板家，他炒了一个猪血饭来吃，啧啧，太好吃啦,酒都多干了三碗!谢政府……不,猪队长,你教我们做一回猪血饭嘛?"

"可以,哥弟。说到这个事,我要先多说几句。你们爱吃生猪血,那的确是一道菜,名字叫'生白旺'。猪血、鸡血、牛血、羊血都可以做,就是剁细了的作料放在凝固了的生血上,拌一下就可以吃了。我们不提倡吃'生白旺',因为血液里含的成分很复杂,里边有大量的细菌、病菌,会给人带来病痛。有一年有个村子里死了一头患病的小牯子,有几个人吃了'生白旺',结果吃死了一个人,病倒了六七个。要不是抢救及时,可能死的人更多!所以我劝你们还是不要吃'生白旺'。猪血是个好东西,你拌了木耳和韭菜一起煮熟来吃,它会帮你洗肠子,是一服好中药。当年周总理指示个旧云锡公司的食堂,每个星期最少要供应一道木耳猪血的菜,专门给下坑道的矿工们吃,对天天呼吸着灰尘的人的肠胃非常有好处。"

说到这里,有人插话说:"猪队长,你讲快点,等哈炒香的肉味都跑完啦!"

"好嘛。我说不吃'生白旺',但是吃'炒槽旺'倒是可以。槽旺就是我们杀猪后有些血没有从刀口流出来,留在猪的胸腔里,那里像一个小槽子,所以叫槽旺。我们破猪肚的时候,划开猪胸腔,把槽旺抓出来,放油盐炒。炒的时候放煮熟的大米饭进去,文火炒香,就成了一道香喷喷的'炒猪血饭',就是李沙黑在街上吃的那种。"

谢小华的讲解吸引了众人的目光,有的甚至咽起了口水。他扫了一眼现场,突然提高声音说:"不过我要挨大家说清楚,炒血旺是好吃,但你们都要少吃点,吃多了会拉黑色的屎,哈哈。"

现场众人被谢小华的幽默逗得捧腹大笑。

从杀猪到猪肉上桌,谢小华忙活了一早上,苦聪同胞也就学会了,那次以后,他到苦聪寨子里吃到的饭菜就可口多了。

酒桌上，喝了一些白酒的谢小华大着胆子问已经混得比较熟的普沙斗，说他们苦聪人以前在大老林里吃了上顿没有下顿，也不出门去找吃的，反而在家喝寡酒，醉了就蜷在火塘边睡一天是怎么回事？普沙斗把竹筒做的酒杯倒满，一口干下后对着谢小华说："猪队长，不，谢政府哥弟，酒不喝醉不好过。喝醉了睡一天，不需要出去找吃的了，还省了一顿！"

桌子上的众人附和着说："是的嘛！"

那天采访，谢小华对我说："前些年，我一直搞不懂苦聪人为哪样这样爱酒。他们喝酒，每喝必醉。有的人家连老婆娃娃也一起喝酒，一家都醉。"

从那天之后，谢小华明白了，苦聪人爱喝酒，是因为他们在借酒消愁。酒醉了就睡一天，不用再出去找吃的了，这个答案听了无不令人心酸落泪。

饥饿，是苦聪人祖祖辈辈每天都要战斗的敌人！吃不饱，是他们无可奈何的日常。

帮助他们战胜饥饿，政府工作队队员责无旁贷。谢小华不但带领科技养猪扶贫工作队教会了苦聪人科学养猪，还教他们如何利用猪粪，在房前屋后围园子栽菜。他们买了菜种去，先教他们整理地块，开墒拉沟，均匀撒种，用肥土覆盖，一步一步示范。谢小华他们用手抓晒干的猪粪来打塘栽菜时，有的苦聪妇女从旁边路过，老远就捏了鼻子，嘴里咕哝着"臭多臭多"。

"庄稼一枝花，全靠肥当家。"这句谚语不知谢小华和工作队队员在不同的时间、地点重复说了多少遍，才有部分人开始接受农家肥。

他真心实意地帮助苦聪人，苦聪人也深深地记住了他这个工作队队员，他们建立起了血浓于水的情谊。

谢小华说，那时他们工作队只有三个兽医，要负责好几个寨子的养猪工作，很忙。有一次，他从地棚到打洛河对岸山上的古登寨子，如果从地棚这边下到顶青寨子过桥,再从河边上到古登寨,至少要八九个小时;如果从上边直接过打洛河,最多两小时就可以到了。经过比较,谢小华就大起胆子从上边走了。可到了河边一看,河水很大,立即就怕了。他在河边坐了好一会儿,看着河水发呆。这时,河下方来了几个苦聪妇女,30多岁的样子。她们见了谢小华就说:"工作队,你给是要过河去古登寨?"

"是啊,但我不会水,不敢过。"

其中一个妇女就说:"不怕。河水没得牙齿,来,我们背你过去。"

她们中一个年纪稍大一点的就背着谢小华,左右两边还有人护佑着,将他送过了河。

当我第二次采访谢小华时,他已是红河州委编制办公室派来金平县金河镇石庄村委会精准扶贫、精准脱贫的工作队队长、第一书记了,变为村干部的谢小华说:

"从'155'扶贫工程,到片区开发工程,这20年的时间里,拉祜族苦聪人的生活发生了翻天覆地的变化,从一无所有到过上了美好生活。我虽然离开了苦聪山寨,但从精准扶贫的标准看,苦聪人'两不愁三保障'是没有问题,脱贫是必需的。"

借他的吉言,祝福苦聪人。我们坚信,当年苦聪山寨的"猪队长""猪政府"们的汗,一定不会白流!

更要有学上

除了解决安居和温饱问题之外,教育也是解决苦聪人发展问题的长远大计。从1998年起，苦聪人地区教育事业得到了较快发展。在社会各界的关心支持下，先后在者米拉祜族乡苦聪人地区新建和改建、扩建了16所小学，省教育委员会（简称"教委"）安排资金免了他们的学杂费，州教育系统安排经费建立了苦聪人教育基金，用存款利息为孩子们买学习和生活用品，办学条件得到了很大改善。

李玉明说，有些苦聪孩子到了16岁才第一次坐到教室里上课，看到那一幕，他心中真是感慨万千。想到自己当年从勐拉中学逃学回家时，也是这般年纪。如果不是共产党的干部不离不弃地培养，他也不可能成为乡长，更不可能为自己的民族做这么多有意义的事情。

学校有了，学生也有了，但缺老师，这可怎么办呢？新增的学校要招收正式老师，还需要一个过程。除了编制卡得紧，苦聪山区还存在语言不通、条件艰苦等问题，很难在短时间内解决教师稀缺的问题。这个时候，招收代课教师成为填补空白的必经之途。

窝克就是我们采访到的代课老师之一。

1998年秋，古登寨村委会主任陈光明冒着满头大汗赶到者米乡教管会，请求乡政府派一个苦聪老师到古登寨新盖起来的小学当"管家"。

在为数不多的苦聪教师中，最年轻的窝克被古登寨选中了。

温婉的窝克现在是金平县机关幼儿园的一名老师，听说我们要写一本关于苦聪人的书，夫妻俩热情地接待了我们，再次聊起了当年的往事。

窝克生于者米乡地棚村，她的这个名字是在一次迁移途中由卯公[①]取的。

5岁时，她的亲生父亲因病去世了。7岁那年，家里突然来了一个新爸爸，窝克用一双好奇又忧伤的眼神打量着他，她害怕新爸爸会把母亲带走。那个年代，苦聪女人就是男人的影子。在苦聪寨子里，如果女人失去了男人，要跟另一个男人走的时候，想要带着自己的孩子，须征得男人的

[①] 卯公：苦聪人的祭师。

同意。

离开寨子那天，7岁的窝克担心自己跟不上大人的脚步，走得急，一脚滑进了1米多深的泥坑，吓得大哭大叫。那是牛洗澡的大水塘，母亲丢下背包，把她从泥坑里拖出来，她瘦弱的身子冰凉而颤抖。

"她的魂肯定被吓掉啦。"母亲说。

为了给女儿叫魂，母亲请卯公为女儿喊魂。从此，她的乳名从"米粒"改成了"窝克"。

到区政府后，继父就安排窝克上了小学，他跟窝克说："窝克，你上学了，就是一个识字的小女孩了。我们苦聪人需要有知识的人，你一定要好好念书。"

年幼的窝克知道继父是为她好，懵懵懂懂的她点头答应着。

读到五年级，继父从者米调到了县政协工作，窝克和母亲也跟着进了城。她顺利地上了初中和高中，在高二那年，继父退休了，回到古登寨老家耕起田来。

1996年，窝克高中毕业，落榜的她一脸愁容地从县城回到者米，成了一名代课老师，被安排到南门村新建的小学任教。

南门村只有十几户人家。南门小学建在村子的山包上，这里是个风口，大风一吹，学校周围的几百根竹子就相互碰撞着发出砰砰声。

简陋的教室，石棉瓦顶没有钉子固定，用铁丝空挂在梁上，而屋梁又是用几根弯曲的树干架在舂土墙上的，只要起大风，石棉瓦碰在梁上发出的声音，仿佛是古教堂的钟，咚咚地响。

入住小学当天晚上，窝克被大风惊醒。大山里的夜又深又沉，黑暗笼罩着整个山头，不熟悉情况的她哪里也不敢去，只能抱着腿，坐在满是灰尘的床上，睁大惊恐的眼睛，害怕风雨把这间简陋的教室掀翻。

大风吆喝着，暴雨直奔南门，不到20岁的窝克爬起来，从枕边找出一块头巾顶在头上，决定逃离这个危险的地方。

门被风推开了，强劲的风迎面扑上来，像黑夜中的魔鬼，吓得她倒退了几步。她从地上捡起一块被风击断的石棉瓦，挡着风，鼓足气力，一口气跑到学校附近的老乡家避难。

老乡打开门，把淋成落汤鸡的窝克迎进同样简陋的家中，心疼地为她换下潮湿的衣裳，把家里唯一的一床被子，盖在她的身上。窝克的泪水瞬间簌簌落下来。

南门小学的课桌，是由几条长木板、左右放几块大石头搭成的，凳子也是些凸凹不平的石头。雨水天，挡不住风的瓦顶漏雨漏得厉害，把木板子课桌浸湿了，孩子们冒雨来上学，却只能在风雨中颤抖。好不容易熬过了雨天，窝克到村公所找来了铁钉，爬上屋顶，用铁钉压住竹条，把摇动的一扇扇石棉瓦钉住；又从山里割来一捆捆茅草，把破洞堵上；烧火做饭没有灶，窝克用泥巴砌了一个简易的土灶；小学的旗杆被大风折断了，窝克到竹林砍来一根笔直的竹子，把国旗拴在新旗杆上，把旗杆稳稳地埋在墙脚……

恶劣的教学环境和微薄的薪水没有把窝克吓倒，她忍受着这艰苦的环境，只因继父的一句话："我们苦聪人需要自己的老师。"

学校建在野竹林下，地面特别潮湿，被子、褥子也湿冷发霉。西隆山多雨水，窝克如同睡在山洞里，用单薄的身子去抵抗寒冷。若是遇上晴天，她就像过节一样快乐起来，把被子、褥子抱出去晒太阳，太阳下山了再抱回灰暗的小屋。

有一次，当她抱着被子进屋时，脚下被什么东西给绊了一下，腿一软就倒在了地上。等她爬起来，感觉脖子上有东西，用手抹了一把，发现一手全是黑黢黢的大蚂蚁，瞬间，被惊吓的蚂蚁把她背上、头上、腿上、手上全都叮得又疼又痒、又红又肿。

原来她不小心踩到了蚂蚁窝，成千上万只黑色的蚂蚁大闹窝克的"闺房"。蚂蚁顺着床脚爬到床板上，往床板上又爬到墙上，再爬到挂在墙上

窝克在给孩子们上课（者米乡政府　供图）

的衣服里；有的蚂蚁还爬向小木桌，爬进饭碗中。窝克毫无办法，跑到老乡家求助，要来了一把香茅草，把小屋里的东西翻腾到屋外，点起火把，驱赶黑蚁。

那夜，窝克趴在教室的木板条桌上草草睡下，昏昏沉沉中睁开眼睛，天已大亮。她跑回"闺房"一看，床上床下、桌子凳子上仍是黑压压的一片。

在分校教学，常常要到顶青村中心校开会汇报教学情况。她记得有一次，一连几天绵绵细雨，老天哭着脸，把南门浸泡在水中。红土坡泥腥味太重，路太滑了，可开会是不能误时的。窝克背上笔记本，一出门就来了一个大跟斗。坡太陡，脚又不听使唤，从不喜欢拄拐棍的窝克一不留神，连人带包一跤摔出老远。窝克捡起挎包继续赶路，在路的转弯处，窝克又摔跤了，她倒在泥地上，草帽也掉进了泥沟，臀部和双手都沾满了厚厚的泥土。她忍着痛，一只手扶着摔痛的腰，另一只手拉着芳香油树枝，在新开挖的裸露的泥路边行走。

只需要走半个多小时的路程,那天窝克竟走了一个多小时,等到了会场,她已变成了一个泥人,秀气的脸上挂满了泥巴,一伙老师看着窝克的模样发笑。等她把笔记本取出来发言时,昨夜认认真真写的总结和本学期的教学情况、失学情况以及下学期教学设想等文稿的字迹已经模糊了。老天给窝克开了这么大的玩笑,还有什么比这更无奈的呢?窝克害羞地告诉大家,今天她是一跤一跤摔着来开会的,望大家不要太在乎她的衣服和不清楚的发言。所有的老师都为她的敬业沉默了,认认真真听起她的汇报来。

现在回忆起来,窝克不觉得苦,眼窝里笑意盈盈的。她说那时候去中心学校,摔的跤多了去了。那时没有公路,走的全是田间小道,雨天路滑,穿塑料凉鞋也滑,穿解放鞋也滑,穿布鞋更滑。有时候滑得她不敢穿鞋,只好把鞋子脱下来,光脚蹚着水沟走。

我问她,是什么让她在大山里的一师一校坚持下来的。她说,是苦聪同胞的关爱,和他们在一起,她从未觉得孤独。

窝克讲,南门小学在山坡坡上,如果想要喝一点干净水,需要下一座山才能提到水。西隆山并不缺水,只是水流到了箐沟里。窝克靠天养着,下大雨,她能有点清水喝,不下雨了,就只能到山下去挑水。有时因上课、备课、天黑前批改作业(夜里不通电),一忙忙到天晚,下山去打水时天就黑了,山路难走,水提不回来,第二天就得干着嗓子上课,教了一课又一课,教完一班又一班,有时嗓子眼直冒火,苦聪孩子把包里的马桑泡①给她解渴。有时,喉炎发作了,说不出话来,老乡会送来一碗草药汤给她润嗓清火。

窝克的房门一天到晚总是开着,苦聪人串门子进窝克的屋里,东西放着,一样也不会少。下课了,房门开着,窝克冲进屋里,只见一桶干净的

---

①马桑泡:一种野果。

清水放在屋中，旁边还摆着一把新鲜的青菜。苦聪人就是这样用点滴关爱浇灌着她善良的心田，在窝克的青春岁月中，在苦聪同胞的帮助下，为了苦聪人明天的希望，窝克从没放弃。

被教管会选派到古登寨教书那天，她左右为难，无法取舍。虽然和南门村的孩子们已经处出了感情，可是也不能辜负古登寨孩子们的期待，只能服从组织的安排。

古登寨的孩子还不会说普通话。窝克认为，山里的孩子要与外界沟通，学会说普通话很重要。一到古登寨，她就定下了规矩：凡是古登寨的小学生，除在家和家人说苦聪话之外，到学校一定要讲普通话，否则开班会时要上讲台说原因。

窝克生动地向我描述了当年苦聪孩子学习普通话时有趣的场景，以及她辛苦的教学生涯：

她鼓励孩子们说："讲普通话有什么困难，不就是在说话的时候像唱歌吗？"可孩子们对普通话的理解还是存在困难。上课时，老师叫同学到讲台上写词语，示范练习发音，有个同学大声发问："用哪根'灰条'来'画字'？"孩子把"粉笔"叫作"灰条"，把"写字"说成"画字"。下课了，玩过家家的孩子一高兴把"切菜"叫作"砍菜"，把"你帮我拿凳子来坐"，说成"你拖条腿来让我骑"。窝克想了个主意，把学生领到教室外，找来了一把砍柴的刀子，向大家做砍的动作，一边说："'切'和'砍'的动作是不一样的；'写字'和'画画'的意思也是不一样的。"窝克用农具和实物给孩子们讲课，孩子们容易听懂，又能接受。在古登寨，窝克自创了强化普通话的训练班，使小学一、二年级的学生就能流畅地朗读课文。

进入冬季，古登寨就成了大雾弥漫的地方，一阵浓雾刚过，又一片浓雾涌来。

课堂上，窝克正在给孩子们上课，只见一团一团的雾从没有玻璃的窗户飞进来，不一会儿就吞没了所有的孩子。孩子尖叫的声音从雾中传来："老师！老师！你在哪里？我看不见你的眼睛，看不清黑板上的字。"窝克在雾中，用备课本扇着满鼻孔的潮湿气味，抬起头，大声呼唤孩子："别害怕，同学们！我们是山里的孩子，雾是我们的朋友，它们是来看望我们的。如果没有雾，山里的树林怎么会长得那么茁壮呢？大家仔细看一看，雾是什么颜色的？有什么气味？流动的姿势又是什么样子的？……"

听到老师的声音，教室里就安静了下来。课是无法再上下去了，窝克只好暂时休课。孩子们摸索着走出教室，雾在竹林间穿行。有的孩子用竹枝去逗雾；有的孩子把上衣脱掉，光着肚皮，用衣裳扇打雾；有的和雾亲密拥抱；有的用手掌去抓，什么也没抓到，遗憾地说："啊莫，这雾是哪样东西？"几个围着包头布的男孩，往笼罩着山顶的雾中钻了进去，他们想去探访雾神的家。

打洛河的乡村小街上，古登寨的苦聪人常用从野竹林刨来的苦笋换

新建的学校（者米乡政府　供图）

成人夜校（者米乡政府　供图）

盐。古登寨五天一次街天，街天期间，连刨带晒，能得干干湿湿的苦笋一大篓，苦笋3毛钱一公斤，一大篓只换得几捧盐巴。人不吃盐不行，人赶山路赶累了也不行。窝克一个月只有150元工资，除了为学生垫付一部分文具费外，还能买点口粮。买不起菜吃，她常常嘴皮长泡，咽喉肿痛。野竹林是苦聪人最喜欢的去处，没什么东西吃，山里的孩子就约上她，到竹林密集的地方刨苦笋。靠寨子附近的竹林，已被老乡们刨过一遍又一遍，他们就跑到更远的地方刨。苦笋成了窝克桌上的菜肴，也成了她跟孩子们垫付杂费和文具费的小银行。

在古登寨代课的时光转眼就过去了三年。窝克把寨中的孩子教出了好成绩，出于对她教学成果的回报，县教育局决定将她转为正式老师。那一年，窝克结婚了。

二十多年过去了，说起那段艰辛的日子，窝克的脸上始终洋溢着笑意。她用温柔的语气说，当时也没觉得苦，有不少同事都和她一样坚守在苦聪山寨，通过优异的教学成绩也转成了正式老师。相对于那些外来的老师，她要幸福得多，因为她和自己的父老乡亲在一起，教自己民族的孩子读书，更有意义。当我问她教书这么多年有没有什么遗憾时，她说，遗憾的是转正后自己就离开了苦聪寨子，去了丈夫教书的寨子教书了，之后一路努力，来到了县城，买了房子，过上了安稳幸福的生活。对她自己来说，这一路走来，生活和工作都发生了巨大的转变，可是对西隆山上的苦聪孩子们，总觉得自己亏欠了他们，因为她自己有双语教学的优势，却没能坚守到最后，没能始终践行继父说的那句话："我们苦聪人需要自己的老师。"现在，她的愿望是在新岗位上把工作干好，不给苦聪人丢脸。

这段朴实的话语令人敬佩，生于贫苦乡村的窝克勇于追求美好生活的过程，不正是万众一心实现中国梦的历程吗？她没有什么可羞愧的，她内心的愧疚感，是源于自己强烈的民族责任感，她已经把自己的生命和苦聪人的命运紧紧地联系在一起了。

采访结束，窝克送我出门，他们夫妇执意把家乡送来的一串香蕉塞到我的手中。他们说，谢谢我们关注苦聪人，书写苦聪人。我空手而来，却满怀硕果而归。夏夜的月光洒落了一地，把窝克夫妇幸福的身影拖得很长很长。

生病要有地方治

在苦聪新寨的一次采访中，一位77岁的妇女李立背回忆，自己小时候生活在西隆山密林深处，那时候她的父亲是村干部，政府的工作队和解放军的访问团就住在她的家里。有一年，一名解放军战士生病了，估计是吃了山上的野菜中毒了，肚子疼了没多久，人就不行了。苦聪人拆了篱笆做担架，把他抬到山下的时候，人早已没了气息。那个叔叔平日里对她很好，探亲回来还会给她买糖，他死后她伤心了很长时间，后来更令她伤心的是她的哥哥的死亡。"文化大革命"期间，她的哥哥作为进步青年，被派往北京接受毛主席的接见，但他从北京回来不久，就生病去世了。哥哥死了，她也到了出嫁的年纪，父母舍不得她嫁人，就招了一个姑爷上门。后来她生孩子的时候，根本就没有什么医疗设施，从未做过产检，孩子也是生在自家的火塘边。生小娃的时候，将竹片划成薄薄的一片，用来割小娃的脐带。生个孩子流了半身的血，也不会用热水擦洗，而是直接跳进水沟里，用冷水冲洗身体，产后得了风湿病。苦聪人有的人家生了孩子就直接用冷水洗，说是娃娃以后肚子不会痛。

听了李立背的讲述，我们决定去采访几位乡村医生。南马说他当年当记者的时候就采访过下良竹寨的乡村医生李红，说她是个能干的苦聪女人，她的成长经历和从业经验就可以反映出整个苦聪人乡村医疗的整体情况。

下良竹寨，20年前我是去过的，那时的下良竹寨就坐落在乡政府的后山上，看着很近，但要爬上去却要一个多小时。那时下良竹寨连着乡政府的是一条小毛路，两边的飞机草将一条细瘦的土道遮掩在中间。我第一次去下良竹寨下乡那天，天还下着雨，打伞也没有用，飞机草上的水滴不停地拂到身上来，衣服不一会儿就湿透了。等太阳出来了，爬山又出汗，刚晒干一点的衣服又湿透了。那次下乡的情形我已经不记得了，但是衣服湿了干、干了又湿的情形却一直深深地印在我的脑海里。

20年后，我们再到下良竹寨，是坐车去的，车子顺着宽敞的水泥路从乡政府开到寨子里，只用了十来分钟。

李红是下良竹寨里的第一个村医，也是者米拉祜族苦聪人自20世纪50

年代从茫茫原始森林中迁出定居后的第一代村医。这个身材偏小但面容姣好、心地善良的苦聪后代，穿着白大褂，背着小药箱，从西隆山荒芜崎岖的小道上走来，走进了云南省第八届人民代表的会堂，成为云南拉祜族苦聪人的第一位省级人民代表。

当下的下良竹寨子早已今非昔比。寨子傍山而建，一幢幢两层三层的楼房拔地而起。放了小型无人机上到白云上往下鸟瞰，整个寨子就像大地上冒出的一蓬大鸡㙡，秀色可餐，真是稀奇。寨子里，村小组的会议室、活动室、灯光球场一应俱全。场面上摆了一地的摊，有吆喝声传来："卖白菜，卖青菜，卖烧豆腐，卖烤鸭！"

地摊边有一家"爱心超市"，是政府为苦聪人积分兑换商品而扶持开起来的。超市不大，但东西不少，大部分是包装好的米、油、盐、蛋等。逛了地摊超市，我们来到了村入口处，那栋顶上插有一面鲜红国旗的房子，就是李红和普梅她们娘俩开设的下良竹村卫生室。

苦聪女孩从小就得帮家里干活，能够上学参加工作的人不多。李红的学生时代正好是20世纪70年代中后期到20世纪80年代中期。这个时期，苦聪人的生活很是困厄。虽然生产有了一定的发展，但"肚子的问题"仍然是人们面临的首要问题。一年当中，自家生产的粮食最多能解决一个季度的肚子问题。每年的五六月，政府就发"救济粮"来帮助他们渡过难关。绝大多数的苦聪人家庭，充分发扬了传统采集的技能，纷纷上山，摘野果，挖山药，掏野菜，用大自然的馈赠，打发着饥肠辘辘的日子。挖山药是李红的专长，一放学回来，她就拿了锄头和背篓，爬上山坡，挖起了山药。山药挖回来后，还要烧火煮了，等晚间收工回来的父母一起享用。

有一天放学回来，母亲叫她煮山药。劳动惯了的她，把山药煮在一口锣锅里，见家里盛水的几截竹筒里都没有了水，就背上竹筒，到村子外面的冲沟里背水。这去来一转，要半个多小时。等她吃力地将山泉水背回家时，山药已经煮熘了。全家人的这一顿晚餐只有这一锣锅煮熘了的山药。母亲见李红几姊妹不肯张嘴，就骂着说："你们几个给我快点吃，一个都不能浪费。不吃的，自己跑去箐沟里喂野猪算了！"

煮熘的山药，全是苦味。几姊妹边吃边流泪，把咸的泪水和苦的山药一起咽下。

1986年6月，李红读完了初中，国家就来招护士。她的学习成绩是中上水平，体育在整个学校也是拔尖的，学校对她也比较看好。可当时任大队党支部书记的父亲李阿则想叫她继续读高中，乃至大学。在是否继续读书的问题上，李红与父亲的意见相左。也许是闹矛盾的原因吧，这一年，李红没有参加护士招考，也没有考上高中。当时没有留级、复读再考之说。一气之下，李红回到家中帮助母亲打理日子，扶持四个弟妹成长。这一年，她结婚了。次年，她的大女儿降生。在她的性格中，有不服输的劲。这一年，乡里要招用一批村医，在乡卫生院工作的姐夫动员李红来学医。这次父亲没有反对，反而给予了很大的支持。李红在者米乡卫生院学习了不到一个月，基本上掌握了一般的打针配药技能，回到寨子里一边参加自己责任田里的劳动，一边静下心来自学村医的各项基本知识。

1987年，李红当上了乡村医生。当时的村医，只能卖一点常规药，比如去痛片、扑感敏、头痛粉、痢特灵等，打针也只能打小针，还不能输液。在这极度缺医少药的苦聪山寨，哪怕这微小的医疗服务，也会给人们解脱不少病痛。

1992年，外交部开始扶贫金平县，大量培训乡村医生。李红在这一年中培训了四五次。在乡里、县里、州里培训，有时还到昆明去培训。除了学习常规医疗、救护知识外，她还在昆明学习了针灸。这样大规模、深层次的村医培训，一直持续到了2007年。通过不间断的培训，李红的医技日益见长，苦聪同胞对她的信任度也越来越高。

那时的苦聪山寨没有电灯，夜就变得很长。在田地里刨了一天食的人们，等到黑夜遮住了低矮的寨子、包裹着狭小的竹篱笆房时，他们才回到所谓的"家"中。在昏黄的煤油灯下，胡乱喝了些清汤寡水，草草打发了肚子后，就吹灭了昏黄的灯，拥着黑的夜幕，躺在火塘边，进入了梦乡，还不到夜里十点，整个下良竹寨子就进入死一般的寂静。

在村东侧那间由四个小间组成的石棉瓦房里，村医李红的那盏由上级配发、专门用来夜间行医的马灯还在亮着。她白天要到自家的责任田忙活计，夜晚要"守灯"到半夜。在当时，乡村医生的作息时间是没有硬性规定的，但李红却给自己作了硬性规定：夜间不到十点以后，她的马灯就不能熄。村寨里的苦聪人，由于生活极度贫困，饮食十分粗糙，经常出现消化类的疾病。这天深夜，李红刚关了马灯睡下，本寨的王姓男子敲响了大门："李医生，赶快起来，我奶奶不行了！快啊！"

"大半夜了，你家奶奶咋个说？"

"好阿姐，我家奶奶白天还好好的，半夜就又屙又吐，魂都吓落啦！"

刚关灯上床的李红听了门外的叙说，心里就有了几分谱气。她麻利地点亮了桌上的马灯，看了一眼旁边的圆形闹钟，已是深夜。李红在马灯光亮里，十分迅速地选择好了大瓶的针药水，穿上了白大褂，背上了药箱，跟着眼前的男子，高一脚低一脚地在黑暗中向病人家摸去。

来到村西面的王努娄家，70余岁的老人躺在墙角的竹篾上，看上去软绵绵的，已经奄奄一息了。竹篾上，到处是老人的呕吐物和排泄物，一股刺鼻的恶臭直冲鼻腔。

李红把马灯开亮了一些，叫老人的儿子提着站在旁边。她蹲下身，戴好听诊器，听了病人还在跳动的心脏，从药箱里拿出一只拇指般大小的医用电筒，左手执了电筒，右手的大拇指和食指合拢，拉起了病人的上眼皮，照了右眼，然后又照左眼。当她看到病人的瞳孔并没有扩散时，心里踏实下来。她吩咐其家人赶紧烧点热水给病人擦一下身上的秽物。她左手执着的光束照到了病人的鼻孔，鼻孔里正渗出一些白色汁液。她用光束照到病人的嘴，嘴是紧闭着的，上下牙咬得很紧。她左腿跪到地上，俯下身体，右手按住病人的下巴，用力捏。此时，病人的手和脚抽搐了一下，喉咙里咕噜噜地响着。一刹那，从病人口腔里喷出的黏液喷了李红一脸。她麻利地用右手臂的白大褂揩去遮挡眼睛的秽物，站起身来，对其家人说：

"你家老人是食物中毒了，不是魂丢了。快去拿点热水来给她洗下嘴巴和擦下身上。"

"好啊，医生。我妈会死吗？"

"不赶快点就会死。你们再找点干净的衣服来给她换上，我要输液了。快点啊！"

李红将输液管的一头插进针水瓶，用早就制作好的黑布带子套住瓶子，挂在篱笆墙的一竹头上。双手顺理输液管子，理到耷拉着的针头，左手将针头按在病人的右手背上，右手执了针，从病人手上暴露的静脉血管插进了针头。输了液，病人生命体征逐渐趋于平稳，李红这才用毛巾洗去了面部和身上的污秽物。

"你家老人是吃着哪样东西中毒了？"

"医生，我们都晓不得。这几天没有吃的了，就遍山找野菜。今天晚上我们找了火烧蕨、老母猪藤回来煮了，叫我奶起来一起吃。我奶睡起了，说是她天黑前去背水，在箐沟边找了一把水芹菜煮吃了，不饿。睡到半夜她说肚子疼，我看了很害怕，就赶紧去叫你。"

病人的孙媳妇抬了一碗菜，递给了李红。

"医生，这是我奶还没有吃完的菜。我们没有动她的。你瞧一哈？"

李红接过碗来，再次打开拇指般大的电筒，从身边的篱笆上取下一截竹片，在光下翻看着碗里的剩物。看了一会儿，她又照了病人口中吐出的秽物，这才肯定地说："你家老人是水芹菜中毒了。现在刚到雨季，一会儿太阳一会儿雨的，箐沟边的芹菜不要乱吃。有时候毒蛇过路刮着，毒素就会在菜上洗不干净，人吃了就会发病。你家老人就是这个中毒了。"

李红身上没有戴表，不知道从进病人家到现在用去了多少时间。第二瓶针水打完了，李红换了另一瓶。她把身上的白大褂脱下来，绾成一坨放在药箱上。

"来，李医生，黑夜天气凉，过来向火烘烤一下。"

病人家里的火塘不知什么时候生起了火。一家六口人围在火塘边，大部分东倒西歪地打着瞌睡，只有老人的孙媳妇还在陪着李红。

"阿妹，你瞌睡来了就去睡一下，阿奶我守着。打完了这最后一瓶就好了，没有事啦。"

李红拿来一截木头当作凳子，坐在老人旁边，把药箱上的那坨白大褂拿了，横搭在膝盖上，腰微弯，双手伸进白大褂底部握着。一双略显红肿的眼睛，盯着输液管里的针水。

当最后一滴针水进了老人的手背血管，李红小心翼翼地拔下针头。清晨的白色雾气就开始从竹篱笆的缝隙里探头蹿了进来。李红交代了老人的儿子、孙子几句，穿上白大褂，左肩挎了药箱，右手提了那盏一夜未熄的马灯，轻飘飘回到村医务室里，桌上的圆闹钟跳了起来。李红一看，正是早晨六点，她每日起床的时间。

李红在苦聪寨子里不单医人，有时候还要医治猪、鸡、牛、马。

1998年，云南省政府在者米拉祜族乡实施了"155"扶贫工程后，苦聪山寨的大片荒坡荒山被开垦成水田梯地，耕地面积成倍地增长。但是，因为历史形成的负担太重，苦聪人生产力水平较低，政府决定采取三五户组成一个小组，发给一头耕牛或一匹驮马的方法，解决田地间畜力严重不足而导致生产发展缓慢的问题。政府的工作到位，一时间，李红所在的寨子和周边上良竹、牛底三个寨子里一下子增加了不少耕牛和驮马。这些大牲畜平时感冒拉稀、脚疼头痛的治疗重担就落在了村医李红的肩上。而且，治疗这些大牲畜，除了政府提供必要的药品外，李红的工作都是义务

2000年李红所在的卫生室（南马 摄）

性质的。

2004年，西隆山垮大坡，者米河涨大水，极端的天气导致了苦聪山寨人和大牲畜疾病流行。上、下良竹和牛底三个寨子的牛生了一种病，政府将病牛全部集中围在李红他们寨子的后山包上。全县大牲畜的疫情比较严重，畜牧兽医部门没有更多的兽医可派，李红就承担起了后山包上二十几头牛的治疗责任。为了使病牛尽快好起来，她放下家中两个年幼的女儿，把行李搬到了山上的牛棚里。白天给牛打针喂药，夜晚烧火给牛烤。有的牛不吃食，她就到很远的箐沟里割来野草，一把一把地喂到牛嘴巴里。又把食盐化成水，均匀地洒在草上给牛慢慢舔。

"其实牛马猪鸡和人都是一家。它们都通人性，你对它们好了，它们的病就好得快了。"

经过近两个月的精心治疗和照料，病牛们全部康复。有一头母牛还产下了第一胎，得了一头小牯子，挽回了苦聪人的经济损失。

2002年5月8日晚，从西隆山上滑下的绿色风，把清凉送到了热浪中的下良竹寨子，劳累了一天的人们渐渐进入了梦乡。睡着了的山寨，偶尔传来猫头鹰寻偶的叫声，时不时也会有一两声婴儿的啼哭声。大约午夜时分，李红家的门又被敲响了，敲门声和急促的讲话声同时撞进了她的耳朵："李医生，快点，我老婆要生了！说肚子老是①疼！"

　　这是本寨子的普鲁三。这人有夜盲症，在夜间看不清东西。前天李红才去给他老婆检查了胎位，预测临产还有好几天呢。李红像西隆山森林里的麂子一纵就翻身下了床，打开门，背上药箱，提上马灯朝普鲁三家赶去。

　　苦聪人还在西隆山森林里生活的时候，生小娃是在竹叶或者芭蕉叶盖的"家"里生，没有专门的接生婆。后来搬出森林，政府给盖了石棉瓦顶的篱笆房，生孩子就在房里生，有了李红这样的医生接生。到了21世纪初，政府要求育龄妇女不得在自己家中生孩子，必须到乡镇一级的卫生院生产，情况不正常的，在路途中必须有村医陪护。

　　这天深夜，李红提了马灯，搀扶着普鲁三快生产的媳妇在前面走。普鲁三的视力不好，肩挎了药箱在后面跟着。从下良竹寨到乡卫生院，距离不算远，只是没有通公路，全是下坡的泥巴路。李红边走边安抚着产妇的情绪，走到了寨子脚的梯田中。普鲁三因为眼疾，落在了后边一大截。在下一丘田埂时，产妇突然坐在了地上，说不行了。李红检查了产妇的下身，发现羊水已破，孩子已露出了半边头。

　　"老普，老普，快点啊！你在哪里？你婆娘快生了！"

　　李红的声音急促，也很大，在夜里传得很远。身后不见普鲁三的人，也不见任何回音。这个时候，李红冷静下来。她将产妇顺着斜坡躺下，张开双腿。她自己双膝盖并拢跪在地上，双手托着孩子的头，慢慢让其滑到自己的双腿上。因为是第二胎，生产还比较顺利，只几分钟孩子就出来

---

①老是：方言，很的意思。

了,但普鲁三还是不见踪影。李红用白大褂将孩子包好放在产妇的怀里,提了还亮着的马灯,找到了田埂边围秧田用剩的一截竹片,用锋利的那面割断了脐带。这个时候,普鲁三才一歪一颠地赶来。

"鲁三,赶快拿药箱给我,你得了个儿子了。"

"哪样?药箱?哦——在卫生室里忘记背了。"

李红听了普鲁三的话,差点晕了过去。她想骂他一顿,但还是忍住了。口里只是说:"快点哪,背着你婆娘去乡上啊!"

李红左臂抱着婴儿,右手提马灯,在前面走。普鲁三背了媳妇在后面紧跟着。真是老天有眼,他们四人下坡才走了几步,从绿春县到金平县的班车就停在了他们的脚下。来到了乡卫生院,医生给母子做了消毒处理,母子平安。

卫生院的值班医生事后调侃普鲁三说:"憨包普鲁三,今晚上没有李医生,你家这坨儿子早就变成了死肉坨坨了,在冲沟里喂野狗了,你给好在啊?"

乡村医生李红处理的危急事情何止一起,救起的生命何止一条两条?设在苦聪山寨的小小卫生室,为苦聪人的生命安全提供了有力的保障。

汗水浇灌出新硕果

"155"扶贫工程顺利启动后,除了基层干部的努力,还得到省级十几个部门的关心支持。按照省民委党组的要求,省民委作为省级部门的牵头单位,格桑顿珠主任和马泽副主任等领导先后几次到者米乡调研,充分肯定了基层干部和群众的工作热情及取得的宝贵经验，同时反复强调，安居工程是整个工程的重中之重，质量问题又是安居工程的生命线，决不能掉以轻心。

省委农村工作部、卫生厅、扶贫办、教委等部门的领导也深入者米乡检查项目实施情况，现场帮助基层解决了许多实际困难。省州各部门为筹措资金采取了许多特殊措施，对涉及项目优先安排，款项及时下拨到位。特别是省委赴者米乡的村建工作队，在连续几年坚持不懈地开展基层组织建设的基础上，为推动实施"155"扶贫工程，又重点在并村搬迁后的21个村寨4个村公所，加强了以党支部为核心的村级组织建设，培养了一批有艰苦奉献精神和带领群众脱贫致富能力的基层干部。同时，他们还从其他渠道筹集了130多万元，用于改善当地的基础设施。

红河州委直属机关工委发动党员干部捐款14万元，与几百户拉祜族结成帮扶对子，连续三年进行帮扶。由令狐安书记亲自为者米乡联系的"挂钩扶贫"单位——昆明铁路局，不仅投入了76万元建校款，还购买了1000床崭新的棉被，奖励给勤劳脱贫的拉祜人家。

在加强教育的基础上，党委和政府还为苦聪人接通了电，安装了卫星地面接收站，让他们看上了电视，听到了党中央的声音。还为他们建了卫生室，成立了宣传文化中心。这样苦聪人看病方便了，文化活动也丰富起来，苦聪人从此真正走向了现代文明。

新千年的春天，者米拉祜族乡下纳咪村迎来的是一个真正的"春天"。从公路边通向大山深处各定居村寨的人马驿道已经扩成两米多宽，可供拖拉机等小型车运送材料；输电线路主干道已架通；一幢幢玻璃窗、铁制门、石棉瓦、砖石土墙结构的房屋明亮而宽敞。全寨59户中有五六户人家买了电视机；清澈的泉水通过水塔水管流进到每家每户；房前屋后的空地上种上了葱、蒜、白菜和香蕉；山坡上是新栽的经济林木和新开的水田，旱育稀植的杂交水稻绿油油，预兆着丰收；不少人家养着好几头猪、

架电（徐永春 摄）

十来只鸡；有些村民家还自发修盖了简易的厕所；村里的小学校正在不远处的另一个山寨修建，孩子们秋季就能上学了……

看到这可喜的变化，辛苦了两年的李玉明难以抑制心中涌动的激情。

令人振奋的变化远不止于此，苦聪人的精神面貌是变化中最珍贵的。在山寨各家各户的房墙上，用石灰水刷满了平实而富有正能量的标语："少喝一斤酒，多买一斤肥。""少在墙脚蹲，多在田间干。""少砍一捆柴，多改一个灶。""少毁一片林，多建一个（沼气）池。""少种老品种，多栽杂交稻。""少一个文盲，多一个学生。""少空一片地，多栽一盆瓜。""少点怨天尤人，多一些自力更生。"这些口号，是按照县委书记唐明生的要求做的，工作队队员们不仅把它们写在墙上，还把它们作为每天带领苦聪人作息的信条。

用旱育稀植新方法栽杂交水稻，用优良品种种植脱毒马铃薯，按科学方法养大肥猪,不光是改变了他们过去秋收之后就缺粮,只能以木薯、野菜充饥的状况,还让他们看到了科学技术的神奇力量。通过"少一多一"活动的开展,让苦聪人树立了"多劳多得,少劳少得,不劳不得"的观念。村规民约的制定,使者米拉祜族苦聪人开始逐步克服了"有肉同吃,有酒同喝""谁有吃谁"的落后观念。

一些没有搬迁只是就地改造建设的村寨坐不住了,主动找到乡里,表示只要给一点建房材料,他们可以邀约几家人互助建房,并且标准决不降低。由于者米乡拉祜族苦聪人聚居区地质构造特殊,工程施工中难以就地取材,好多项目同时实施,劳动强度较大,但苦聪群众没有怨言。他们说:"从来没有这样苦过累过,也从来没有想到过能建成一个像样的家,能住进这样宽敞的石棉瓦房。看一看,想一想,再苦再累也值得。"

新千年的春节,李玉明陪着县委书记唐明生在苦聪山寨过年,他们看到下纳咪村寨子里的人大多数都下地干活去了,只有小孩子在嬉闹着。

充满希望的苦聪儿童(徐永春 摄)

下纳咪村搬迁前的老寨子离这里有一个多小时的山路，那时候男人天天在家里喝酒，搬到新寨子里以后，喝酒的越来越少，好多人家一年到头都不买酒了；还有一些不种菜的人家知道害羞了，赶紧在房前屋后置起了小菜园……

2000年12月31日，令狐安书记再次来到苦聪村寨下纳咪村检查指导工作。在下纳咪村，令狐安书记高兴地说："现在拉祜族人民的田地多了，粮食多了，鸡猪鸭多了，学校有了，有水喝了，精神好了，脸洗干净了，衣服也新了，观念转变了，技术提高了。"当他看到只用了三年的时间完成了五年的工作时，对者米拉祜族乡党委、政府在实施"155"扶贫工程中所做的大量工作给予了充分的肯定。他深有感触地说："在民族贫困地区工作，就要对少数民族和贫困群众有深厚感情，这也是对在贫困地区工作的领导干部的基本要求。如果你对群众没有深厚感情，就不会努力地做好工作。县委书记唐明生同志走遍了全县92个行政村，不容易。今年到拉祜族山寨15次，这很不简单，能够吃苦，工作很踏实。我们只有密切联系群众，以扎扎实实的工作作风，才能带领群众去改变贫困的状况，工作才有成效。"

令狐安书记说的话，李玉明至今还记得很清楚。为了苦聪人能够走出大山，走向文明，很多基层干部牺牲了和家人团聚的幸福日子。

其实，那时的者米拉祜族乡只是金平的一个缩影，"155"扶贫工程也只是金平扶贫攻坚系统工程中的一个重要组成部分。金平苦聪山寨"155"扶贫工程的成功实施，是金平的各族干部群众脚踏实地、苦干实干的结果。这种解决人口较少民族的整体脱贫经验，后来被国家民委称为"一族一策""一族几策"的扶贫方式，得到了社会各界的高度评价。

苦聪乡长的遗憾

"155"扶贫工程实施之后,苦聪人基本解决了温饱,实现了安居,幸福的生活迈向了一个崭新的台阶。然而,上级党委、政府和社会各界对他们的关爱并没有停止,为了让苦聪人尽快追上脱贫致富的步伐,一场"授渔"战役再次在拉祜族苦聪人地区拉开序幕。在这场战役中,一位年轻的乡长进入我们的视野,他叫李云。

李云和李玉明是堂兄弟,和李玉明比起来,这位乡长喝的墨水要多得多。

他接过乡长的担子,在者米拉祜族乡"做大官"的时候,正是"155"扶贫工程向"片区开发"的过渡期。一方面,实施了"155"扶贫工程的村寨,群众的住房有了改善,虽然是土墙瓦顶,但也比竹墙草顶强了百倍。通过农田水利设施的建设,科学技术的推广运用,苦聪群众的生产力水平有了显著的提高,日常生活也有了显著的改善。但是,"155"扶贫工程的局限性也开始凸显出来:一是工程实施后,部分苦聪人不适应林外的生活,又跑回了原来的寨子,民众住房风雨飘摇,冷暖不保;二是部分已分到工程红利的苦聪群众,因为"文化贫困"带来的困扰,对房屋设施缺乏有效的维护,加之长时间的风吹雨淋,其损坏程度越来越严重,有的安居房变成了不挡风雨的"风雨房";三是部分思想意识已有改变、经济收入已有了提高的民众,盼望着有更大的发展,却苦于没有找到有效的突破口，内心的焦虑情绪与日俱增。

李云意识到，尽管苦聪人数次得到党和政府的关怀与帮助，但贫困仍然是他们的代名词，"授渔"行动还需要继续执行下去。结合自己成长的经历，他认为苦聪人要真正摆脱贫困，不但要加强基础设施建设，还要解决观念上的问题，增加他们与外界的联络。

在这一点上，生长于苦聪山寨的李云深有感触。从边境线上的孩子王成长为党的领导干部，他经历了破茧成蝶的阵痛。

1979年8月，正是西南的雨季，位于金平县勐拉区南科村公所的南科河河水在河床里咆哮着，左右摇摆，不停地撞击着河岸。沿岸的田地中见雨就疯长的白茅草压得稻谷和苞谷的秧苗不能愉快地生长。偶尔的一声炸雷，在闪电的指使下，轰隆隆掠过河谷，刺向远方的山峦。

凌晨时雨下得有些累了，终于收尾停下。在离河岸不远的一间竹篱笆

李云（中）现场指挥乡村公路建设（者米乡政府　供图）

草房里，李云在母亲的怀里一声脆哭，打破了河谷难得的平静。这个名叫李云的幺儿子的到来，给已是勐拉区武装助理员的父亲内心很大的激荡。在此后的三百多天中，他只要在家的日子，不论是下地干活，或是在桌上吃饭，都会将孩子挽于怀中，或者背在背上，对孩子爱不释手。

李云父亲走后，剩下他母亲、两个哥哥和一个姐姐。五口之家突然失去了顶梁柱，日子在悲痛中清汤寡水地过着。那时他大哥8岁，他2岁，母亲还不到30岁。

在联防村西头不远的河边上，李云父亲在世时，在那里用竹篱笆做墙，茅草做顶，盖了一间不小的田棚。棚子除了用于平时生产劳动歇脚外，还养了猪、鸡、鸭。父亲走后，母亲拉着他们兄妹四人来到了田棚，在这里讨生活。

李玉明曾经经历的不幸，在二十多年后，降临到了自己的堂弟李云身上。

心地善良的母亲，一人拉扯着四兄妹，艰难地过着日子。虽然日子过得十分艰难，但母亲却没有中断孩子读书的梦想。李云有两个亲叔叔，因为读书成器参加了工作，我们前面写到的李建民就是其中之一。他父亲是家中老四，受家庭拖累，才读到小学三年级，但还是到了区政府工作。在家庭长辈的影响下，李云的大哥李金明初中毕业后参加了民族工作队，吃上了"皇粮"。

"我很小的时候就发誓：一定要好好读书，一定要走出这座看不见边、望不到顶的大山！"

当我们采访李云时，他已经历任过者米拉祜族乡乡长、党委书记，金平县人民政府办公室主任，现任金平农业科学技术局局长。面对我的采访，他铿锵有力地说出了上面那句话，同时将目光投向了窗外湛蓝的天空。

"人家说，你是苦聪人最大的官了。"

"不能这样说。后来比我大的还多得很呢！"

"不过你也算一个了。一个放牛的苦聪娃娃，靠自身打拼，转身走进了县政府，坐到了政府办公室主任的位置上，这已经是很不容易了。至少这在西隆山生活的苦聪人里是'前无古人'的，一定有着传奇。不妨抖来听听？"为了让话题变得更轻松，让他讲出更多故事，我和他开起了玩笑。

"小时候，我们吃的大部分是木薯，掺了一点苞谷。有时连那点杂食都吃不起。我妈有时就会去其他的村寨，向瑶族等其他民族讨饭吃。有时我放学了，就到大山上找点野蜂，下河摸点花鳅鱼，去找哈尼族换点谷子。"

"我早上早早地起来，就在河边看书、背书。当时我很努力，但因为在深山，师资力量好不到哪里去，我们再努力，和城里的孩子仍然有一定的差距。尽管如此，我从未放弃上学的念头。从一年级一直到小学毕业，我都是班长。那时，我的小学班主任很关心我。他知道我家庭困难，肚子经常饿着。他给自己的孩子煮面条时，就会把我叫去，给我夹一碗。第一次在老师家吃面条，滑溜溜的，一进口就滑到肚子里了，好像没有过嘴巴，那种感觉真是奇妙极了。每想到那些日子，我都感慨万千，一辈子都忘不了老师一碗面的恩情。"

清晨的南科河边上，清冽的河水汩汩地淌着。河里的小鱼们还没有起床，水边的有些小花刚醒来，就听着李云背书。1993年小学毕业，他的成绩在整个南科村委会名列前茅，被选到金平县的最高学府——金平一中民族班上初中。

那时的民族班可不容易进，选的是全县各乡镇初考前五名的学生。他在金水河镇（1985年成立）的毕业生中排名第4，这和他平日的努力学习是分不开的。到了金平一中民族班，在学校同级的160名同学中，他排第44名，属于中上成绩，这让他充满了信心。

8月下旬的一天，李云第一次走出了南科的大山。这一次是他一个人,一个14岁的苦聪"汉子",以"两头黑"的方式,开始用脚步丈量自己的人生旅程。这天清晨,林中的小鸟们还在酣睡,母亲专门为她第一次出远门的幺儿子煮了一坨糯米饭,用芭蕉叶包好,郑重地交到儿子温暖的手上。在晨曦到来前,絮絮叨叨地叮咛着,目送儿子消失在淡淡的夜色里。那时南科到新桥的边防公路刚挖通了毛路,雨水一来,又被完全冲断了。李云沿着以前去赶勐拉街的乡村小路走,走出了夜色,走出了晨曦,走出了小鸟的啼鸣。中午肚子咕咕叫唤的时候,他走到了一个名叫火炭洞的地方,是路人吃晌午饭的地方。饥肠辘辘的他,拿出阿妈包给的糯米饭,就着一股用竹槽引来的清泉水,狼吞虎咽地吃了下去。站在火炭洞的崖边,就可以看到山脚下的勐拉大河,你千万不要以为快到了,金平的山水有一个特性:你走,山也走,水也走,就像我们唱的"山不转水转"一样。民谚就说:"对门听鸡叫,走拢要一天;闻见香嘎嘎,走拢累死马。"他不敢耽搁片刻,又接着上路了。

从山头的火炭洞下到了山脚的勐拉大河,又顺着勐拉大河的右岸走到了八道班,这时候夜幕已降临,"两头黑"就是这个意思。在八道班这个不起眼的小地方,每天会有一趟车路过,把他载到县城。如果路上误了时辰,他就只能在路边露宿一晚,饥肠辘辘地等上一天一夜。李云就这样一个人走了两年。到了初三,寨子里有一个孩子也考上了金平一中,他才有伴同行。

读初中的日子,正是李云长知识、长身体的时候。因为刻苦努力,学习上去了,肚子不见饱,体质下来了。正当他被"肚子问题"纠缠的时候,他们家出现了一道彩虹:

"我们是民族实验班。我的学习成绩还是好,干了班长。我们村上的那个村长,介绍了一个原来修南科公路驮东西的'赶马哥',这个人是曲靖师宗县人,汉族,思想比我们苦聪人进步多了,他和我妈组成了一个家庭。来到我们家以后,油、盐、柴、米就有了保障,我们的生活也有了转变。他还会种各种蔬菜，种甘蔗。我爹用马给苗族驮东西，有时候人家会给谷子，有的人家会给点钱。所以，我一年的生活费就有了保障。我当时属于县里重点关照的民族学生，学校还有专门的助学金，60块左右。然后我爹这里也有一点补助，每月有了100—150元的花销，生活上有了保障。我爹一两个月来一回，给我送生活费，我花一百一二买了饭票后就没有什么零用钱了。"

我注意到，李云谈起他的继父时，总是一口一个"我爹"，便追问他和继父的感情如何。他深情地说："他给了我一个父亲最深沉的爱，填补了我失去父亲留下的空白，让我心灵的创伤得到了抚慰，他是一位伟大的父亲。"紧接着，他长叹一声："可惜，就在我刚刚参加工作那年，他就去世了。我连回报他的机会也没有，这让我对我爹抱憾终生。"说到这里，他沉默了。整理了一下情绪后，他接着给我讲他的求学之路。

三年的初中生活在温情中度过了，1998年9月，李云以优异的成绩考上了个旧一中民族班。当时的个旧一中是红河州最好的中学，全州成绩最好的学生都集中在那里，每年都有考上北大清华的学子，正是如日中天的时候。作为全州的民族班，一个县就选那么一两个，金平县有四个名额。三年高中下来，李云学了不少的知识，视野更宽阔了。

"我的高中班主任叫朱茂森，是个四川人，他对我很好，有些东西他单独教给我。到了高中，完全是关起门来读书了。其实，初中、高中是一生的关键。高中给我的印象是课程太难了。第一天一进去，我们的班主任就拿高考的试卷给我们考，给我们一个下马威。我才发现，尽管我们在县里面的成绩排在前头，其实我们的知识面非常窄，所以感觉很吃力。都是尖子生，我的成绩就排到了末位。在初中我不是第一，就是第二，还当班长；到了高中，我只当了个劳动委员。"

在班集体里，劳动委员也是一个官。但与班长、副班长不可同日而语。从小学到初中都当"官"的李云，到了高中，"官"反而变小了，这让他意识到自己和其他学生的差距，也勾起了他奋起直追的决心。整整三年，暑假寒假他都没有回家，就住在学校里，给离开学校度假的学生守行李。李云暑寒假不回南科老家，还有一个重要的原因就是路途太遥远，回一趟家还真的不容易。那时金平到个旧的二级路还没有挖通，从金平到个旧，要绕棉花山的盘山公路走，从个旧回金平，需要一天的时间，在金平住一晚，坐车到八道班，又要走一天的路才能回到家。开学时返校，同样要三天时间。那漫长的旅程、难行的山路让他决定留在学校，守行李不但可以得到一点生活费，还可以用这段时间追赶尖子生。

本来学习压力很大，放假了不回家，有时候感觉很孤独、很寂寞，好在身边有书，时光就这样悄悄地溜走了。

"从小学到高中，我的班主任对我都非常好。特别是高中班主任，经常会给我们衣服啊什么的。高中时，我二哥去哨所当了民兵，每月会电汇给我150元，我继父这边的压力减轻了一些。当时我住校，被子等都是学校给的。那些蓝色被套我现在都还收得有呢。"

读了三年的高中，1999年7月，李云参加了高考。原本考得还算顺利的他，因为一件匪夷所思的事情，让他与中央民族大学失之交臂！

那次高考，要求每名考生留一个个人的密码，这个密码在调个人档案时要用。当时他留的个人密码是他叔叔李建忠家的电话号码，考完试就回来金平等消息。李云有一个姨妈住在金平，他就住在她家，一边等一边打工——帮人家拌沙灰、砌砖等，他知道大学学费高，期望自己多赚一份学费。高考成绩出来后，他的班主任打电话给他说："李云，考试的时候你留的个人密码给会有错，我怎么查都没有你的成绩嘛。你赶紧自己查查看。"

李云赶紧去查。但一查，人家说他的密码不对，很是神奇。

李云在填志愿的时候是他的班主任老师亲自帮填的，因为他是拉祜族苦聪人的特殊身份，第一志愿就选中央民族大学，第二志愿是西南民族大学，第三志愿是云南民族大学。又因为担心他的成绩上不了，全部报的是预科班。当时中央民族大学的老师来到昆明直接招生，学校与来昆的老师取得了联系，对方同意调档来看。预科只要那边学校老师同意基本就没有问题了。按照民族政策，李云还有20分的边疆县照顾分和10分的少数民族照顾分。只要考到400分以上，加上照顾分，录取中央民族大学预科班没有问题。问题是他的调档密码有问题。老师在昆明等着，李云在金平干着急，没有密码查不了分数，更提不了档案，人生的一次重大机遇就这样与他失之交臂了！

高考录取工作接近了尾声，李云的班主任老师才通过教育渠道查询到了他的高考分数和个人密码。高考分408分；个人密码号少了一位数。

阴差阳错的高考录取工作让李云深受打击，由于家庭困难，他没有选择复读，直接接受调剂进了蒙自师专中文系预科班。

"经历就是人生最好的大学吧！"李云不无遗憾地说。

到了蒙自，进了大学，李云的视野更宽阔了。尽管蒙自师专远在祖国边陲，但大学就是大学，发展空间似乎变得大起来。他在学生会当上了干部，在班里再次当上了班长。四年下来，学了不少东西。大学采用学分制，课程也不是很紧，社会实践的机会也比较多，他迅速成长起来，身上早已看不到大山里苦聪人的影子。到大三下学期，课程几乎就学完了。每个假期他不在学校就是去打工。

2003年7月，李云大学毕业，到昆明打工一年多，主要干的是推销工作，业绩还不错，老板对他很好。但是只干了半年，老板就把他叫去，一本正经地和他说："李云，你的路还很长，你的人生不应该在我这个小企业里度过。明天，你就收拾好东西回去吧。"

老板是李云的同乡，他竟然要把自己赶走，这令李云很伤心。他强忍内心的不平问老板，是不是他的工作做得不好，需要改进。老板说："不是你的工作干得不好，而是太好了。你的位置不在这里，你应该回到家乡去，去干一番事业。"

李云回屋想了很久，或许老板是对的。自己来自西隆山，来自苦聪山寨，那里的父老乡亲们还生活得很贫苦，像他这样出来读书工作的人不多，他的肩上背负的不只是他自己和他的家庭赋予的期望，更是一个民族的期望。

2004年12月，他决定回乡参加公务员招考。他想，既然要回乡为自己的民族服务，那就离他们近一点吧，于是他选择报考者米乡人事劳动保障所业务员职位。

报名后，离考试时间只有一个月的时间了。李云没有懈怠，这一个月时间里，他科学地安排自己的学习时间，把在大学里学到的办法都用上了。他发现，公务员考试不是死记硬背，题目非常灵活，知识范围很广。而他以前上学时，就喜欢读各种报刊，这让他参加考试具有一定的优势。

考完试，分数下来了，他的成绩是第三名，刚好进入面试。机会总是留给有准备的人，那一年的公务员考试，笔试分数只是进入面试的门槛，最终的录取分数全靠面试。他曾是推销员，推销自己是他的强项，所以面试就比较有信心。最终，他的面试高出其他两名考生零点零几分，险胜。当时人事劳动局人手少，他们新考进来的14个新人没有立即下去乡镇，在局里跟班。到了年底才到了者米乡报到工作。

苦聪干部在全县干部中非常稀少，科班出身的更是个宝，县、乡两级领导对他很关心，有意识地培养他，把他留在了党办干秘书工作，不到半年，就被借调到县委组织部办公室。到了2006年5月，组织上看他很会办事，就让他到马鞍底乡任纪委书记。刚到乡纪委，他就到了中梁村，在那里蹲点干了3个月的扶贫工作。8月，乡纪委书记的凳子还没坐热李云就被派到者米当代理乡长了。2007年1月换届选举，他当选为乡长，在普通苦聪人眼里，乡镇的党政一把手就是大官了。从一般干部到正科级领导，李云完成三级跳的时间不过一年，然而组织上将他放在乡长的位置上，一干就是5年，甚至在没有培养出接班人之前，还让他当党委书记兼乡长。

基于自身的经历，李云深切感受到，要真正让苦聪人融入社会主义大家庭中来，必须打通苦聪人通往外界的大通道。由于大部分苦聪寨子的公路没有硬化，乡党委、政府提出了"两横四纵"的交通基础设施建设方案。

李云说："'两横'就是从乡西部的七吹村开挖一条新公路，一直到东边的河边寨，形成与现在河坝的国家公路平行的一条公路。'四纵'是巴哈村到木乌、苏鲁村，顶青村到老阳寨，下新寨到堡堡寨，河边寨到老林脚二队的四条爬山公路，将者米的公路形成'两横四纵'的格局。"

规划出来了，挖路没有钱，就整合涉农资金，做群众的思想工作，让他们自愿参与到公路建设中来。

一天，李云正在苦聪大寨下乡，查看群众的生产生活情况，他的手机骤然响起："喂，乡长，小翁邦这里出事啦！"

"出哪样事？"

"要出人命了。快来啊！"

给李云打电话的是派驻村子的工作队队员小王。事情是修公路的工程队与当地村民发生了土地纠纷。原来是一条上山连接苦聪寨子的公路要从小翁邦几户村民的橡胶地里过，通过艰难地协调，村民同意公路通过。但工程队进场开始按合同施工时，那几户村民又反悔了。他们邀约亲戚，手持砍刀阻拦、威吓施工人员。有两个老人干脆躺在挖机前面，使得施工中断。

李云风风火火赶到现场做群众的思想工作。他说："大爹大妈们，哥弟姐妹们，大家先不要乱，听我说几句。"

"不听不听！你个狗屁乡长只会偏护你们苦聪兄弟。手箍拐只会往外边弯！"

"就是嘛，老母牛只会舔小儿！"

"手箍拐"是方言，是胳膊的意思。李云听出了闹事人话中的意思，强压住了心中升起的怒火，缓缓地说："大家不要斗气，都平心听我说。我是者米的乡长，苦聪弟兄是弟兄，你们也是我的弟兄。盐巴辣子一窝春，各民族兄弟都是一家嘛，咯对？现在苦聪兄弟有的还很穷，穿不起衣服打叮当①，吃不起盐巴饿肚子。作为你们的弟兄，你们也怕眼睛进水了看不下去么。"

现场开始平静下来。先前躺在挖机前的两个老人也不知什么时候离开了。李云环顾了一眼现场，平静地说："大家都是吃饭长大的。有话好好说。修路占了橡胶树的五家人，你们先回去想想，该不该修路？至于砍了胶树如何赔偿的问题，你们五户明天一家来一个代表，到顶青村委会来，我在那里等着你们，我们一起坐下来解决。施工队的也停一下，听我的通知再说。散了，大家散了！"

李云赶回乡政府，立即召开了班子会，就目前全乡多条苦聪村寨公路修筑中出现的问题做专题研究。会上，他斩钉截铁地说："现在我们的书记调走，新的还没有来，我一肩挑了。我今天把话放这里，给不通路的寨子修路，那是修'命路''活路'，我们没有这笔补偿的预算。你给挖要挖，不给挖也要挖，反正不挖不行！挖路占了点土地，损失了几棵橡胶树、香蕉树，没有哪样大不了，天不会塌。即使天塌了也只是一个小角角，还有党委、政府在支着！"

班子会开得庄重严肃。李云扫了一眼班子成员，放缓了口气说："当然，我们首先还是要心平气和地去做群众的工作，对损失大的人家，我们可以考虑从'临时救济'这块上给予适当的考虑。对于那些思想认识老是停留在低处，说了不听的人，要采取特殊的办法。明天派出所所长跟我去顶青开会解决小翁邦的问题，办法总比困难多啊！"

---

①打叮当：金平方言，指穷得叮当响的意思。

穿过蕉林的公路（者米乡政府　供图）

第二天一大早，李云率工作组赶到顶青村委会，在村委会会议室召开了问题解决会。他先是叫昨天的那五户村民谈赔偿的数目和办法。那五户村民都低着头，不吭声。李云缓声说道："你们寨子，你们几家的情况我是了解的。你们勤快，不偷懒，发家致富有办法，这些都很好！我们要向你们学习，苦聪兄弟更要向你们学习。你们从前就一直救济着苦聪兄弟，一到端午节、春节，你们的粽子、粑粑成箩地给了路过的苦聪兄弟，表达着哥弟的好。现在要给苦聪兄弟修条'活路'，占了几棵树，那几棵树还不值你们送的粽子、粑粑钱吧？"

参加会议的那五户农户中的马金大低着头说："李书记，黄牛是黄牛，水牛是水牛，那不是一回事。再说栽橡胶很累，要五六年才得割啊。"

"咋个不是一回事呢？黄牛、水牛都是牛啊。你们寨子也有讨苦聪姑娘的，还不是成一家啦？再说啦，你们大量栽橡胶、香蕉的钱从哪点来？还不是国家的贴息贷款噻。没有共产党，没有政府和国家的支持，你马金有再大的力，你弄得翻一头大牯子？"

"我们现在也有困难啊。"

"金大兄弟啊，有困难怕哪样？我们的扶贫工作现在是'搬开石头蚂蚁多'，蚂蚁多了我们就怕了？政府没有怕，你们大家也没有怕啊！政府当然不会再看到你们返贫。"

会议开了一上午，李云的大小道理讲了几背篓，群众的思想疙瘩解开了，再加上村委会摆出的好酒好菜，人们的心情开始舒畅起来，阻止挖路的问题也就迎刃而解了。

除了挖公路，他还率先在乡机关所在地搞了小集镇工程建设。当时的者米街，建在下新寨的一条缓坡梁子上。坡头是者米中学和乡政府机关，坡脚是寨子农户和粮管所、派出所、小学校等。从坡脚的岩勐公路（绿春县岩甲至金平勐拉县际公路）向上修了一条连接乡政府的道路，就算是者米街道了。者米街是金平行政区域西南部的一个中心点，西邻绿春县的坪河镇，北连老集寨乡，东临勐拉镇，南与越南的清河县接壤，算得上是一个边境小枢纽。每逢街天，四乡八寨的村民加上越南边民云集于此。大量的农产品、野生物产摆放于原本就不算宽敞的道路上交易。为解决这个问题，乡党委、政府因势而为，顺时而动，提出了建设小集镇的设想。金平县委、县政府高度重视，全力支持，协调了启动资金。李云担起了工程指挥长的角色，征土地，督施工，调纠纷，解疙瘩，在不到两年的时间内就建起了一个占地万余平方米的农贸市场，在市场周边建起了大量的出租屋、门市店，形成了特色小集镇，为拉祜族乡的经济发展、民众脱贫致富贡献了力量。

其间，针对苦聪人醉酒睡街躺路的陋习，制定了强制化措施，取得了明显的成绩。

苦聪人好酒，"睡街躺路"的酒故事很多。有见证者说：每年到草果收获的时候，到了街天，苦聪人就一家人来赶街，拿草果换酒喝，喝得"二麻二麻①"的时候才下桌回家。有的出了馆子几步，就睡在街上；有的走到了街子边的公路旁就睡下，老婆在旁边用一根树枝来赶蚊子，直到男人醒来。

李云出台了一项硬性规定：只要发现哪个人酒醉睡在大街上或者公路边，就记录在案，叫村委会和村小组长领回去，到发低保金时，初犯的扣去一半，累教不改的取消全部低保金，以后再也不能"吃低保"了。

"这样有效果吗？是否会过了头？"

面对我的提问，李云笑笑，肯定地说："这个规定不会过头。起先执行的时候，确实收拾了几个，后来慢慢地就没有了。不信，现在的街天你去瞧，找不到醉酒的人了。"

与此同时，金平县委、县政府也审时度势，决定整合资金，在巴哈村委会后山的半山上，将从上良竹搬迁来的几十户苦聪人的"风雨房"一次性推平，在原址上修建钢混水泥平房，为山区的苦聪人做示范。作为一乡之长的李云，肩负县委、县政府的重托，立马组建了工作小组，自任组长，带领工作队队员进驻寨子，开始了前期的准备工作。根据自然条件和工作实际，李云将寨子重新命名为"兴发岭"，取兴旺发达的意思。县委、县政府看到时机成熟，在兴发岭召开了苦聪人"整村推进"工作现场会，掀起了拉祜族苦聪人扶贫工作的新高潮。

2013年3月，已任两届乡长的李云将接力棒交给了王熊华，离开了者米乡。面对我们的采访，李云情绪有些低落，原因是他没有完成自己定下的"两横四纵"的目标。

---

①二麻二麻：方言，喝了酒要醉的时候。

"这'四纵'我在的时候修通了'三纵'，只有到老林脚的没有修通了。'一横'的事，当时也协调了资金30万元，30万元干不下来，路线上大部分是石头。干了一部分，从河边寨干到了老白寨后山，没有了资金，工程停工了，这事就不了了之了。挖这条路主要是为了半山和高山的老百姓的草果、药材等农产品的销售。30万元投进去了，却没有干通，好像在者米河里打了水漂，对不起苦聪山寨的父老乡亲、哥弟姐妹。这是我的一个心病，也是这辈子的一个遗憾。"

也许，人生都有遗憾吧。

调研调出新难题

2009年春节刚过，一场倒春寒席卷了金平。机关干部才上班没几天，金平县政协主席官朝甲就着急组建调研组，准备深入苦聪山寨进行调研。

入村前，他向民政局申请了一些棉被，让调研组带着上路。并告诫大家，此行要作好吃苦的准备。

生于斯、长于斯的官朝甲，深爱着金平这块土地，也熟悉生活在这块土地上的每一个民族。他深知，拉祜族苦聪人经过"155"扶贫工程搬出深山定居之后，他们的生活发生了巨大的改变，然而由于历史原因产生的根深蒂固的原始社会思想仍然在左右着他们。他们中的大部分群众虽然已经缩小了与其他民族的贫富差距，但就整体而言，仍然处于十分落后的状态。在金平县境内，得到"155"扶贫工程实惠的，只有者米拉祜族乡的苦聪人，其他乡镇的苦聪人仍然过着极度贫困的生活。

这次深入调研，官朝甲撰写出了《金平拉祜族贫困现状调查报告》，和写出《金平县苦聪人生产生活困难》的新华社记者一样，他没有想到自己的调研报告引起了红河州委、州政府和金平县委、县政府的高度重视，决定加大对拉祜族经济社会发展的扶持力度，计划用五年的时间对拉祜族的生产生活进行综合扶持。2010年5月，金平县成立了拉祜族综合扶贫开发工作领导小组办公室，全面负责拉祜族综合扶贫开发工作。而这个领导小组办公室的负责同志，便是那位撰写调研报告的基层官员——时任金平县政协主席的官朝甲。

去采访他的那天是个阴雨天，因为之前我们在电话里沟通过了，到了他的办公室，没有寒暄就直奔主题。我问他是怎么想到要去苦聪山寨调研的，他说自己年轻的时候，刚好被组织上派到金水河乡去组建乡政府，接触到了那里的苦聪人，对他们的贫困情况印象深刻。我想到李玉明也是那时被招进金水河乡政府的，便问起他来。官朝甲告诉我，他们都是金水河镇的元老，那时他任副书记，李玉明就是他们考察招来乡政府工作的干部。简单谈了一下金水河乡组建的事情，我们就切入主题，让他谈了谈当年调研时的情形。

他说，2009年2月，他率政协办公室和有关科室的七八个人去苦聪人寨子调研，是因为者米拉祜族乡实施过"155"扶贫工程，但勐拉和金水河这两个乡镇的苦聪寨子没有实施过，没有享受到政策优惠，这部分苦聪人的生活还处在一个比较原始的状态。

去之前，他特意找到县民政局，说自己要带着调研组到勐拉乡拉祜二队看望苦聪人，请民政局让他们带几床被子去。民政局就给了调研组8床棉被。为了不麻烦基层，他们悄悄地入了村，都没有与乡上打招呼。

到了勐拉街，买了些肉、油、小菜等就直接去苦聪山寨了。把车子开到老乌寨，公路就不通了，调研组只能步行。当时只有点小毛路，他们走了将近3个小时，到达拉祜二队时，太阳都快要落山了。调研组成员走得又累又饿，可是谁也不敢在他这个领导面前哼一句。他自己也累坏了，吩咐手下人去找村民小组长。本以为找到了村民小组长，就有口水喝，有地方做饭吃了，没想到找到村民小组长时，他正和一帮村民在喝酒，而且已经醉了。他们哭笑不得，只能让他先去睡一觉，醒醒酒再说。

村民小组长睡了一个多小时，天快要黑了，他的酒才醒，这才安排人做饭给调研组吃。官朝甲见他已经清醒了，就和他交流起来，同时让调研组成员记录下他们村的贫困程度。

令他记忆深刻的是，当时村里的副组长就坐在他的身边，副组长身上的虱子被他的同事看见了，就悄悄地碰碰他，提醒道："主席，他身上虱子多得很。"他没有动，反而说道："不怕，既然是来老百姓家了，虱子染着就染着了。"

在访谈的过程中，寨中人来得越来越多，22户人家几乎都围拢来了。这时他才意识到，肯定是因为他们在做饭，而寨子里的人见到他们有肉，按苦聪人的习惯，都要来分一杯羹。而他们还想在寨子里多待两天，详细地调查了解寨子的情况，他担心调研组买去的那点菜太少，被村民吃一顿就消灭了，只好和村民组长说，让他们一家来一个人就行了。组长交代完后，村民才渐渐散去。饭熟了，22户人家的户主和调研组摆开了长桌，边喝酒边了解寨子里的真实情况。

夜里10点多钟，村民散去了，他听到隔壁人家声音很大，好像在聚会喝酒，就走过去看，一看是寨子里的一帮男人在喝酒，桌上一点菜也没有，喝的酒还是劣质酒。这群人中有个十二三岁的男孩也跟着喝酒。他问男孩："你就会喝酒了？"男孩说："八九岁就会喝了。"他又问男孩读书了没有？男孩说读了几天，因为学校离寨子太远了，要走几个小时才到老乌寨学校，所以就没读了。他见男孩喝酒比自己猛多啦，当时他就想，这样的民族还有什么希望？不管是白天还是晚上，他们除了喝酒似乎就没有什么正经事可干了。

那一夜，他们调研组就在组长家里打地铺。组长家是村子里条件最好的人家了，因为他家草果比较多，他把草果卖给了附近的苗族，有一些收入。整个寨子就他家是土墙房，其他都是杈杈房，官朝甲问组长这房子是自己盖的吗？组长告诉官朝甲，他们不会盖房子，小白河村的苗族说，他家草果要多少钱，他们按价帮他筑墙盖房子。他同意了，他们就给他家盖房子。他家筑的土墙不算高，只有2米左右。里边隔出一间来，他家人住里间。调研组就在他家的堂屋里用晒草果的烂席子和干草铺在地上将就着睡了。

由于对苦聪人现状的忧心，他一夜未眠，天不亮就起了。起来后到处转了转，看了看，发现天都大亮了，太阳老高了，寨子里的人还是没有起床，只有几只狗叫声和偶尔的鸡叫声。他思量着，这个村子是苦聪寨子的典型代表，看来这些人从思想意识到生活习惯，都还是那么原始。他拿出数码相机，一家一家地拍照留档，又住了一个晚上，才离开了拉祜二队。

回到县里后，过了一段时间，他又带着调研组到了者米拉祜族寨子中到处跑。跑了八九个村子，情况大体都差不多。实施过"155"扶贫工程的寨子情况要好一点。但是近十年过去了，土墙已经破了，墙破了他们也不会修补，依赖性有点强，主要还是依赖政府。

这次调研，他们再次认识了金平苦聪人的贫情。当时的情况是这样的：

金平县拉祜族分布及经济收入现状：现共有30个村民小组1761户7306人，分布于金水河镇、勐拉乡和者米乡三个乡镇的高山半山区。其中，者米有24个村民小组1430户6088人，占拉祜族总人口的83.2%；金水河镇有3个村民小组150户593人，占拉祜族总人口的8.2%；勐拉乡有3个村民小组180户625人，占拉祜族总人口的8.6%。2009年人均有粮280公斤，人均纯收入1214元，人均耕地面积2.44亩，其中水田0.58亩。而全县农民人均有粮320公斤，人均纯收入1772元。人均有粮数略低于全县平均水平，人均纯收入相差558元。

基础设施现状：30个村民小组中，因者米乡实施了"155"扶贫工程，建盖了安居房（土墙瓦顶）1320间，其余自筹资金建盖了土墙瓦顶房屋200间，尚有241户住在杈杈房、茅草房中。架通自来水的村民小组共23个，通水率78%；通路的村民小组19个，通路率63%；通电的村小组20个，通电率67%；2个村民小组有卫生室，5个村民小组建有学校，4个村民小组有党员活动室和会议室。基础设施稍好的主要分布在者米乡"155"扶贫工程覆盖的村民小组和金水河镇的联防村民小组。

受教育程度及医疗卫生保健现状：大专以上文化程度人数

调研时勐拉镇拉祜二队原貌（金平拉祜族片区综合开发办公室　供图）

6人，占总人口的0.08%；高中、中专文化程度16人，占总人口的2%；初中文化程度41人，占总人口的5.6%；小学文化程度821人，占总人口的11.2%；其余均为文盲，占总人口的81.1%。勐拉乡老乌寨村委会拉祜二队22户92人，只有一个14岁女孩就读三年级。7306人中有一半以上连自己的名字也不会写，惠农一折通中的农村低保金无法取出使用，因为他们不会设置密码。金平拉祜族无外出务工人员，因为他们连外出务工人员应掌握的基本常识也不具备。30个村民小组只有2个卫生室，而且缺医少药，所以生病群众几乎都要步行数十千米外就医，因病致贫、因病返贫人数众多。

生产生活现状：耕作基本上无任何科技含量，大部分仍处于刀耕火种的半原始状态。少数在坝区或半山区与其他民族杂居的

调研后准备建设的上良竹村（者米乡政府　供图）

村民小组掌握了一定的生产技能和生产资料,近4/5在高山区单个民族聚居的村民小组生产资料奇缺,广种薄收现象普遍。大部分群众仍无饲养畜禽习惯,除者米的几个村民小组饲养耕牛外,其余村民小组都未饲养。生活上大部分仍处于母系氏族时期的原始共产主义状态,有肉大家吃,有酒大家喝,基本无积蓄。勐拉乡老乌寨村委会拉祜二队22户,春节刚过就有13户已断粮。除8户有土墙(其中4户为石棉瓦顶)外,其他农户仍用竹叶作顶,圆木作墙,房屋面积不超过20平方米,无畜禽厩舍。多数群众都有酗酒陋习,少数群众还有吸食鸦片的恶习。

观念及意识现状:因受教育程度低,文盲偏多,整个民族的整体意识落后于其他民族。普遍无发展意识,无积蓄观念,基本无私有制意识。法治观念淡薄,公民的基本权利和义务都不甚明了。等靠要思想严重,无自力更生、自我发展意识。

针对这些现状,官朝甲做了深刻的剖析:

金平拉祜族问题是金平直过区遗留下的众多问题之一,他们的贫困与停滞不前很大程度上是历史的原因。一个民族从原始社会直接进入社会主义社会,其所肩负的压力和外部环境的巨大转变让他们无所适从。时代发展的滚滚洪流让他们头晕目眩。周边民族的经济发展,使他们选择了最原始也认为是最安全的方式:远离,将自己置于时代发展的边缘。

他们选择了从地缘上远离和封闭。20世纪五六十年代,党和政府将他们从密林中迁出,给他们建盖了住房,帮助他们购买了生产资料,手把手教会他们生产和生活,让他们从一个山林的狩猎民族变成了一个耕作民族,让他们融入金平的民族大家庭,让

中越边境上的苏鲁村（者米乡政府　供图）

他们过上了好的生活。在那个社会发育程度不是很高、人的需求不是很强、生产力不是很发达的时代里充分享受了中华民族大家庭的温暖，在祖国母亲的怀抱里过足了一个后起民族受保护的瘾。可惜好景不长，随着社会发育程度的进一步提高，社会各项制度改革的不断深入，金平拉祜族吃大锅饭的日子也宣告结束。他们又回到了自力更生的年代。生产资料的极度匮乏及落后的生产力使他们在其他各民族阔步前进的同时仍停滞不前，并且渐行渐远。当其他民族的社会物质财富积累到一定量的时候，他们仍保持着一穷二白的原始状态。

　　由于无法融入，他们选择了远离。他们的村落几乎都布局在自然保护区边缘，远离城镇，远离喧嚣。由于路途遥远，山高坡陡，除了他们本民族，外人很难涉足。由于远离，他们逐渐走向封闭。他们不知道外面的世界很精彩，只知道现实的世界很无奈。当外界的发展在日新月异的时候，他们却在自我封闭的小圈子里醉生梦死。竹叶作顶、圆木作墙的蜗居里衍生的是外人永远也搞不明白的奇谈怪想，解忧的杜康帮助这个民族熬过了无数不眠之夜；当时代已进入信息化的时候，他们仍回忆着毛主席送给他们的耕牛和猎枪，回忆着刚迁出密林时享受的种种优待。许多人不知道汽车为何物，更别提电脑、互联网了。

也由于远离，他们逐渐与其他民族产生了不可逾越的鸿沟。不与其他民族通婚，近亲结婚导致人口素质越来越低；无竞争，致使生活质量越来越差；无交流，闭塞的圈子逐渐让他们处于半原始状态。但是，通过政府的扶持及周边民族的带动，部分群众尤其是年轻一代也有了发展的欲求。部分山寨挖通了通往外界的摩托车路。条件稍好一点的还购买了摩托车、手机。突围的曙光在年轻人身上渐渐彰显。是继续封闭隔离，还是向外突围发展成了这个民族两难的抉择。

也就是说，这么多年来，尽管党和政府一直在拉着苦聪人朝前走，但是他们潜意识中却在往后退。对拉祜族苦聪人的"授渔"行动必须坚持下去，才能坚定他们脱贫致富的信心。官朝甲和李云想到一处去了，因此他提出了中肯的建议：

金平拉祜族的贫困只是表面现象，透过贫困，我们不难发现这个民族诸多亟须解决的重大问题，无论心态、观念、意识，还是生活生产方式，还是社会交际与沟通交流等，靠他们自身发展是完全不现实的。没有外界的牵引和推动，没有政府的扶持和引导，他们就无发展前途可言。根据调研结果及对他们贫困现状的分析，认为应由有关部门制订详细的扶贫规划予以施行。规划可从以下几方面着手。

首先，扶贫先治愚。金平的贫困是素质型的贫困，金平拉祜族的贫困更是素质型的贫困。教育是帮助他们走出现状的首选。第一步，让所有适龄儿童入学。无论采用何种方式，必须使99%以上的适龄儿童进入学校接受教育。第二步，重组民族工作队进村入户。该民族工作队应有教育、医疗卫生保健、科技等专业技术人才。采用办夜校、开讲座等形式，传授生产生活技能，帮助他们寻找发展的路子。第三步，明确任务，责任到人。金平拉祜族的扶贫工作不是一朝一夕的事情，要改变一个民族的生产生活习惯必须要付出巨大的时间和精力。所以，必须制订详细的时间流程表，具体落实到个人。

其次，加大基础设施建设投入。基于这个民族生产资料奇缺、基础设施建设薄弱的现状，输血式扶贫的方法是必不可少的。基础设施建设投入也有轻重缓急，首先是改善他们的住房及生活条件，然后是交通、通信及生产条件。基础设施建设投入应有所侧重，对原"155"扶贫工程已涵盖的村组加强管理和维护；对从未投入过，且相对落后的村组应重点考虑。采用先易后难的程序逐步推进。

再次，培育发展支柱产业。扶贫除治标外，应重点考虑治本。因地制宜，宜养则养，宜种则种，制订详细的支柱产业培植规划。从地域特点及拉祜族群众整体素质出发，可优先考虑种植养殖业及其他科技含量不太高、易操作和运行的产业。

最后，实施易地搬迁。现仍有11个村民小组分布在国家级自然保护区缓冲区及省级公益林区内，因大量砍伐和耕作，缓冲区内树木越来越少，严重影响生态环境。再者，因山高坡陡、路途遥远，在基础设施建设投入及开展其他扶贫工作上有诸多不便。所以，解决这些村组贫困现状的最佳途径莫过于搬迁。可采用整村搬迁，也可采用零星搬迁的方式进行重组。迁出后，务必找准能让其住下来、留得住、能发展的生产生活方式，以免重蹈覆辙又重入密林。

要彻底改变金平拉祜族的贫困现状，不能一蹴而就，必须循序渐进，而且要做好打持久战的心理准备。拉祜族的扶贫不能照搬莽人模式，但可借鉴。具体工作人员应结合实际，有创新地开展工作。

调查报告写出来后，他直接就交给了县委书记和县长，同时把稿子投给了州里的《红河》杂志。

一石激起千层浪。杂志社怀疑内容的真实性，几次打电话找他核实。他回答说就是这么回事了，没有夸大乱说。当年此文还获了奖。时任县委书记的牛兴发更是吃惊不小，不敢相信在自己辖区内还有这么贫困的人口存在。他直接就来到官朝甲的办公室，问："官朝甲，你写的文章咯是真的，不要欺负我一个外地人嘎。"他说是真的，还把照片翻给他看。

牛书记看完，怀疑地问："这些照片咯是以前拍的？"

他赶紧说："书记啊，是我亲自拍的啊！"

"真的有那么严重？"

"是啊，真的就是这么严重。"

"这个我得亲自去看看。"

没过几天，牛书记就率了一帮县级领导和有关部门的领导，进入拉祜族山寨调研。回来后，立即安排县发展和改革局做拉祜族综合扶贫开发五年规划，给一个月的时间。叫相关部门出钱，按规划第一年2000万元，第二年3000万元，第三年4000万元，第四年5000万元，专门用于解决拉祜族的住房问题。但由于种种原因，项目没能立即启动，主要原因还是因为没有钱，县财政太穷了！

2012年初，官朝甲的调研报告引起了州委、州政府的高度重视，专门成立了金平县拉祜族扶贫工作领导小组，搞了一个2.3亿元的规划，争取各个部门都要出资金。到此，金平拉祜族苦聪人的扶贫上升到了州委、州政府的层面，金平县马拉松式的帮扶情况得以改变。

在县委、县政府的带领下，金平县全面实施了拉祜族片区开发项目工程。

冥冥中自有神助，苦聪人出林后又迎来了第三个春天。

在历史的时间轴上，我们无意间发现，红河州委、州政府的这一举措，竟然与习近平总书记2012年12月29日、30日在河北阜平县考察扶贫开发工作时的讲话精神高度吻合：

……消除贫困、改善民生、实现共同富裕，是社会主义的本质要求。现在，我国大部分群众生活水平有了很大提高，出现了中等收入群体，也出现了高收入群体，但还存在大量低收入群众。真正要帮助的，还是低收入群众。……

……深入推进扶贫开发，帮助困难群众特别是革命老区、贫困山区困难群众早日脱贫致富，到2020年稳定实现扶贫对象不愁吃、不愁穿，保障其义务教育、基本医疗、住房，是中央确定的目标。我们要加大投入力度，把集中连片特殊困难地区作为主战场，把稳定解决扶贫对象温饱、尽快实施脱贫致富作为首要任务，坚持政府主导，坚持统筹发展，注重增强扶贫对象和贫困地区自我发展能力，注重解决制约发展的突出问题，努力推动贫困地区经济社会加快发展。

拉祜族片区综合开发，效益最明显的当属住房的改造。为了解决住的问题，决定把所有拉祜族人家住房基础按两层楼房的标准来建，每户平均69.59平方米，造价为6万元。由住户出1万元，其余部分由项目工程款填补。

对于让苦聪人拿出1万元的方案，开始有很多领导担心会造成集资的不利影响，但是县委、县政府思前想后，一次次分析苦聪人的贫情，得出的结论是，在之前的帮扶中，苦聪人基本上是没有付出的，这严重助长了他们"等靠要"的思想，只有让他们自筹1万元，才能激发他们的主观能动性，充分认识到这间住房来之不易，从而才会珍惜自己的财产。

而要让苦聪人拿出1万元钱，还是非常困难的，官朝甲领导的指挥部就想了很多办法，让他们帮助施工，以工钱抵房款，最后大部分都拿出了1万元，只有极少部分到现在都没有拿。

69.59平方米的房子只预算了6万元钱，经费实在太少了。指挥部提出

建设好的拉祜二队（金平拉祜族片区综合开发办公室　供图）

174 | 走进春天

建设好的下良竹村（者米乡政府 供图）

的方案是由县级各部门去包村，大单位负责一个村，小单位就联合负责一个村，落实牵头部门，资金不足部分自己想办法。当时所有的工程质量都由县质监部门监督。各部门各施工点都是自己找施工队入村施工。因为工程造价太低，没有哪个老板敢来承包干。各部门只得让工作人员沉到村子里去监管，请工人来施工，角色就相当于工头。当时资金紧缺，要切实解决苦聪人的贫困问题，这也是没有办法的办法。

我问他："那哪些部门干得最好，工作人员的成绩最为突出呢？"

他答道："纪委、住建这些部门的干得好，他们自己有工程人员，住在下面扎扎实实地去做。特别是纪委的黄斌蹲在下面苦干，我去了多次，他都在现场。"

我又问他在项目实施过程中有没有遇到什么大的困难？他说当然有

苏鲁村新貌（者米乡政府　供图）

啦。难干的像县发展和改革局牵头的拉祜新寨，寨子比较大，工作是实干了，但是让老百姓出资思想工作没做好，在收取经费上还有很大的困难。收取群众盖房款时工作队队员必须一户一户地去收，收起来后将钱直接给了施工老板，因为合同是各部门自己签。完工后还有近30万元没有收起来。施工老板来找他，指挥部也没有办法。因为指挥部只管质量，每次带着技术员下去，解决的都是质量问题。施工短缺的资金问题由签合同的部门想办法解决。

我问他："那这30万元后来解决了吗？"

他笑道："应该解决了吧，因为没见到他们来反映情况了。"

我让他谈一谈拉祜族片区综合开发工程实施之后，拉祜族有了哪些变化，他笑道："现在工程干好了，群众搬进了新房。村容村貌、群众精神面貌都大为改观。比如苏鲁村，我们刚进去（寨子）的时候，只有党员和村小组干部在，其他群众（害怕）跑了躲起来。去了七八次以后，大部分群众就围拢来了。施工队去了就敢与施工队接触了，会来听听我们说什么。慢慢地，汉话也会讲了。在我们施工过程中，有个施工员（小伙子）就在施工地讨了个媳妇。这是好事，这是精神面貌改变、观念改变的例子。从怕人到敢见人到敢嫁人，这就是改变。"

纪检干部守"地棚"

听官朝甲说纪委的黄斌在片区综合开发中工作踏实，业绩突出，我决定去采访他。我在金平县工作多年，混迹过多个单位部门，黄斌和我还是曾经的同事，他去苦聪山寨开展工作那两年，我们还在一个单位，可惜交流不多，而他也没有想到有一天，会坐在我面前和我交流曾经的工作经历。

黄斌是个哈尼族汉子，出生于1968年，20岁参加工作的时候就在乡镇，在调到县纪委之前，任过乡水利员、团委书记、宣传干事、组织干事、副乡长、副书记等职，基层工作经验十分丰富。我想当初领导派他到点上去监管工程也是因为这个原因。

问起当年到苦聪寨子里开展片区综合开发工作的情况，他说他是2013年去的，当时开发领导小组安排给纪委的点是者米拉祜族乡的地棚村民小组。这个村就是戴荣柱待过的那个地棚村，曾经的科技示范村。之所以叫作地棚，是因为以前苦聪人都生活在山上，他们要到山腰上的田地里干活，就得盖一间地棚，叫来叫去，这个地方就叫作地棚了，后来他们从山上搬迁到这个地方，名称便没有更改。

和黄斌一起到点上监管工程建设的还有科技局的刘佳宏，乡里又安排了一名拉祜族工作队队员李金明，组成了一个三人组。以前他没接触过拉祜族苦聪人，但听说过他们的传奇故事，知道他们的生活过得比较艰难，经济上非常贫困，因此心里对自己能不能按时完成工作任务还带着疑问。李金明宽慰他说："不用担心，我们苦聪人最听党的话，不管是'155'扶贫工程，还是片区综合开发，只要有我在，多跟他们喝几顿酒，他们都会支持的。"

听了李金明的话，他心中欣慰了许多。他们三人第一次到地棚村的时候，看到这个寨子虽然不算富裕，但因为地处半山地区，拥有肥沃的土地和热区资源，生产生活条件相对较好。特别是实施"155"扶贫工程过后，他们的平均主义思想已经基本消失了，大家都有了私有意识，因此还有几户人家盖起了平房。

那时地棚村总的有35户，有8户是已盖好了平房的，需要改建成平房的有27户。对整个地棚村有了一定的了解后,他们的心中有了主意。

为了把政策落实到位,把群众的积极性调动起来,全部参与到住房改建工程中去。他们先召开党员会议、干部会,把片区开发的政策让党员和村干部吃透,与他们进行交流,先把党员干部带动起来。这个方法果真起到了效果,党员干部们反应强烈,纷纷说好,并领着他们到寨子里一家一家地去看情况,向村民宣传党的政策。这个寨子的支部书记姓庙,村里有好多党员,党的基层组织起到了强有力的保障作用,这也是工作能够尽快启动的主要原因。

紧接着他们又召开了群众大会,宣讲了政策,与群众进行了沟通,把县委、县政府要求每户出1万元建房的事重复讲给了他们。他们原以为会遇到一些阻碍,但没想到群众积极性很高,一个星期就收到了27户的27万元。当然,在这个过程中,也有的住户反映没有钱,黄斌就叫他们想办法,到亲朋好友那里借一点,自己家筹一点。大家都想住平房,所以在筹款的过程中尽管有些困难,都克服了。

群众该交的款是筹到了,可是指挥部那边的项目工程款的使用实行的是报账制。造价这么低的房子,几乎没有利润,没有哪个工程老板傻到拿钱出来垫资。一旦开工,27户人家同时建房,那收来的款项等于是杯水车薪。

黄斌没有办法,只好带着困难向单位领导反映,领导听了也很着急,因为县委、县政府已经向州委、州政府打了包票,所有拉祜族的房屋将在年内完工入住。这是个死命令,只能进,不能退。而现在已经三月份了,施工时间不足十个月,扣除雨季的四个月时间,要在半年内完成27户人家的住房建设,如果不马上开工,那就不可能完成任务了。

在时间紧、任务重的情况下,领导决定,纪委的每个干部职工每人先垫付1000元作为建房的启动资金。经黄斌提醒,我也回忆起来了,当时我也出过这1000块钱,后来单位确实全部退还了。

地棚村党群共建新生活（者米乡政府　供图）

有了启动资金，终于签到了一个建房的小老板。可是面对这吃力不讨好的工程，工程老板不太上心，只要不盯紧，他就打马虎眼想糊弄过去。那个老板姓严，为了让他把工程干得和他的姓一样严，黄斌他们就直接住在寨子里，每天都去盯着干。

有一天，有个村民跑来告诉他，工程队砌他家的墙水泥标号不够，墙也砌得歪歪扭扭的，不直。他急匆匆赶到现场，一看情况还真属实。马上就要求工人拆了重砌，工人不从，他就打电话给老板，让他马上到工地上来。几次返工后，严老板就特别恨他了。因为返工就意味着增加了成本，他就要赔钱了。他和黄斌说，自己也是迫不得已接这个工程，这也是为了帮助政府呀，黄斌就不能高抬贵手让他过去？黄斌知道严老板说的是事实，严老板这么做，只是为了以后能接到一些赚钱的工程，但黄斌是一名纪检干部，已经习惯了对工作严格要求，所以不管严老板恨不恨，他就坚持一条准则，只要是对群众负责的事，哪怕是得罪老板也要做，因为老板做完一个工程还会做下一个工程，而老百姓一生估计只盖得起这一间房子。

他回忆道，有一次，纪委的万师傅送他去地棚村，在公路上遇到了严老板，严老板说自己很忙，要到另外一个工程点去看，就不陪他们了。严老板就拿出500块钱说："我忙不赢招呼你，你自己拿去办（伙食）。"

"我不要你的钱，我有，随便买点都得。"

不要说拿他的钱，他的一餐饭黄斌都不敢吃。因为严老板干工程不讲质量，他请的工人不够专业，特别是刮白灰的时候，经常乱干，也是反反复复地刮了几回。本来工程价格就低，他管理又不善。黄斌他们不得不变身为监工。

在片区综合开发项目实施期间，黄斌长期住在寨子里。每天起来就先去看房子的施工情况，看水泥标号是否够，砌墙是否按标准砌了，所用砂

航拍地棚村（梁荣生　摄）

浆是否合格，特别是浇灌基础的时候，看砂浆是否饱满，用尺子去量基石的深度是否合格，还要催施工方的施工进度。工作中他走到哪家，哪家叫他们吃饭，他们就将就着一起吃了。他说都是农村出身的，吃好吃丑也没必要计较，只要能顶饿就行。

说起监工的事，他说最难忘的还是坚持叫他们拆墙返工，当时心里确实挺生气，直接对工人说："你们不拆，以后你们拿不到工钱，同时损害了群众的利益。"有一户人家，当时看见了问题也不敢说，他就去说，叫工人返工。他说："那可是个大问题，在浇灌中支撑木塌了，他们没有注意到。灌出的水泥浆掉了一坨下来，不平整了。我与施工方老板交涉，采取了补救措施。"

事实上，他们是与老百姓打成了一片，去帮他们做事情的，老百姓也比较客气，有的人家还特意做点好吃的，到吃饭时间专门到工地来请他去吃饭。有时候没饭吃，他吃点方便面就过了，看着工程一天一个样，再辛苦他也觉得值了。

项目资金虽然不经过他的手，是由上级划拨到拉祜族片区综合开发领导小组指挥部，再由工程项目点上的工作人员按工程进度与施工方对接核实后才兑现给施工方。但有时候，他们还得负责协调干工的、拿水泥钢筋等材料的钱，总之就是管控到整个工程的方方面面。那时，他全身心都投在干工程盖房子上，还学到了很多专业知识，连老板请来的工人都误以为他才是真正的老板。说到这里他笑了起来。

在盖房子的工程中，地棚村有的人家参与了劳动。因为27户同时开工，他们也监管不过来，有时候要到者米街上买菜、办事，需要离开，只好和老百姓说："我们大家盖自己的房子，一辈子甚至才盖得这么一回，工程干到哪里的时候，自己要看，看见问题你们不敢说么就跟我们说。"

尽管是盖自家的房子，但工程是承包给老板的，黄斌不允许老板克扣群众的工钱。盖自家的房子又得工钱，群众非常高兴。有少数人的工钱没

幸福的笑（虹玲　摄）

有及时拿到，向他反映。他核实后，又去做老板的工作，在工程结算的时候把工钱扣了出来，还给老百姓。他这样做，把严老板得罪深了，直到现在都还恨他恨得牙痒痒的。

在聊到地棚村的情况时，他话多了起来，说地棚村地处热区，寨子脚就栽了橡胶，那几年价格还好，他们割胶技术也不错。还栽种有香蕉，经济条件不算很差。寨子还曾出了个副乡长，叫庙文兴，后来在考察西隆山时牺牲了。庙文兴就是村支部书记的哥哥。自从"155"扶贫工程以后，这个寨子的人的平均主义思想淡化了，不是那么明显了。但那时出去打工的人比较少。不是去外面，而是在勐拉等附近打工。他们每户人家中几乎没有什么东西，穿着一般，小娃虽有穿的，但是不够整齐。吃的已基本解决了——因为他们有橡胶、香蕉产业。当时通了公路，是砂石路。施工的过程中，老板拉来砂石，群众去出工出力，把公路铺垫了无数回。寨子中的入户道路原来就硬化了一些，房子盖好后又重新投入资金，搞了全村硬化。村里的球场、进村的公路在后期全部硬化完成了。现在村容村貌都很好了。盖好房子搬新家时，他们自己买了好些东西，包括床、电器等。按政策的统一规定，房子内墙统一刷白，有的经济比较宽裕的，愿意自己买腻子粉来刷。有的人家要自己装修，老板也愿意一家补给500元钱。了解到老百姓的意愿，黄斌他们请示了指挥部，指挥部同意后，这个寨子的内部装修就没有按县里的统一要求施工了，自己出钱装修的就有好几家。他们寨子里会做刮墙的有几个，有的就请他们去刮，有的请其他民族的朋友来干。

见到他们处处为群众着想，干群关系也非常融洽。

村民的房子盖好了，进新房，一家凑几个菜吃一餐饭，还来叫黄斌去喝酒。他说他们是三月份进村的，到十月份工程就差不多完成了，这个进度是整个片区综合开发中最快的。

采访到最后，黄斌幸福地说道："我还真想再去一次地棚村，那里的村民到现在都还会打电话给我，请我去喝酒呢。"

这就是我们朴实的纪检干部，他们要老百姓的笑声，不怕老板的骂声，因为金碑银碑不如老百姓的口碑。

扶贫干部接龙脉

谢小华从一名基层的兽医升为县扶贫开发办主任，在工作中兜兜转转他又神奇地与苦聪人相遇了。县委、县政府把拉祜族片区综合开发工程办公室设在扶贫开发办，让他当副指挥长，又把南门寨子的建设任务分给扶贫开发办，也就意味着扶贫开发办既要负责统筹整个拉祜族片区综合开发的扶贫工作，又要具体负责南门寨子的房屋和基础设施改造。他这个主任肩上的担子着实不轻！

因为苦聪人不会管理住房，十多年前"155"扶贫工程所盖的土墙瓦顶大多已经破败，只有极少数人家盖起了钢筋水泥房。这次实施拉祜族片区综合开发工程，首要任务就是实现安居，而且要求改造成钢筋水泥房。

在拉祜族片区综合开发办公室提供的一份工作总结中，我们查到了这样一组数字：

> 金平县拉祜族乡片区综合扶贫开发项目，覆盖者米、勐拉、金水河3个乡镇8个村委会110个村民小组，共7645户35319人（其中，拉祜族分布在3个乡镇8个村委会34个村民小组中，共有人口1947户7858人）。

从这组数据上可看出，这不是一个简单的开发项目，而是涉及面广、情况复杂的系统工程。那么，金平县是如何将这项繁杂的系统工程发动起来，又如何实施下去，取得成功的呢？

谢小华说："分任务。全县所有财政预算的行政事业单位全都被分配了建设任务，每个单位都有挂钩的寨子，单位领导直接挂帅，委派得力干将实地监督开展工作。同时签订目标责任状，哪个单位完不成建设任务，领导干部率先下马。"

"这不是精准扶贫模式吗？"我惊讶得脱口而出。

"对，就是精准扶贫。"他答道。

真没想到，在全国开展大规模的精准扶贫工作之前，金平县就已经在苦聪人身上进行了实践。

在我们采访的人员中，扶贫开发办主任王熊华在拉祜族片区综合开发时，正在者米任乡长，当时他们在基层开展工作已经精准到户到人，对每家每户的信息都进行了详细的登记，可以说是提前拉开了精准扶贫的序幕，否则的话，仅靠后面这五年的脱贫攻坚工作，苦聪人很难实现整体脱贫。

那么，任务分配之后，项目实施是否顺利呢？谢小华摇着头说："太难了，刚开始就连我都失去了信心。"

我问他是怎么回事。他说，因为当时资金有限，县里决定为每户苦聪人建盖67平方米的一层平房，预算经费为6.7万元。因为苦聪人多年来养成了"等靠要"的思想，为了激发他们的主观能动性，要求每户人家自筹1万元，州县财政统筹5.7万元。这样一来，工程造价仅为1000元/平方米。而苦聪人大都居住在交通不便的山区，这么低的价位，那些干工程的老板如果肯干，除非是脑子进水了。

各单位入村进行摸底调查之后，回到县里都来找他反映问题，最集中的主要有两类：一是找不到愿意到山里承包工程的老板；二是大部分苦聪人交不上自筹款。他把这些问题都汇报给指挥部，汇报给县委领导，经过研究，回复了八个字：八仙过海，各显神通！

如何用有限的经费干好拉祜族片区综合开发工作，成了检验金平县党员干部的试金石。

单位找不到承建老板，就由党员领导干部带着技术工人帮着盖房子；苦聪人没有人交自筹款，就投工投劳来抵消；没有钱搞"三通一平"，干部职工有钱的出钱，有力的出力……

总之，一场轰轰烈烈的扶贫战斗在西隆山打响了。

有一天，谢小华到工地上察看项目建设情况，遇到一个去树林里砍支撑木的苦聪人，碗口那么大的一棵树，砍一个小时还没有砍倒。谢小华耐着性子跟他说："一棵树砍半天还砍不断，你家房子的木料哪哈才砍得够啊？"

"你当官你倒会说了，酒都不得喝哪里有力气砍？有酒喝才砍得够呢！"

又是酒的话题。这次不是因为饥饿，而纯粹是懒惰了。谢小华说，这些年来政府对苦聪人的大力帮扶，虽然解决了大部分人的温饱问题，但也助长了一部分人"等靠要"的思想，他说，在工作中必须推行这样的原则：无论砍得多慢都要他们自己去砍，甚至是逼着他们去砍。就像县委、县政府逼着党员领导干部自己想法子解决问题一样，都要自己动了才行。

"要让他明白干活是为自家干，不能全部靠政府，要自家干，自己动了才行，其目的就是要激发他们的内动力。"

后来的事实证明，谢小华他们的方向是对的。

在拉祜族片区综合开发项目建设过程中，县扶贫开发办负责的南门村也并非一帆风顺。这个南门村就是苦聪老师普世英第一次代课的地方。经过前人的努力，南门村已经变成了一个有70多户的大寨子，通往寨子的路尽管还是土路，但已经可以通车了。

谢小华向我们讲到，西隆山多雨，建房的时候又遇到了雨季，拉往南门的建筑材料的货车往往抛锚在路上。而扶贫办的干部都管着项目，全县各个点跑，哪有人蹲点管理呢？只好让当时负责片区工作的肖副主任负责管理。当我们问到他时，他说困难是很多，就是逢山开路、遇水搭桥吧。

有一次，谢小华接到项目点老板的电话，说南门村的群众阻止施工，不让他们盖房子了。这盖新房家家户户都受益的事情，怎么会不准干呢？谢小华带着几个干部急匆匆赶到南门村了解情况，一问才知道，原来是大雨把寨子背后的山冲垮了。苦聪人非常迷信，他们说，就是因为施工队不管不顾，没有择吉日施工，得罪了龙王，才发大水把山脉冲垮了。现在他们的龙脉被冲断了，要赔钱，要停工。

谢小华带着工作队队员和村干部来到后山，察看了山体滑坡现场，确定这是一场正常的自然灾害。但是，要如何向苦聪同胞解释呢？他首先做村干部的思想工作，和他们达成一致意见，然后再开群众会，向大家解释这是正常的自然现象，并不是龙王生气了而把灾难降到大家的头上。为了把大家的房子盖好,保证房子的安全,扶贫办愿意调整项目,把垮下来的山体砌上挡墙。

但是,群众并不买账。他们说,"这龙脉就是怪你们盖房不择吉日才断的,你们要负责。"谢小华想到因为工期短、任务重,在施工时估计没有体谅到苦聪群众的心情,再说了,在民族地区开展工作也要尊重当地民族的习惯。于是请来寨中的"米谷",点上香和纸,按他们的风俗杀鸡接通了龙脉,这才保证了施工的进度。

事后,南门村的房子盖好了,挡墙建好了,路也修通了,他再次去到南门村,开玩笑问寨中的群众:"你们的龙脉咯接通了?"

"接通了,接通了。不接通么我们的日子哪会这么好过嘎?"

谢小华趁机教育道:"你们是没有好好呢想过嘎?以前你们在深山老林里面生活,一堵山也不垮,你们的日子咯好过?吃呢也没得,穿呢也没得,住呢也没得嘛!今天日子好过了,是因为哪样?是有党和政府的关

建设好的南门活动室(者米乡政府 供图)

心和帮助嘛，你们说咯是？讲句真心话，你们要感谢共产党，没得共产党么，今天你们还在山顶上喝西北风呢！"

"是了，是了。我们懂了，没有共产党就没得我们的今天。我们要感谢共产党，感谢政府。"南门村的人们惭愧地回答道。

安居的房子盖起来后，苦聪人几乎拼尽了全力，他们已经没有能力再购置家具家电。

按国家政策，苦聪人都有低保，还有沿边居民补贴，他们就动员老百姓领了低保和补贴后先把自家的锅碗瓢盆买够。

"你不这样引导他们，他们一领到低保就乱花，几天就花完了。买家用的东西，一辈子都得享受。这个方法是从莽人扶贫开发工程那里学来的——当时莽人发了低保，工作队队员就监督他们购买家具，不买都不行，所以我们也要求苦聪人买，很有效果。"

谢小华说，拉祜族片区综合开发，苦聪人得到了实惠，通过基础设施建设，他们住上了安全稳固的住房，喝上了干净的饮用水，有了自己的产业，基本上实现了"不愁吃、不愁穿"，为后面的精准脱贫打下了良好的基础。

乡镇干部不怕死

在金平县推进金平县拉祜族片区综合扶贫开发工作的时候，瘦小精干的苦聪人王熊华，接过了李云递过来的接力棒，担任者米拉祜族乡乡长。

2018年写此书期间，王熊华已经调离了者米，任金平扶贫开发办主任。正值全县脱贫攻坚工作攻坚克难最关键的时期，扶贫开发办的工作异常忙碌，约见王熊华，比前两位乡长难得多，直到2020年初，我们才采访到他。如果我们不是本土的作者，要等待这样的机会着实不易。

相对于幼年就失去父亲的李玉明和李云，现任金平县扶贫开发办公室主任的王熊华成长经历似乎要幸运得多，至少他是在一个健全的家庭里面长大，并且在小时候过着衣食无忧的生活。然而命运并没有特别眷顾这个年轻人。

王熊华的祖父一家原来生活在金水河镇的南科，爷爷去世后，奶奶带着五个孩子搬到了勐拉乡老乌寨拉祜二队，家里非常贫困。他的父亲20岁时，被勐拉农场招为割胶工人，从此离开了农村。因为聪明好学，人又诚实，很快被农场培训成一名植保员，也就是"橡胶医生"。有了技术的父亲在农场遇到了祖籍四川的母亲，两个年轻人相爱并结婚了。一年后，他们生下了王熊华。

在王熊华的童年记忆里，父母的争吵从未断过。对他们兄妹来讲，那是一种痛苦的折磨，现在细想起来，他才明白，那是因为民族之间不同的文化差异产生的家庭冲突。

在父亲的大家庭里，是有饭大家吃，有钱大家用的。在母亲的大家庭里，兄弟姐妹各自组成的小家庭，经济是独立的。王熊华的父亲不能无视自己贫困的兄弟姐妹，他的收入，有很大一部分都用来接济他们，吃的穿的都要给，父母经常因此而争吵。

父亲对母亲不解，渐渐学会了隐忍与沉默。他一心一意地干好自己的工作，业余时间还去帮助周边的百姓嫁接橡胶和果树，因为经常不收钱，深得人心，经常会有人给他们家送吃的。父亲的善良让母亲渐渐理解了，因此他们再怎么吵，这个家仍然过着幸福的生活。

然而幸福的音符总会有跳跃，1992年的一天，母亲上山割胶回来之后，坐进沙发就站不起来了。

母亲瘫痪了，这无情的现实打碎了这个家庭的平静。父亲一声不响地把家扛了起来，后来还把他送到母亲的老家四川去上中学，自己照顾妻子和小女儿。父亲说，因为自己是文盲，在工作中不论学什么干什么都要比别人付出更多的努力，他要让王熊华好好念书，将来不要像他一样。实际上，王熊华特别感谢父亲，当年和他一样被招到农场的苦聪人有好几个，但只有父亲一个人坚持了下来，从而改变了他的命运。

外出念书，从乡村到城市，王熊华看到了苦聪人与外界的巨大差距，这让他的思想受到了洗礼与震撼。一别三年，遥远的路途让王熊华把思念化为学习的动力，直到初三要中考时才回到了家中，因为学籍问题，他只能回来参加考试。

学习成绩优异的他想念高中、上大学，可是看着瘫痪在床的母亲和年幼的妹妹，他毅然在志愿书上填上了中专。1998年，这个瘦小的少年走进了中专学校。2001年，他毕业后参加了一次公务员考试，但是没有考取，他决定外出去打工。临行前，父亲对他说，不论干什么都可以，但是不能忘记自己是个苦聪人，不能给苦聪人丢脸！

"苦聪人"，这三个字的分量，在王熊华心里并不比父亲轻。虽然他在农场长大，可是只要学校放假，父亲就会带着他翻山越岭回到老家。那时候，拉祜二队还没通公路，他们家也没钱买车，每次回去都要走三个多小时，小小的王熊华既害怕回老家，又渴望去探寻自己祖先的根源。奶奶家依旧贫困，一家人都住在篱笆房里，没有床，到了晚上他得和堂兄弟们铺一块油布睡在火塘边。他们的思想十分落后，政府帮拉通的电被风吹坏了也没人去修。他记得有一次回去，还是他带着兄弟们去把水沟挖通，引水发电，家里才点上了电灯。父亲带他回家，就是想告诉他，人不能忘本。

现实的残酷刺激着这位年轻人，在外面的酒店当了几年的大堂经理、客房经理后，他再次回到了金平，拿起书本复习起来，准备参加公务员考试。

王熊华说，2005年在他的生命里具有历史性的意义。那一年，他考上了公务员，妹妹王秋洁考取了大学，更为奇迹的是，瘫痪在床多年的母亲竟然能站起来走路了。这巨大的喜悦令这个风雨飘摇的家庭再次迎来了幸福之光。

在采访中，谈起当年的往事，王熊华的脸上挂着幸福。他说："那一年，我真的是感觉到什么都顺，特别顺，三喜临门不说，那年的橡胶价格也意外地好，我们家就摆脱了疾病和贫困。"

王熊华知道，背地里，父亲不知道为这个家付出了多少心血。是他承袭了苦聪人对家人不离不弃的美德，无微不至地照顾母亲，为她擦身，帮她按摩，上山采药为她治病，用一个男人深沉的爱挽救了这个家。父亲的言行深深地影响着王熊华，在他参加工作，走到公务员岗位上后，对领导安排的每一项工作都认真对待。

王熊华聪明、能干，又是苦聪人，他迅速进入组织部门的视野。该给者米拉祜族乡培养乡长接班人了，王熊华也像李云一样被调入组织部培养，不久后便派到者米乡任副乡长，协助李云的工作。

实际上，十多年前他在组织部工作的时候，我便认识了这个瘦小精干的年轻人，因为他娶的刚好是我的邻家小妹。但后来我们分别到不同的岗位历练，因此没有更深入的了解。在接受我的采访时，他笑着说："玲姐，当时我差点把命丢在西隆山上了。"

我吃惊地问他是怎么回事，他说自己当副乡长时，有一次和民族工作队的李金明去苦聪寨子开展工作，回来的路上，村民用摩托车带着他们下山，因为路滑坡陡，摩托车跌进了路坎下的水田里。幸亏那里有几丘水田，驾驶员把车冲进了田里。如果再往前两米，是一道上百米深的悬崖，冲下去的话，恐怕性命不保。

听着他这么惊险的经历，我也暗中为他捏了一把汗："那你受伤没有啊？"

他笑道："没有，田泥是软的，我只是摔成了一个泥人。"

他记住了这险峻的道路，暗下决心，如果有一天自己有能力的话，一定要将这些乡村公路全部扩宽硬化，让苦聪人通往外界的道路更加宽阔。

当上了乡长之后，恰逢实施拉祜族片区综合开发工程，后来他到扶贫开发办任职，又逢实施脱贫攻坚工程，他的愿望都在自己手中一一实现了。他说："这些年来，上级党委和政府对苦聪人的帮扶力度很大，身为苦聪人，我只是做了应该做的。"

在采访中，我们让他回忆那段峥嵘岁月时，他缓缓讲了起来。

2011年9月，在他还在当副乡长的时候，就开始了入户调查，摸清了拉祜族苦聪人贫困情况。就像现在的精准脱贫工作一样，那时入村就是一家一户地登记人口、家产和致贫原因，以及需要哪些帮扶措施。有一次去到老白寨，走了三个多小时。那不叫走路，是摸路，摸着爬着走的。那时候的老白寨还是杈杈房，"155"扶贫工程实施的时候没有覆盖到位。寨子很散，从最底下这家到最上面那家，差不多要走40分钟。现在搬完了，搬到了新的村址，寨子建设得很漂亮，有一条清澈的溪水从村子中间流过。

结合苦聪人的贫情，者米拉祜族乡片区综合扶贫开发涉及基础设施、产业培植、社会事业等各项建设，为有效破解住房难、出行难、饮水难、用电难、增收难等问题，县、乡两级党委和政府紧紧围绕"兴边富民行动""美丽家园建设"相结合，坚持以连片扶贫开发为抓手，以实现拉祜族地区"四通、四改、四有、三达到"为目标，突出抓好安居房改造、整村推进，在水利、电力、交通、教育、卫生、产业培植等方面做了卓有成效的工作，有力地促进了拉祜族片区乡镇的经济发展、民生改善、民族团结、社会和谐，整个片区综合扶贫开发工作取得了明显成效。

我问他，何谓"四通、四改、四有、三达到"，他解释道："'四通',即通路、通水、通电、通广播电视;'四改',即改善住房、改善就学、改善就医和改善生活条件;'四有',即有产业发展、有经济效益、有经济支撑和有发展后劲,使农民人均有粮、农民人均纯收入、入学保辍率达到全县平均水平的三大目标,简称就是'四通、四改、四有、三达到'。"

通过他这么一解释,我便明白了。我问他:"者米乡基础薄弱,要实施这么大的项目工程,肯定要付出很多心血,在那段艰苦的岁月里,你是怎么熬过来的?"

他笑道:"也谈不上熬吧。工作忙起来的时候,乡镇干部就像那不停滚动的车轮,只要上级不喊停,自己就无法停下来,遇到再难的事情,也要咬牙坚持着,有时还要有不怕死的精神!"

"比如说呢?"我紧追不舍地问。

他说:"在这些工作中,最初的困难和压力来自'四通'中的通路。"

在金平,挖乡村公路历来都是一块硬骨头,项目经费有限,占用的土地往往得不到补偿,这个时候最考验基层干部的能力和群众基础。在前文中,我们也讲到,李云当乡长的时候为了挖公路被群众围困的事情,这种阻挠,王熊华也同样遇到了。

那时他刚任乡长,乡里在搞兴地睦边农田整治重大工程项目,这是由国土资源系统在全国实施的农村土地整治十个重大项目之一,是云南省中低产田地改造的重要组成部分,项目涉及全省25个边境县(市),主要目标是利用5年时间对25个边境县(市)的耕地进行全面整治。项目实施后,区域内农民人均高稳产田将由现在的0.49亩提升到1亩。社会效益和经济效益十分明显,对维护民族团结、确保边疆稳定、促进农民增收具有重大意义。但这项工程有一个巨大的困难,就是占用到的土地没有经费补偿,他和工作队形成了统一思想,哪个寨子最难干,就先从哪里开刀。

当时大家都说小翁邦那条从安福村到老林脚的公路最难干，安福村的拉祜族不让修，因为公路占到了他们的耕地。这便是李云留下的'四纵'中没有完成的那一纵了。王熊华去给安福村的苦聪人做工作。经过入村摸排，他发现是寨子里一户有威望的人家从中作梗，便深入到这户人家里讲道理。在他苦口婆心地劝导下，最终路被修通了。

王熊华任职期间，也是者米拉祜族乡片区综合扶贫开发工作实施的5年。在这5年中取得了明显成效：农业农村基础设施进一步改善，产业发展后劲不断增强，农民增收渠道不断拓展，脱贫致富和新农村建设步伐加快，群众生活水平得到了极大的提高，基本可以做到粮食自给，儿童入学率逐渐提高，"等靠要"的思想逐渐转变。这是一个十分可喜的变化。

王熊华说："在肯定成绩的同时，我们也要清醒看到，拉祜族苦聪人目前的贫困程度远远低于新的国家贫困标准，要全面实现脱贫致富的目标，还有很长的路要走。"他调离时，者米拉祜族乡扶贫开发还存在诸多困难和问题：一是基础设施建设依然滞后，发展基础有待于进一步夯实；二是产业结构单一、规模小，农民增收后继乏力；三是贫困面仍然较大，贫困程度仍然较深，自我发展能力仍然十分脆弱，因病、因灾返贫的问题较为突出；四是大多数贫困群众科学文化素质还比较低，接受新思想、新知识、新技能的能力差，扶智、扶技工作任重道远。

我想数据是最能反映真实情况的，我们在拉祜族片区综合扶贫开发办2016年的总结中查到了这样一组数据：

……金平县者米拉祜族乡片区综合扶贫规划项目共6个大项23个子项目，规划投入补助资金22665.36万元。累计完成总投资31406.07万元（含农户自筹及投工投劳折资4397.17万元），实际投入资金27008.9万元。项目覆盖者米、勐拉、金水河3个乡镇8个村委会110个村民小组共7645户35319人。

通过片区综合扶贫开发项目的实施，有力地推进了者米拉祜族乡片区基础设施、产业培植、社会事业等各项建设，有效破解了住房难、出行难、饮水难、用电难、增收难等问题，进一步缓解了交通、水利等基础设施瓶颈制约，为产业发展奠定了基础。

拉祜族片区综合扶贫开发项目实施五年后，取得了实质性的成效：

在基础设施建设方面，有七大成效：一是通过实施安居房建设和改造、易地搬迁等项目彻底解决了苦聪人住房难问题。二是对苦聪寨子实施美化亮化工程，极大地改善了村容村貌。三是实施交通建设，将苦聪人通往外界的公路用水泥混凝土或沥青进行硬化，打通了苦聪人出行难的问题。四是实施水利建设，提高供水能力，解决群众饮水困难。五是实施通电工程，解决群众生产生活用电问题。六是推进基本农田建设，解决群众温饱问题。七是实施能源建设，改善农村生态环境。

科技现场培训（金平拉祜族片区综合开发办公室　供图）

向苦聪人发放香蕉苗（金平拉　　　向苦聪人发放草果苗（金平拉
祜族片区综合开发办公室　供图）　祜族片区综合开发办公室　供图）

　　在社会事业方面，有三大成效：一是教育教学条件得到巨大改观。二是文化设施得到加强。三是医疗卫生条件得到极大改善。

　　在产业培植方面，有三大实效：一是种植业上，推广杂交水稻、橡胶、香蕉、草果、油茶种植。二是养殖业上，帮助建设规模养猪场和农户建设猪舍，促使母猪和仔猪养殖具备一定规模。三是鼓励苦聪人外出务工，在劳务输出上有新突破。

　　在各级领导的关心帮助下，在县、乡两级党委和政府艰苦卓绝的努力下，苦聪人的生活再次发生了翻天覆地的变化，他们迈向幸福生活的步伐更加坚定了。李云之前定下的交通"四纵两横"工程基本实现，只差其中的"一横"了，王熊华的这支接力棒接得不赖。但他对自己当年的工作并不满意，他说自己想做的还有很多，但是因为组织需要，他离开了者米乡，一些想实施的项目没能完成。他总结到，拉祜族片区综合扶贫开发后，扶贫工作还需要抓好以下几项工作：一是进一步提高认识，切实重视和抓好拉祜族片区综合扶贫巩固工作。二是按照精准扶贫的要求，善始善终抓好后续项目的稳步推进和管理，使项目顺利进行，画上圆满的句号。三是加强基层组织建设。四是积极探索产业后续发展模式。

　　和李云一样，王熊华把自己的根深植于人民群众当中，每次离别，都

向苦聪人发放橡胶苗（金平拉祜族片区综合开发办公室　供图）

要流下难舍的泪水。可喜的是，他们把自己总结的经验毫无保留地传给了下一任领导，为脱贫攻坚打下了坚实的基础。也许冥冥之中自有天意，接任王熊华的正是他的亲妹妹王秋洁。

　　我想，历史不会忘记脚踏实地为民办事的基层领导干部，正是他们把党和政府对"直过民族"的关怀落实到了广大人民群众身上，我们应该向他们这样务实的基层干部致敬！

女书记啃下最后的硬骨头

2013年11月3日，习近平总书记在湖南考察时，在湘西十八洞村提出了"精准扶贫"的重要理念，为新时期中国扶贫工作指明了方向，从此全国开启了精准扶贫、精准脱贫攻坚战。

在攻坚战打响之初，金平的苦聪人已经基本完成了"两不愁三保障"的目标，只剩下硬骨头中最难啃的那几块了。

再难啃，也要啃下来。

一次采访中，我们的车停在了盘山公路上，摄影师操控着无人机在高空旋转。俄而，一幅绿茵中盛开着粉红色花朵的大画面闯入了无人机的镜头。那红绿相间的靓丽画面顿时让我们惊愕不已！无人机来了一个特写镜头，这次我们看清楚了——那绿色是山梁的底色，那些粉红的花朵是依山而建的一幢幢乡间别墅。这些乡间别墅，正是金平县者米拉祜族乡河边寨村委会水田村民小组苦聪群众刚建的新房。

水田村民小组，位于者米乡政府驻地东部，距中越边界只有14千米，为者米乡河边寨村委会老林脚二队村民小组整村搬迁安置点。原居住点距离新搬迁点3.2千米位置极为偏僻，不通公路，不通电，不通水，没有学校、科技文化活动室、卫生室等，村民居住的房屋破烂不堪，大多数均为杈杈房以及用石棉瓦搭建的简易棚，村民身体素质、文化素质较低，生产生活方式十分落后，全村处于绝对深度贫困状态。

水田村（钱聪　摄）

为认真践行习近平总书记"全面建成小康社会，一个民族都不能少"的谆谆嘱托，2018年水田村被列入易地扶贫安置工程之一，开始了她凤凰涅槃的新生！

说起水田村的涅槃新生，和者米乡现任党委副书记李明星的努力分不开。

早在2010年5月，李明星就到过老林脚二队。那是一个酷热的夏季，山梁子上，无法长高的小树小草们，经不住太阳的酷晒，纷纷收敛了枝叶。有蝉从山湾里传来了一串串叫声，令人心烦。裸露在阳光中的山路黄泥巴被暴晒得干翘翘、硬邦邦的，硌得脚掌疼。地表的温度超过了40摄氏度。

五个头戴草帽的人不停地甩汗，向山上艰难地爬着。一个下穿八分牛仔裤，上着薄如蝉翼、粉红色衬衫的少女，塑料的遮阳帽下，红扑扑的脸蛋上爬满了汗水的沟纹。这就是时任者米乡宣传干事李明星。其他几位是县委办主任和乡党委书记、乡长。他们此行的目的是去者米拉祜族乡最边远、最偏僻、最贫穷的苦聪寨子——老林脚二队调研。

爬坡的队伍爬完一个小山包，下到了一条小箐沟里。箐沟里修竹茂盛，有清泉潺潺流着。走在后面的宣传干事李明星突然感觉头昏，脚软无力，一团东西从胃中蹿起，直冲喉咙。她咬着牙，将摄像机放在草地上，转身消失在绿荫中。

她前面的乡长见状，提起了摄像机，说："小李，不要慌，小心有蚂蟥嘎。我们在前面休息等你。"

李明星右手捂着嘴，没有回答乡长的提醒。她冲到小溪边，"噗"地喷出了口中的秽物。蹲下，双手合拢成瓢状，捧起溪水吸进嘴里，又"噗"地吐了出去。如此三次，她从牛仔裤的裤包里摸出一支藿香正气水，抠开胶盖，倒入口中吞下，又双手合拢舀了一捧溪水喝下。

一队人又开始爬坡，向着还在高处的寨子进发。终于到寨子了，可是这哪里能称为寨子呀？就是稀稀拉拉的几间田棚嘛。

经了解才知道，老林脚村的苦聪人嫌政府盖的房子离自家的水田远，便把屋顶的瓦拆下来，带到田棚里围起了简易房，就在这里生活了。现在是大白天，人都进山去了，寨子里除了几位老人，没找着一个管事的。

李明星和县委领导走访了田间的几户人家，除了一个火塘、一口做饭的铁锅、一张用手臂大小的圆木头搭起的床，屋里别无他物。

这次走访给她留下了深刻的印象：老林脚的苦聪人实在太穷了，但这穷是有原因的，那就是思想落后造成的。

她心底暗暗发誓，一定要通过自己的努力改变他们的生产生活条件。

她之所以会对苦聪人的贫困现状痛心疾首，也是有原因的：

"我母亲是兴发岭人，我父亲从师范毕业就分来者米工作了。当时我爸爸是老师，我妈是他的学生。我外婆非常支持母亲读书。1977年，我外公38岁时去世了。因为家庭的变故，我母亲就不能来读书了。学校老师去了好多次劝返才复学，直到初中毕业。那时，我母亲年纪有点大了，14岁才读二年级，初中毕业时20岁了。初中毕业第二年就跟我爸爸结了婚。后来就有了我们几姊妹。生活很清苦。"李明星说。

怪不得呢，她身上烙着苦聪人的印记，血管里流着苦聪人的血啊。

我们采访组一行三人从水田村采访结束，拍了外景回来，在者米乡机关食堂的小饭桌上用过晚餐，放下筷子，打算就在桌上采访她。来机关食堂就餐的政府工作人员像打仗一般，三下五除二地吃完了碗中的饭菜，走进乡办公大楼，亮起办公室的灯，就伏案工作了。这天是2020年4月8日，是金平县准备迎接脱贫攻坚第三方考核的前三天。夜里10点，我们对李明星的采访仍在进行。

李明星说，2011年，在者米拉祜族乡片区综合扶贫开发工程实施的前一年，县委、县政府高屋建瓴，在者米拉祜族乡开展了"一村一规划"工作。李明星和她所在的工作小组负责老林脚二队的规划工作。他们白天在炎炎烈日下拉皮尺、敲桩子、做记号，夜晚在割胶用的头灯导引下入农户、填表格、做计算。在短短的五天里，完成了丈量、画图、计算等各个环节，做出了一分详细的规划图。

2012年底，片区开发终于有了喜讯：中共红河州委、红河州人民政府同意用2.3亿元开发这个项目。听到这个喜讯，付出了辛劳和汗水的李明星心里也着实高兴了一回。她以为，这回老林脚二队的住房终于可以改善了。没想到片区综合开发工程实施以后，一方面，因为老林脚二队和旁边老普寨没有通公路，工作难以开展；另一方面，按工程规定，每户需出资金1万元。基于贫穷，苦聪同胞在规定时间内实在筹不出钱，他们只好把该寨子的工程时间往后延，作为最后的硬骨头来啃。

直到2018年8月，在全国决战决胜脱贫攻坚的最后冲刺阶段，老林脚二队才被列为易地扶贫搬迁安置点，在距老寨子3.2千米的水田实施安居建设。此时，李明星已是乡党委副书记了，成了驻村工作队队长，担起了负责这个搬迁点工作的重任。

进入水田的毛路挖通后，车子还是进不去。那段公路的土质是沙土，塌方非常严重，工地施工物资无法运入，严重影响了工程进度。为此，李明星组织村民去挖，但思想落后的苦聪村民表示反对，认为公路的开挖是政府的事，维护也是政府的事，房子也是政府要盖的，为什么要他们出力？有人甚至放话说："我们一家六七个人住一小间房子，祖祖辈辈就是这样的，为哪样硬要我们改变呢？"

李明星为此专门召开"院坝会"。虽然她是拉祜族人，但她不会讲拉祜族话，只会讲哈尼话。她在会上用一半汉语一半哈尼语说："我不知道我讲的话你们能不能听得懂，如果听不懂，等会儿叫村干部翻译给你们听。公路挖通了，你们的房子盖起来了，生活就会好起来。我跟大家都是一样，也是苦聪人，不信的话我可以把身份证拿出来给你们看。"

李明星边说边打开随身带的包，拿出了身份证，放在一张吃饭的小桌子上，继续说："我从小就认得，如果不读书，就只能干点农活，这样就和你们一样啦。为什么我们拉祜族的这个寨子得不到发展？就是因为大家没有文化，落后于其他民族。看到你们这样，我很难过。"

讲到这里，李明星突然站起来，一双大眼扫了一圈参会的群众，增大音量说："我现在领的工资是多少，你们晓得不？抵得你们去外地打工的两三倍。我现在每个月拿到手上的工资是8000多元，加上社保、公积金等，每个月应发的工资是10000多元。你们哪个敢站出来跟我讲，你们的工资收入比我多，站出来，怎么一个也不敢站出来。我们大家都是苦聪人，为什么我能站在这里给你们讲这些道理？这都是因为我从小的努力，从小就对未来生活充满期盼。不像你们现在一样，十三四岁就想着嫁人，十五六岁就想着讨老婆。这样的想法一辈传给一辈，一帮接着一帮，最后大家不走上绝路才怪啊！过去你们吃不饱肚子，穿不上衣服，住不起好房子，那是过去。现在党和政府修公路进来，拉东西为你们盖房子，想让你们过好日子。公路掉点泥巴下来，车子过不了，叫你们大家出点劳动力挖一下，你们都不干，你们对得起哪个？"

"书记你说，叫我们咋个干？"

"要说咋个干，走，拿起锄头跟我走！"

参加"院坝会"的群众，不知道是被李明星的话语打动了，还是被她的动作和声音吓着了，不管怎么说，大家拿上锄头等工具，跟着她到了公路塌方处，花了不长的时间，就把塌方处的泥沙清理干净，被挡住的物资车又重新点火起步了。

"那天在院坝会上，我讲了很多。看得出讲到他们心里去了，有了共鸣。就这样逐渐与他们搞好了关系，他们也逐渐认可了我。寨子里面有哪样问题，有哪样困难，都会打电话给我了。我的电话是公布给他们的。我说我就是来为大家服务的。"

在水田村开展工作的过程中，李明星和水田村的村干部建立了深厚的干群关系。2019年11月29日，水田村小组长王小三家在蒙自读书的儿子王龙西娃娃不知道是什么原因，经常会出现突然晕厥的情况。有天晚上发病了，班主任就将他送到了州医院治疗。10点多的时候，通知到了家长，叫家长去蒙自照顾。王小三自己没有车，亲戚也没有车。他带着哭腔打电话给李明星说："书记……"

李明星觉得奇怪，为何这么晚了还打电话给她。

"咋个说啦，王组长？"

"书记，我小娃在蒙自生病啦，晕过去啦。班主任打电话叫我去照顾，是个什么情况都认不得，我又没有车，咋个整都认不得啦！你给能找辆车，送我出去一哈？"

"王组长，你不要着急，我想想办法，等我的电话。你安安心心的，不会有哪样事。"

李明星叫他不要着急，其实她心里更加着急。因为天太晚了——差不多11点了，又不是白天。这种情况，派乡上的公车有点不合适，她自己第二天事情很多，无法开车出去，思来想去，突然想起了者米乡有一个开车拉人的"滴滴"群，她就在他们群里发了个群聊："不好意思，这么晚了，有没有师傅愿意跑蒙自的，我这边有个村干部的小娃生病，要急着赶去蒙自。"

向阳村的一个师傅说可以去，单边的车费至少要800元。李明星说："行，就给你800元。你到三棵树过去一点勐拉地界上等着，那人从老林脚二队下来。他是村组长，小娃在蒙自病重，已经住进医院了，请你送他到蒙自。"

还好，王小三的小娃那天晚上在州医院治疗后就好转了。事后，李明星帮村干部垫了800元的车费。垫钱的事，如果不是我们专程采访，哄着她讲故事，怕是要烂在她的肚子里呢。

2020年3月的一天傍晚，已从蒙自放假回来的王小三儿子到老林脚一队打篮球玩。突然又昏过去了。王小三没有办法了，又打电话给李明星："书记，我娃娃在一队打篮球又昏过去啦，现在车都没有，咋个办啊？真是急死人啊！"

听说这个事，驻村干部苦自华立即从水田村赶到老林脚一队。他打电话给李明星说，拿自己的皮卡车送。李明星还是有点担心，怕路上会出什么问题，于是就打电话给三棵树的村医马振产，让他辛苦陪他们出去一趟。

苦自华到三棵树接马医生，夜里12点多钟到金平县人民医院。第二天，李明星打电话问，听说娃娃没有什么问题了，早上再输点液就可以回来了，她才放下心来。

在水田村，有7户独人户，按照易地搬迁的政策来说，独人户要安置到乡政府所在地。房屋是楼房，一人住一间。水田的7户独人户，年纪都偏大，乡干部去做工作的时候，这些人都说他们要自己住，自己生活，不愿意集中到乡上安置。

征得上级的同意后，决定为他们单独划了一个片区，盖一栋房子，隔出几间来，让他们各开各的门，各进各的家，但这样他们还是不愿意，原因是他们都有自己的宅基地，要求在自己的土地上盖。报经省州同意后，就按照标准在他们自己的宅基地上盖。其中，有一个老人叫白光姆，她没有宅基地，没有子女，81岁了，已经享受高龄补贴了。她就说："政府，我不要房子了，本来我也没有宅基地，我就住我的小棚子算了。"

这怎么能行呢？别人家家户户都盖了钢混的房子，能把她一个老人丢在那里不管吗？李明星就帮她找宅基地，通过在寨子里摸排，发现普阿翁家有三个宅基地。一个用来盖房子后，还剩有两个。普阿翁家有两个儿子，但都还小。他家另外的两个宅基地是留给儿子以后分家用的。

"我们去跟他协调，做了好几天的工作了，就是做不通，他就是不让。有一次我想好了一个办法：到他家喝酒，在酒桌上直接把问题摊开。"

普阿翁个子比李明星高一点，瘦瘦的，是水田寨子有名的酒鬼。有人说苦聪人的"幸福指数"只要有吃的就高了，要是有酒就会更高！还在老林里没有搬出来的时候，民族工作队队员到了普阿翁的家——也就是一个用竹子搭盖的简易窝棚。已经是傍晚时分，普阿翁还在火塘边呼噜噜睡大觉。他老婆说早上他喝了酒，就一直睡到现在啦。工作队队员摇醒了他。问他大白天的咋个不去干活计，只管睡大觉？普阿翁双手揉了几下被酒精烧得发红的双眼，慢吞吞地说："喝酒好啊，喝醉了就好睡一天，还省得吃饭。"

普阿翁他们搬出老林后，这些年又有了低保。每到发低保的日子，普阿翁就背了一个容量为20升的白塑料桶，在街上的商店里打满低价高度酒，背回家去，一家老小都喝。普阿翁喝酒有个习惯，一定要拿碗喝。

"拿碗嘛口子开，嘴巴好斗碗口，喝起来一大口就滑溜溜地下去啦，喝醉都不认得。"

其实普阿翁的酒量不是"海量",属于"一杯小酒干三天"。他劝别人喝酒,总是先抬起碗来请你干一口,自己先沾一下嘴皮,随即低头夹菜,嘴里不停地说"吃吃吃嗷"。至于说有多厉害,那就不得而知了。但是,普阿翁在寨子里"酒鬼"的名声是相当有名的。

普阿翁听说乡政府来的小姑娘要来与他喝酒,心里不禁动了一下。

"老普哥,我要来你家喝酒!你不要觉得好笑,到时候哪个先翻都还认不得呢!"

"好嘛,一样菜都没有咋个整?"

"你家不是养得有鸡嘎?杀只鸡嘛。"

"鸡倒是有呢。"

"好,你杀鸡,鸡钱我来出。"

普阿翁把圈里养的鸡杀了一只。李明星来的时候他正在摆碗筷。李明星掏出一张50元的绿票子,啪地压在桌子上,说:"老普哥,来,先把鸡钱收好,等会儿酒醉了不会收啦。"

"小李妹副书记,我是开玩笑的,一只鸡嘛就算啦。"

"不行。你拿着。鸡钱我出,党员干部说话要算数!"

普阿翁把酒碗摆上桌,碗上有好多污垢。李明星打量了一下说:"老普哥,你家这些碗黑漆漆的,叫我咋个喝?别人说我们苦聪人落后,怕也不能落后到一年四季连碗都不洗啊!"

说完把桌上的酒碗摞起,问普阿翁给有洗洁精。他说有的,并拿出一小个细长的塑料瓶子。李明星倒了一些在碗里,泡沫是有的,碗上的污垢就是洗不掉,说明污垢积得太久了。她就去撮了一点火灰来,用火灰擦了好几遍,污垢才被擦掉了。

"医生说病从口入,你们吃的碗筷一定要洗干净,不能真的这么落后啊!"

"好，妹子书记，我们下回一定洗干净。"

酒喝开了。李明星喝了三碗才说："老普哥，趁现在我还没有醉，有件事情我要给你说清楚，你也要认账哦！"

"你说嘛，你一个姑娘家敢来和我喝酒，我敢不听你的？"

"你老普哥也是一个见着老熊不说是豹子的人呐。那个老人家年纪大了，孤独一个人住。你有宅基地，你先让出来，让她补你一点钱。我们苦聪都是一家人，你什么时候见过一家人有困难不帮的？来，妹子我再敬你一杯。干！"

"哦哟哟，你个小姑娘真的要把我老酒鬼干翻？吃菜。"

普阿翁放下酒碗去夹菜。右手有点抖，夹着的鸡肉差点掉了，他立即用左手心托住鸡肉，手筷一起送到嘴边咬住，嚼了几口吞下，说："妹子，你说的那件事我想了好几天啦。宅基地我可以让，但老人家补的2000块钱我就不要啦，如果以后老人不在了，那房子就给我们使用。如果可以，我就出让宅基地。"

"阿哥，我都酒多啦，但是酒醉心明白。你提的条件，等我召开群众大会，因为这是集体的房产，大家同意了就可以了。来，妹子再敬你一杯。干！不干不是汉子！"

普阿翁双手颤颤抖抖地抬起碗来喝，酒没有进嘴唇，分岔成两股流到胸口上。他把碗底翻上来，嘭的一声，碗掉到了地上，却没有砸烂。普阿翁趴在桌子上睡去了。他老婆用哈尼话说了一句"总有人治得了你"。这话应该是说给李明星听的。

但李明星并没有听清楚，她的头像被鸡啄一样地痛。

"南马老师，他们的那种酒我喝不来，是那种10块钱买得一大桶，喝了上头。我头疼三天啦！不过是他先翻。"

"小姑娘书记把老酒鬼干翻啦！啧啧，还是乡上的人厉害啊！"

可以说，寨子喝酒的人们"奔走相告"，李明星的酒功得到了一致认可。

后来李明星召开群众大会，在会上把问题说清楚了。群众认为，只要普家把宅基地让出来给老人盖房子，老人过世后房子就给他家使用，这个困扰多日的问题终于得以解决了。

2019年春天，水田村安居新房盖好了。搬迁入住时，李明星当时还兼了乡妇联的主席，她就组织乡、村两级的妇女主任到他们寨子上召开洗碗的现场培训会和收家治家培训会，把洗碗和收家的办法、技巧教给了大家。

"我自己出钱去买了洗洁精、洗碗丝、洗碗帕，三样东西装成一份，每户发了一份。我们把各家妇女召集到球场上，现场培训洗碗筷，会的就在那里笑，不会的就在那里学。"

水田村的苦聪人搬进新家，过上了新生活，可村里的事情还没完。一

水田村的新生活（虹玲 摄）

次，李明星接到了一个电话。

"书记呀，我……我问你个事。"

"哪样事你说嘛，不要吞吞吐吐的。"

问李明星话的是水田村护林员、护村队长王小大。

"书记呀，我觉得很奇怪，其他护林员个个都发工资啦，就是我的不发啊！都四个多月啦！"

"怎么说？你还没有拿到工资？别急，你继续干着，我也奇怪，我去查一下。"

"护村队"是按李明星的要求在寨子里成立的。在这个护村队中，按政策可以安置公益性岗位，有保洁员、护林员等。保洁员的月工资是500元，护林员的月工资是650元。村里认为王小大这个人有能力带这支队伍，就把名单报上去了，结果报上去的名单与县里下来的文件就不一样了——没有王小大的名字。

李明星只好让乡林业站和劳保所的人去查。一查才发现，劳保的这边是把王小大的老婆报为保洁员。县上说一家人只能定一个公益性岗位，所以就把王小大剔出去了。王小大在水田村已经干了四个月的护林员工作了，他很有能力，是护村队长，积极配合驻村工作队完成不少急难险重的工作，大大减轻了工作组的负担。

负责水田村搬迁点工作的队员们专门开会，研究如何解决王小大护林员的问题。

李明星说："这个必须要让他干，苦聪山寨能有一个这样既听党的话，又能为群众办实事的人还真的不多。大家发表下意见。"

"我认为，还是必须由他来带领这支队伍。"驻村队员苦自华的态度很明确。

有人提出来，王小大前面干的这些报酬怎么办，谁来负这个责。

"王小大名单上报的时候，我们没有协调好有关方面的关系，造成工作失误。我是党委副书记，又是这里的工作队队长，我有不可推卸的责任。关于王小大前期工资，你们算一下，从他开始带领这支队伍到现在干了多久，工资合多少，我现在拿出来先发给他，然后我们再补报他的名额。这事大家对外就不要说了。"李明星主动承担了责任。

护林员的月报酬是650元。王小大在护林员岗位连续干了四个月。李明星拿出2600元给王小大。后来，工作队按照相关程序再次将王小大的名字上报，县里批了下来，王小大的护林员工资终于有了着落。

"这笔钱就是我垫了。我作为水田村的驻村队长，我觉得这也是为老百姓办了一件实事。"

李明星的这种行事方式和作风，应该是"汉子行为"吧？可是，她又是一个实实在在的女人，关爱着水田村的孩子们。

在水田村有两姐弟，姐姐叫白么先，15岁，弟弟叫白兴黑，13岁。十年前，父亲撒手人寰。父亲刚去，其母亲就像人间蒸发一样不知去向。有人说是跑到了边界的那边去了，有人说是跑到浙江嫁人了。众说纷纭，弄得两孩子的姑妈蒙了，她收留了两个可怜的孩子。

姐弟俩在姑妈家生活，但因为他们的亲妈还在，姑妈在严格意义上说还不是法定监护人。因此，姐弟俩在户籍和教育上遇到了很大的问题。李明星带着孩子的姑妈和两个孩子专门跑了派出所。派出所答复说这是个历史遗留问题，要解决得一步一步来。

"我们叫学校这边先安排白么先和白兴黑进去读起书，我们想办法再去解决户籍问题。"

落户需要解决他们姐弟的年龄问题，李明星与苦自华跑了好些单位，花去了好多的时间。挂钩水田这户的干部是县发改局的戴航。他与李明星他们跑了不少路程。公安、法院、民宗、统战等部门都联系过了，最后确定通过做骨龄鉴定来解决问题。

做骨龄鉴定的时候很是麻烦，各种材料报到省公安厅才能审批。通过努力，白么先的年龄改回来了，户籍也落实了。但是学籍又改不动了。现在的学生，一人终生只有一个学籍，实在改不动，只能顺其自然啦。

除了这些，新问题又出现了，这两个孤儿的抚养怎么办。父亲死了，母亲跑了，根据现行政策，准备以"事实孤儿"给他们申报抚养费。如果申报成功，一个孤儿一个月的抚养费是1000多元，他们两姐弟一个月的生活费用就没有问题了。李明星接着又跑了公安、法院、民宗、民政等部门，法院这边答复说，如果情况属实，是可以申报"事实孤儿"的。谁想到，就在李明星他们快办完最后一道程序时，孩子的母亲突然现身了，说是来看娃娃一眼。那狠毒的母亲呀，看过了又走了，同样如人间蒸发一般，不知去向。

"我们的申报就只好终止啦！你看，多气人啊！这事把我气憨啦。两个事实上的孤儿啊！这样一来，我们的努力就前功尽弃了！"李明星苦笑着说。但我们知道，她心里一定还没放弃，只要有机会，她还会再为那两个孤儿搏一搏，因为她把他们当成自己的孩子。

水田村的易地扶贫搬迁工程于2018年8月开工建设，2019年3月20日搬迁入住。实施安置房建设53幢，入住率为100%。全村53户185人的住房安全得到了保障。共投资586.46万元实施了活动室、活动场地、太阳能路灯、村内道路硬化、挡墙、高位水池、饮水管网、垃圾池、垃圾箱、排污、公厕、化粪池、污水收集池、阶梯等建设，完善了基础设施建设。实施了入村道路硬化2.8千米，村民出行问题得到了解决。

"等了50年了，终于等到新房子住了！"水田村的老组长姬小二站在自家的新房前说的一句话，表达了全村苦聪同胞的心声。

给苦聪孩子当妈

精准脱贫，既要有饭吃、有衣穿、有水喝、有房住，还要有学上，确保贫困学子不因贫困而失学。在实际工作中，生活条件好了，学校建好了，老师配齐了，新的问题却出现了，有的孩子因早恋、厌学等原因没进学校读书，这可急坏了当地党委、政府和基层工作队队员。

9月开学，中小学统计上来的未到校学生有100多个。见到这么大的数字，把者米乡分管教育工作的党委委员黄方吓了一大跳！

脱贫攻坚"两不愁三保障"，上学有保障就是其中之一。者米拉祜族乡现在已基本实现了教育均衡发展目标，中小学、幼儿园的基础设施建设、教学设施设备和师资力量的配备都非常不错。有了这样好的教育条件，学生却不来读书，这不是和教育工作背道而驰了吗？用黄方的话来说："孩子辍学了，我们做教育工作的，对得起党、对得起国家、对得起政府吗？简单来说，我们对不起身边的苦聪同胞！西隆山的苦聪同胞从原始社会末期一步跨越千年，跨进了社会主义新时代，教育对他们而言，更是意义非凡。我们要做的就是要帮助他们，教他们走好好不容易跨出的这一步，走稳，走好，走顺，走入现代社会的大家庭。"

全乡的控辍保学工作必须清零！

这不仅仅是乡党委、乡政府的共识，更是全乡教育工作者不可推卸的职责。为此，乡党委、乡政府整合了全乡人力资源，成立了专门的控辍保学工作组，对未报到学生进行了全面的拉网式排查。

首先是通过网格员和老师入村做工作，把那些犹豫中的孩子送进学校。还剩下那些厌学的，思想工作难做的，黄方就带着乡中心校和乡中学的两个校长一个寨子一个寨子去跑，到学生家里做家长和孩子的思想工作。

有一天，他们来到营房村，这个寨子六年级毕业升初中的孩子基本上一个也没有来上学。第一次去，孩子们就像哑巴一样，一句话都不肯讲。面对木头一样的孩子，黄方既心疼又愤怒。第二次去，孩子们跑去躲了起来。他们躲在家中，把门反锁起来，任黄方他们怎么苦口婆心相劝也不肯出来。第三次去，他们的车刚停稳，孩子们就往后山跑了。后山全部是原始森林，孩子们跑得像野兔一样迅捷，他们根本无法追上。在山上找了一个多小时，连影子也没有看见。

三顾茅庐，孩子们都不给面子。黄方想，你们这些毛孩子，真是不读书不懂理，比诸葛亮还牛。要不是为他们的前途着想，她费得着这个劲吗？他们的家长大部分都是20年前搬出原始森林的，绝大部分都是文盲，她实在不忍心再看着他们的下一代还是文盲啊！在这个科技日新月异的时代，没有文化简直不敢想象要怎么生活下去，如果他们辍学了，不就又变成下一代贫困户了吗？

不行，坚决不能让他们放任自流！黄方暗下决心，一定要把这帮孩子送进学校。

第四次去，黄方就命令把车停在寨子下方，他们悄悄地走路上去。但孩子们眼尖，还是看见了，又跑去躲了起来。幸好这次他们逮到一个孩子。

见自己被逮到，那个女孩子挣扎着想挣脱她的手，见到村组长来了才安静下来。她抓住时机做小姑娘的思想工作，劝了半天她还是不情愿去上学。

黄方说："不行，你今天必须去学校，去住校。"小姑娘可怜兮兮地看着她，眼泪都要滚出来了。黄方带着她去家中收行李上学，见到家里只有一两件衣服，被子和床单也没有。这个一贫如洗的家庭，让她感慨万千，更加意识到教育对他们的重要性。于是，她不管孩子情不情愿，坚决要带她回校上课。

就在他们要离开寨子的时候，那个女孩开口说话了，告诉他们其他的孩子躲在什么地方。黄方问她是否愿意带他们去找其他小孩，让他们和她一起去学校上学。女孩子不愿意自己单独去上学，就同意了。那天，在女孩子的带领下，营房村那群不愿上学的孩子全都找到了。

他们把十几个孩子带到村里的活动室，一一做他们的思想工作，给他们讲外面的世界，讲读书学习的好处，孩子们眨着天真的眼睛用心听完，终于同意去上学。

听到他们大声喊"我要上学"时，黄方禁不住热泪盈眶。但她还是不放心，亲自带着校长一家一家地去帮孩子们收拾行李，但除了几件衣服，什么也没有，只好请了一辆车拉他们去学校。

一路上，黄方跟坐在身边的小女生讲外面的世界，并拿出手机来搜出了大城市和各行各业的照片给她瞧。对她说："你们读完初中，考取了外边的学校，去了就可以不用回到大山里生活了。"这时，那个小姑娘才和她说了实话。说他们其实也想上学，可是去学校，其他的同学就会笑话他们。黄方赶紧问她为什么。她说，别人说他们身上臭得很。黄方松了一口气，说："那倒不用怕，可以去我那里去洗澡，我那里宽得很呢，洗完后香喷喷呢。"

到学校后，孩子们都没有行李，黄方赶紧协调一个爱心老板送了些被子给他们。然后，她叫李校长领3个男生去洗澡，自己把那些女孩子带到宿舍里洗澡，洗完澡夸她们身上香得很，孩子们都很兴奋。

晚上7点，孩子们要上晚自习了，有的孩子没有鞋子穿，她把自己的鞋子分给她们，有的孩子没有衣服换，她又翻了几件衣服给她们换上，叫女生们第二天来找她，因为那几天乡妇联刚好从县妇联那里拉了好些捐助的衣服来。

女生来了，黄方就领着她们去找了一些衣服，让她们拿回去后洗洗再穿。那天下课后她们就来找她，说周末她们不回去的时候想住在黄方家，问她可不可以。面对天真的孩子们，黄方自然无法拒绝。因为她们回一次家车费就要50块钱，家里承担不了这么多路费。但是没想到，她们只来上了一个星期的课，回去村里后又不来上学了。

第五次到营房村把孩子们接到学校后，黄方辗转反侧，夜不能寐。究竟要用什么办法才能把孩子们留在学校读书呢？

思来想去，她终于开悟。这些孩子的家长不是外出务工，就是在深山草果地里忙碌，平时都顾不上他们，孩子们现在缺的不是吃的、穿的、住的，他们缺的是爱。

黄方决定用爱去感动他们。于是，她就领着孩子们去街上买了牙膏、牙刷、拖鞋。她发现有个小姑娘来了例假，就悄悄为她买了护理用品。回到宿舍，孩子们就说，从来就没有人对她们这样好过，她们很感动。黄方住的地方有三室一厨一卫，有一间不住，被她做成了衣帽间。乡里的陈副乡长说他那里还有一张床，用不着了，就搬了过来。小姑娘太多了，还是住不下，黄方又叫中学校长搬了两张高低床来。就这样，孩子们周末就在黄方家里住下了。

讲到这里，她停住了。我们好奇地问："接下来呢？"

她笑了笑，说："接下来发生了几件啼笑皆非的故事。说句实话吧，她们去我那里住下后，我发现她们脚上、身上太臭了，头发也臭，为了换气，我连房间门都不敢关，防蚊的纱窗也是拉开的，怪不得她们的同学要笑话她们。但是我怕伤她们的自尊心，没说什么，只叫她们勤洗澡。到我那里住了两个星期后，她们就开始变了。我的布衣柜里衣服折得整整齐齐的，挂得好好的。她们学了我的生活方式，后来我到她们家中，她们的房间就感觉像我的宿舍一样整齐了。"

我对在乡政府工作的小姑娘们说："你们不穿的衣服拿来给我，我拿去给我的那些干姑娘去。她们就一袋一袋地提了来，我再分给姑娘们穿。今年（2020年）过年的时候，我去她们寨子，我工资也不高，我包了15个红包，每个装了10块钱在里面。她们说从来没有收过压岁钱，非常高兴，也很激动。看着她们开心的样子，我内心也非常满足。"

"刚才你说她们是你的干姑娘，那你这个外来媳妇，什么时候当上了苦聪干妈的？这中间有故事吗？"

面对我们的穷追不舍，桌子对面的黄方喝了一口茶水，再次道来——

她记得有个星期有5个孩子没有回去，就来她那里住。黄方带她们到机关食堂吃饭，教导她们吃完饭后要洗碗、扫地、抹桌子，甚至在吃饭前去食堂帮忙择菜。还说她们吃饭不交钱，要干一些力所能及的事。有个叫白明的学生就说："您对我们太好了，我们就叫您干妈吧，咯行？"从那时起，她们就叫黄方干妈了。

有一次，黄方下乡回来，她们写了一篇作文给她，说是专门写给她的。她写的那篇作文题目叫《原来快乐一直在我身边》，作文写道：

> 我跟一位乐于助人、善良的干妈住在一起，她对我们很好，就像对待自己的孩子一样……人生中有很多快乐，帮助别人很快乐，别人帮助我，我也很开心快乐，原来快乐一直都在我的身边。

黄方读后很感动。还有个孩子画了一幅画送给她，说："干妈，我画得不好看，希望您能收下。"她们寨子在高山上，那里不能种香蕉，河边寨的村主任送了一串给她们，她们舍不得吃，提过来给了黄方。那天她真的是太感动了，她们懂得了回报。

但是，和孩子们的相处，并非一帆风顺，时间长了，她和她们也会有小摩擦。

有一个白天，她们在黄方宿舍玩。黄方下乡回来发现她的一把梳子断了。那是一把檀木梳子，是她和丈夫的定情物。她就问她们是谁把她的梳子弄断了，孩子们回答说，一个都没有整。她生气了，就说："你们几个好好想，我的梳子在那里它自己会断？"说完她就去办公室加班，待了近一个小时才回去，孩子们小心翼翼地跟她说："干妈，对不起，我们打闹的时候，把你的梳子弄坏了，我们没在意，只是把它捡了起来。"见到她们认错了，当时她就原谅了她们，打算回城的时候拿去店里修复。没想到那几个孩子离开后，又来了几个孩子，将她收在桌上的断梳子丢到了垃圾桶里，并提出去丢进了垃圾池。等她外出回来，不见了梳子，急得去垃圾池找，最终还是没找到。但她没法责怪孩子们，她的定情物在孩子们眼里，确实只是一把断了的废梳子呀！

有一次夜间，黄方睡下了，在床上听见她们起来喝水。她突然间想到她们会不会拿她的口缸喝水呢，爱干净的她起来一看，她们真的拿她的杯子喝水啦。那个杯子是她在新兵连第一次发津贴时买的纪念品，用到现在有十多年了。她见她们随便拿她的杯子喝水，有些生气，便问她们："为什么拿我的杯子喝水？"她们说口太渴了。想到她们在家中可能是习惯乱用杯子的，黄方就说："不能随便拿别人的杯子喝水，如果有传染病就会传染。这里有几瓶矿泉水，你们喝完了可以拿瓶子去接水喝，不能用别人的杯子喝。"普及完卫生知识，黄方就叫她们去睡了。她笑着说："对孩子们，我就在这两件事情上发了火，因为她们动的两样都是自己很宝贵的东西。"

"听说在你的13个干姑娘中，你打过其中一个小姑娘？有这种事吗？"

对于我们近乎刁钻的提问，黄方抬起头来，不安地看着我们："两位老师，怎么这事你们也知道呀？有个小姑娘辍学了，她父亲被拉去强制戒毒，她妈也失踪了，只有爷爷奶奶领着她生活。我去叫她读书，那天她拿钥匙去开门却怎么也开不开，于是就对她奶奶发火，口气特别不好，还拿钥匙砸她奶奶，看着太让人生气了，我就拉着小姑娘的手掌，用力打了一下她的手心，她凶巴巴地看着我，我接着说：'你咯认得我为什么会打你？因为你不孝顺老人，对老人态度太差了！你爷爷奶奶把你养大容易吗？'听我说完她羞愧地低下了头。在返校之前，她爷爷将身上仅有的45块零钱全部掏了给她。来到车上，我就问她：'咯感动？你爷爷身上只有这么点钱，全部都给你了。'回到我们宿舍，她说：'干妈你对我太好了。'我说：'我打你，你还说我好？'她说：'干妈，你打得对，是我错了。我不应该对我奶奶发火，更不应该拿钥匙砸我奶奶。我爷爷奶奶对我很好。'关于这个事有新闻媒体来问我，我说确实是出手打了小姑娘。我认为她们就是我自己的小娃，对老人那样，应该好好教育一下。"

黄方虽然只是孩子们的干妈，但她真的是把这些孩子当成自己的孩子，怕他们长大不成才，所以才会教育他们的。

她记得，有3个干姑娘来到学校都不愿进教室。那些老师和校长也没有办法，就打电话给她："黄委员，你赶紧过来瞧，你家3个干姑娘又不去教室了。"黄方一听也来了气，到学校去找到那3个小姑娘，问怎么不去教室，她们就说她们有点害羞，因为她们前面已有两三个星期没有来读书了。她亲自送她们进了教室，还特意交代老师，不要提她们没来上学的事情，只说她们是因事请假的。老师一一照办了，孩子们才放心地坐进教室学习。

者米仲春的夜出奇的静，乡政府驻地的者米河，也是静静地淌着。平时讲话像军人一样脆生生的黄方，现在的语速倒像是一位充满大爱的母亲。"有人说，你们干脱贫攻坚的很辛苦，这是不争的事实啊。"

"我现在有了两个孩子，与丈夫分居两地——他在金河镇任副镇长，分管扶贫工作，我在者米拉祜族乡任党委委员，一东一西，相距100多千米。自从脱贫攻坚决战冲刺以来，我们没有了周末、节假日。身为共产党员，我们没有什么可埋怨的，说起来是欠老人和孩子的太多了。我刚来乡镇的时候，老二还不会讲话，也不会走路。现在回去，什么都会讲了，满地跑。我生老二的时候是剖宫产，都是婆婆伺候的。后来干脆把孩子全都丢给了她，她身体不好，也是该被照顾的老人啊。今年春节，因为疫情影响，大年初二接到返岗通知，初三就风风火火赶回了者米乡上班。想想婆婆才是辛苦，而我的两个孩子也像留守儿童，想到这里我就……"

话没说完，黄方哽咽着别过头去。

我们都沉默了。自从五年前脱贫攻坚的号角吹响以来，不知道有多少母亲像黄方一样丢下自己的孩子，走向乡村、走向贫困户，为他们牵肠挂肚，把他们的脱贫当成自己最重要的工作，脚踏实地、加班加点地干，目的只有一个，那就是希望他们早一天脱贫致富，和全国人民一起迈进小康社会，实现伟大的中国梦。

者米是金平县唯一的拉祜族乡。拉祜族苦聪人是云南省9个"直过民族"之一，他们从原始社会末期一步跨入社会主义社会，至今还像一个蹒跚学步的孩子。在决战决胜脱贫攻坚战中，他们的脱贫要比别人付出更多的辛劳与汗水。在带领苦聪同胞冲锋陷阵的队伍中，有一支巾帼组成的突击队，展现着靓丽的风采，共产党员黄方就是其中之一。

然而，脱贫攻坚除了大爱、奉献和辛苦还不能完成任务，有时候，还需要举起法律的武器。

用上法律重武器

2019年9月28日夜间，滇南第一高峰西隆山北麓的山涧河谷，月黑风高。一辆只开了小灯的猎豹牌森林消防车悄悄驶到离河边寨村委会东风寨不远的地方就熄火停下。熄了车灯，从车上下来五个黑影，没人打开手电筒，他们高一脚低一脚，踩在乡村简易公路的泥巴上，朝寨子方向摸去。

摸在前边的是一位身手灵活的年轻女性，身着迷彩服和训练鞋，裤腿收紧了扣在脚踝处。长帽檐下，同样漆黑的眼珠溜溜地转动着。到了寨子边的岔路口，她停下脚步，转身对身后边的黑影们小声说："杨某黑（化名）不在寨子里，在木薯地棚。我们摸上去，大家不要出声。"

五个黑影来到一条小路上，猫着腰，悄悄地向前方摸去。

带领这支队伍的女子不是警察，正是黄方。他们此去，是要找到一位拉祜族苦聪人学生的家长杨某黑。

一年前，还在义务教育阶段就读的杨某玲突然人间蒸发。为这事，分管教育的乡宣传委员黄方跑了几次东风寨，进了杨某黑的家和木薯地棚不下10次，就是没有找到杨某玲的任何蛛丝马迹。

在脱贫攻坚战中，控辍保学，拔除穷根，阻断贫困的代际传播，是"两不愁三保障"的重要内容之一。义务教育阶段学生一个都不能少，少一个就不算脱贫。为此，者米乡党委、乡政府根据上级的安排部署，在全乡范围内组建了由教职工、村委会干部、驻村工作队队员和网格员组成的控辍保学工作组，于2019年9月24日对者米乡户籍适龄儿童少年进行了一次全面大排查。杨某玲就是在这次排查中冒出水面的。

杨某玲生于2006年，当时只有14岁。工作组随即对接了村小组长和杨某玲的邻居，都表示已经一年多没有见过她了，家长也是在深山的草果地里，偶尔才回来一次！好不容易打通了家长的电话，却说自己也不知道女儿去了哪里，处于失联状态！

黄方不相信杨某玲的父母真的不知道女儿的去向。为了找到她，这位曾经在司法部门工作过的乡党委委员把经验直接搬到了实际工作当中，在东风寨安插了一名线人。

这名线人，是杨某黑的生死兄弟杨某三。控辍保学工作小组入村的这个晚上，就是杨某三打电话给黄方，告诉他杨某黑从草果地回来了。

在一片坡地中间，生长旺盛的木薯丛中，一坨漆黑时不时眨一下微弱的光亮。那坨漆黑，是杨某黑家在木薯地里盖的临时棚子。

五个黑影摸到了地棚的门前，打开了手电筒。黄方敲门叫道："阿黑哥，开开门，我们是乡政府的工作人员。"

屋里没有反应，只有微弱的亮光像人的眼睛时不时眨一下。随行的民警轻步上到竹篱笆门前，轻推一下，虚掩着的篱笆门就开了。众人亮开电筒，只见杨某黑的媳妇一个人坐在火塘边，怀里抱着一个睡熟的婴儿。黄方问："怎么不见你家男人，他人呢？"

杨某黑的媳妇把怀里的婴儿抱紧，慢慢抬起头来说："先前还在的。吃过饭，他挨杨某三说野猪会来草果地，他们两个就去了，去时天还没黑。"

杨某黑家的草果地离寨子很远，在西隆山山腰的原始森林里。看来今晚他们俩是不会返回来了。

但黄方不死心，用手机给杨某三通电话："阿三，你说的地棚里杨某黑不在，你看一下他现在在什么地方。"

"黄姐，我真的晓不得杨某黑在哪点了。"

"你们不在一起？你不要给我装憨。你今天不找着杨某黑，我就把你送去拘留所！"

黄方的电话打出去没几分钟，就收到了杨某三的回话，说是杨某黑找到了，他和白老大在另外一个地棚里。他们找到杨某黑，可是不管怎么问，杨某黑总说不知道女儿的下落，天色已经很晚了，他们问不出个所以然来，精心策划的行动扑了个空，只好撤退了。

2019年10月的一天，黄方到了河边寨村委会，准备到东风寨了解情况。在三棵树街上，意外看见了杨某黑的小儿子。

"小老二，你要去哪点？"

"我要回家。"

"来来来，上车，我正好要去你们寨子，你们家。"

在途中，她有意识地问："你想不想你姐姐？她打过电话给你吗？"

"想呀，她前几天还打过电话给我爸爸，还跟我讲过话。"

听到这话，黄方的心里一亮。到了杨某黑家，只见到了他的媳妇。黄方就问她家姑娘去哪里去了。杨某黑的媳妇低头小声说："黄姐，我都晓不得姑娘跑到哪里去了？"

"你们不要再哄我了。今天在车上你儿子还说他姐姐和他通过电话呢。"

"那，可能到清河她大伯家了。"

黄方听了这话，判断出她在撒谎。因为之前她刚去过清河寨，找杨某黑的大哥了解杨某玲是否来过他家。

"没有来呀，一直都没有来过！"黄方到现在还真切地记得杨某黑大哥说话的眼神和口气。

从东风寨回来，黄方去派出所请求帮助。警察查了杨某玲的身份证，并通过大数据查询她的动态，意外发现她在2019年1月11日，跟随方云、方宏、李凡武三个人坐飞机到了内蒙古的呼和浩特。这几个陌生的名字，在系统中标注为杨某玲的"家人"。杨某玲怎么有了方云、方宏、李凡武这样的"家人"？他们去呼和浩特干什么？她会不会被拐了？

带着这些疑问，黄方第三次带领东风寨的网格员李群军、乡中学校长肖国炳两人，入户了解该生情况。经过对多名邻居的走访发现，杨某玲应该是被家长送到外省务工，但家长一直不透露实情！

黄方又接到了杨某三的电话，说杨某黑在自家的木薯地里挖木薯。黄方立即带领工作组赶到了东风寨，在河边寨村委会总支书记黎自祥的带路下，步行近一小时找到了正在挖木薯的杨某黑。他们费尽了口舌，但杨某黑坚决表示不知道杨某玲的去向。不得已，他们只好把杨某黑带到乡派出所，让他报案寻找。这时，杨某黑慌了，讲话吞吞吐吐、模棱两可，让黄方怀疑他把自己的女儿卖了。

这次在公安系统查询中，没有查到杨某玲的任何动向，她就像一滴水，消失在茫茫人海之中。

为了找到杨某玲，黄方带领工作组再次深入到周边的群众中走访。在对杨某玲姨妈的走访时得知，杨某玲于2018年初就被杨某黑送到安徽马鞍山打工，但不知道具体的联系方式。

种种迹象表明，杨某玲的"人间蒸发"，背后的推手就是其父亲杨某黑。要彻底解决控辍保学战役中杨某玲的入学问题，只用迂回包抄的战术肯定不行了，必须采用正面强攻的方式拿下杨某黑这个最后的堡垒！

2019年10月5日，工作组在东风寨再次找到了杨某黑。这次，工作组使出了浑身解数，也可以说用了软硬兼施的工作方式。杨某黑最终交代其女儿被他送到安徽马鞍山的一个糕点店务工。随即工作组在杨某黑手机里找到了蛋糕店老板的联系方式并取得联系，同时也找到了杨某玲！

瓜藤扯上了豆藤，事情终于要水落石出了！

在通话中，工作组给糕点店老板宣传了《义务教育法》《未成年人保护法》《劳动合同法》等相关法律法规，劝说老板配合一起劝返杨某玲。

原来，早在2018年初，安徽马鞍山的方某来者米，认识了杨某黑。方某唆使杨某黑将其女儿送到安徽马鞍山，说做糕点工作很轻松，工资又高，做出来的糕点自己还可以吃，很划算。杨某黑一时心动，同意让女儿辍学，外出安徽打工。2019年春节前夕，杨某玲从安徽回来，只在家中待了两天就离开了，在昆明与去呼和浩特办事的方某飞到了内蒙古，随后返回了安徽马鞍山。

在多次协调商量下，杨某玲于2019年11月28日返回者米乡河边寨村委会东风寨，但因为辍学时间长了，她表示不愿返校读书。

多次思想教育劝返无效，乡政府决定对该生进行依法控保。2019年12月9日，金平县人民法院巡回法庭在者米乡中学对杨某黑不送子女入学一案进行了开庭审理。在法律的威严下，杨某玲及家长均表示愿意回校完成九年义务教育，于当天办理了入学相关手续，随班就读于者米乡中学八年级一班。

在这场控辍保学保卫战中，另一个叫赵晓花的苦聪女法官也发挥了很大作用。

赵晓花家是者米下良竹寨的，在她12岁的时候，父亲因为重男轻女，嫌弃她的母亲生了2个女儿，从此离开了家。

后来，母亲和继父重组了一个新家，她妈妈带着她和妹妹，继父带着一个哥哥、一个弟弟一起生活。回忆起生父，赵晓花没有流露出难过的表情，倒是对养育她长大的继父充满了感激之情。

赵晓花的继父是良竹寨的。她父亲离开后不久，继父的老婆也跑去了广东，从此杳无音信。继父和母亲同病相怜，就在一起组成了一个新家。虽然是重组家庭，但他们四姊妹在一起相处和谐。四个孩子都读书，但除了赵晓花外，因为家庭贫困，其余三个读完初中就没有再继续读了。赵晓花永远记得妹妹哀怨地问父母亲"为什么姐姐可以读书，我不可以读？"时那忧伤的眼神。但父母确实已经尽力了，供他们读完初中，只能选择供一个孩子外出读书，而供赵晓花，他们已经费尽了全力。

赵晓花说："2005年到2008年间，我在建水一中读高中。那时家里实在困难，我爹就到处为我借钱，有的人家不但不借，反而故意说些难听的话给我爹听。我爹妈挣来的辛苦钱，有人就说我亲爹是人贩子，拐卖小娃。我家有的那点钱，都是卖人口得来的。人家这样说，我很心酸！其实父母每天到山里砍来柴火，一步一步地背到者米街上卖给饭店，一捆好柴火只卖得5块钱。当时我每个星期的零花钱是5块。除了牙膏牙刷和卫生纸以外，我几乎吃不上任何零食。你想想，一个正在长身体的小姑娘，哪个不想吃点零食呢？"

赵晓花的父母把栽大的木薯挖来，刮去粗皮，切片晒干，再背到街上卖，一编织袋卖得10多块钱。他们不用，都给赵晓花交了学费。她的继父朱正明还到他家的亲戚那里借钱给她读书。

"我每次假期收假，为了学费，我继父的姊妹就来家里讨论，说哪个哪个家又有一点收入了，哪个哪个家可以借一点。有的人说，姑娘嘛读点书就可以了。我爹就说，既然已经决定要供我读，就供到底了。我躲起来听他们交流，心里很感动。我爹去找前几天卖东西得钱的人家，人家说没有，就空手而归了，情绪很沮丧。"

回忆这些伤心的往事，赵晓花忍不住哽咽了，我们的采访不得不停下来。等她收拾好情绪又眉飞色舞地对我说："高中毕业的时候，我运气太好啦——刚好是'瞌睡遇到了枕头'！"

原来，那个时候，省高院与云南民族大学联合办了一个少数民族班，定向培养基层法官，叫"民族定向班"。按高考成绩，赵晓花被录取了。在民族定向班里面只要完成学业，考到了律师资格证，回来就可以工作了。因为是定向生，学费是4000元，她只需交400元，也就是学费的10%，其余的部分由金平县法院与省高院各出一部分。在校期间，每个月还有600块生活费补助，假期的那几个月也发400块生活补助。所以，她上大学后，经济压力就不是很大了。大学毕业，她参加了云南省的公务员考试，分数过了录取分数线。

2013年6月底赵晓花毕业，7月就到法院工作了。2016年，司法改革，她又通过了法官资格考试，成了一名法官。在脱贫攻坚期间，金平县拿起了法律的武器，进行依法控辍，赵晓花主动请缨。杨某玲案，就是赵晓花与审判长等三人组成的合议庭在者米中学开庭审理的。那天场面宏大——者米中学所有师生、乡属所有小学老师、曾经辍学过的所有中小学学生家长都来参与了开庭。审判结束后，赵晓花用苦聪语和汉语给所有参与活动者上了一堂"以案说法"课。

威严的法律令杨某玲及家长表示愿意回校完成九年义务教育。长期不在校，现在又上了法庭，杨某玲的思想状态十分不稳定，为防止发生二次流失，黄方多次到学校找她谈话谈心，同时在返校后的第一个周末再次到东风寨家中进行家访，把家长及学生的思想工作做通做好。乡政府也根据杨某黑家的实际情况，给予一定补助，解决了后顾之忧。这样杨某玲就读思想基本稳定，在学校生活习惯，也结交了新的同学和朋友。

随后，赵晓花他们三个法官分为三个小分队，一个法官带一个书记员，下到寨子里面去。哪家辍学就到哪家去，一家一家做工作，主要是宣传《中华人民共和国义务教育法》。通过努力，者米拉祜族乡的控辍保学取得了决定性的胜利。

赵晓花说，因为自己是苦聪人，看到苦聪孩子不去上学，心里面感到很难过。在说服教育中，她总是以身说法，让很多苦聪家长理解了送孩子上学的重大意义，看到他们把孩子送进了校园，她真心感到高兴。

赵晓花（右一）入村做法律宣传（赵晓花　供图）

初战告捷！黄方也总结了经验教训，对治理学生流失，斩断穷根，完成脱贫攻坚使命充满了信心。

一次，她得知营房村的一个初中女生谈恋爱没来学校，几次到这位学生家找，始终没有见到这个女生。后来无意间得到了一条线索：那个女生的男朋友是金河镇三家村的，他们现已离开村子，到男方家结婚去了。黄方吓得立即带领工作组驱车100多千米，赶到了金河镇的三家村。

但他们还是晚了，到男方家的时候，女生正与男方在那里磕头。

婚礼仪式刚结束，黄方就把男方叫到了眼前，庄重地说："虽然你们现在办了民间仪式，但是不属于结婚，你们没有结婚证，是非法同居。你知不知道她还是个中学生，如果你不把这个小姑娘送去读书的话，我们只能走法律程序，起诉你。你想拿法律来试试？"

男方被吓到了，表示愿意送小姑娘去读书。

"那好！你明天早上把小姑娘送到金平职中，如果7点半还不见她来报到，公安的警车就会到你家门口等你！"

第二天早上，黄方在职业中学门口等她，他们准时到了。

在采访中，黄方又说道："去职业中学读书的那个小姑娘的哥哥与另外的一个读初中的小姑娘谈恋爱。最奇怪的是，我们每次去都找不到那个小姑娘。那天我去找，我对那个男的说，你家妹子我送到金平读书了，那男的还不能算你妹夫，你认得他犯哪样法了吗？"

"我认不得啊。"

"真的？"

"真的。"

黄方就拿出手机翻出来给他瞧，翻到"与未满16周岁的发生性关系"这一条，他一瞧就认得了。

黄方说，在她妹妹初中未毕业之前，必须到学校上学，不然就违反了《中华人民共和国义务教育法》。他说，只要她未毕业，他们全家一定会将妹子送到学校。她说完后便离开了他家,谁知他悄悄地跟过来对她说:"那个杨行金,我明天把她送来学校行不行?"黄方惊掉了下巴:"说杨行金真的在你家?"他答:"在的。"

黄方赶紧亮出法律武器:"犯了强奸罪该判几年,你自己在网上搜一下就知道了。如果你犯了罪,就会被抓进去判刑。你家中的好田好地哪个来干,你的父母哪个来养,国家给你们的好政策、发的福利哪个来享受?别的不多说,光是每年年底国家发给你们'沿边定补'的过年钱,一人1000块你一分一厘都没有了。你看划算吗?"

谈到这里,黄方对我们笑了笑,接着说道:"第二天他就把小姑娘送回了学校。那个小姑娘与其他同学一起来我的宿舍玩,我就给她讲了现在谈恋爱的坏处。后来过了一两个星期,他们就分手了。后来那小姑娘就没辍学了。"

今年3月,又有一个读初中的小姑娘谈恋爱了。这个小姑娘头一天晚上跑去巴哈村的男方家,黄方第二天就知道了情况。

"当时我就想,我一定要到男方家找她。我不能让她小小的连自己都还养不活就……"她叹了一口气,咽下了后面的话。"那天我向乡长汇报了这件事,乡长说她与我一起去。加上村网格员古四,我们三个到了男方家做工作,对男孩子说:'你认得不,你跟她同居,这种行为是违法的。'他就说他们没有同居。然后我就把小姑娘接回来送去学校了。"

黄方和赵晓花等基层干部充分发挥了专业特长,利用法律重武器,取得了控辍保学的胜利。

女儿来接母亲班

自精准扶贫攻坚战开始以来，西隆山上苦聪同胞的医疗条件得到了根本性的改观，医疗结构也发生了很大的变化。村医李红的工作重心转移到"医疗有保障"的国家基本公共卫生服务项目上来。据相关资料记载，国家公共卫生服务项目有十六大项二十小项。单是乡村一级的服务项目就有健康教育服务、预防接种服务、0—6岁儿童健康管理服务、孕产妇健康管理服务、老年人健康管理服务、慢性病健康管理服务等十余种。

李红目前所在的下良竹卫生室，是从老寨搬迁而来的。2013年1月，经红河州委、州政府批准，金平县在整个西隆山区域实施了"拉祜族片区开发"工程。者米下新寨村委会下良竹村给卫生室规划了一宗土地。这宗土地打地基要1.6万元。国家出资8000元，李红个人出资8000元。在外交部的帮扶下，投资14万元，新盖起了一幢80平方米的卫生室。卫生室按照目前的标准建设，设有诊断室、治疗室、药房和办公信息室。李红和她2007年取得村医资质的二女儿普芸值守在这里，除了履行乡村医生的正常职责外，还承担着国家基本公共卫生服务项目的落实见效。

在卫生室门口的墙上，挂着"中华人民共和国医疗机构执业许可证"。证件里有这样的记录，诊疗科目：预防保健科、全科医疗科、中医科；法定代表人（主要负责人）：李红。这个卫生室的公共卫生项目涉及全村委会12个村小组和乡政府所在地街道的行政区域。自1987年李红开始当"赤脚医生"以来,在30余年的时光中,李红跑遍了区域内所有的村寨,甚至认识了每家每户的成人和孩子。现在,二女儿普芸也有了乡村医生执业资格证,同她在卫生室干了13年,也算得上是一个真正意义上的"乡村天使"了。

关于二女儿普芸走进乡村医生队伍,穿上白大褂,还有一个凄凉悲惨的故事:

2004年,李红的丈夫去帮朋友家盖房子。大房盖好了,在盖厨房石棉瓦的时候,她的丈夫从房上掉下来,腰和脚骨折。李红的父亲是当地小有名气的"草医",姑爷受了伤,他上山找了草药治疗。李红虽然是乡村医生,但医术有限,当时也没有在意,更没有想到带丈夫出去检查治疗。用民间草药治疗了一年多,病人的腰和脚骨折痊愈了,人却瘦得数得清肋巴骨,面部也开始发黑。2006年9月,就读于云南民族中学的普芸要返回学校开学,李红和丈夫一起送女儿去。到了金平县人民医院一检查,医生说李红的丈夫可能是肝硬化了,当天晚上就送去个旧市人民医院。经过一系列的检查后说,不是癌症引起的肝硬化,是肝震伤后引起的肝硬化,已到了晚期,痊愈希望不大了。返回家中不长时间,李红的丈夫就撒手人寰了。普芸得知爸爸去世,哭着回来,撕烂了课本,说:"爸爸死了都不得见一面,这书不读了!"

普芸的学习成绩不错。她是来自中越边境大山里的苦聪人,她不来继续上学,校方很是惋惜,曾派人到家里做工作。李红也一直在做女儿返校复读的思想工作,但普芸只是个15岁的苦聪孩子,父亲离去对她的打击实在太大,读书的心已灭。金平县卫生局的领导知道其辍学的情况后,问李红是否愿意培养女儿为乡村医生。李红的年纪已不小了,听说这事,心里就像老熊遇到了蜂蜜桶——巴不得。在上级的再三关怀下,普芸越过了心理障碍,解开了心结,参加了县里的统一考试,参加了培训。通过半年的专业培训,回来后又在乡卫生院跟班学习了2个月。2007年初,普芸回到自家的寨子，开始了村医的生活。到2020年4月我们到卫生室采访的时候，普芸已在村中穿了13年的白大褂了。

母女俩的卫生室服务区域最远的隔玛寨子有一个病人，在金平做了手术，插了导尿管回来。李红每天都要去给病人拔尿管，排完尿液，清洗消毒后又给接上去。她现在出去出诊，或者是骑着自己的电动车去，或者是二姑爷开了自家的小轿车去。现在的乡村公路四通八达，都是硬化的水泥路。小轿车"嘀嘀"一声上路，很是方便。

那个肩背药箱、手提马灯、深夜在山路上高一脚低一脚的日子一去不复返了！

今天苦聪山寨卫生室的乡村天使们，不必再去田地里刨食了，国家每月发给固定的工资。此外，在"小病不出村"的政策规定下，来卫生室检查就医的一般小病，还可以收取必要的费用。平日里，李红把卫生室交由女儿普芸值守，自己骑电动车在各寨子之间跑来跑去，精心做着国家公共卫生服务项目。这些项目都是有偿的，卫健部门每季度检查复核一次，合格后经费及时打到李红的个人账户上。李红、普芸母女服务的公共项目，每年的经费有12万元。

良竹寨里的乡村天使李红母女，是苦聪山寨最美的两朵鲜花。她们不但是苦聪山寨的医疗保障，还是脱贫致富的带头人。他们有了楼房，有了小轿车，有了1万多蓬香蕉，有了800余株橡胶树，有了3000余株金贵黑三七，全家人过上了小康生活。

给苦聪山寨配上"保姆"

拉祜族片区地理位置偏远，发展基础差；群众受教育程度低，观念落后，长期形成的传统陋习短期内难以改变；农业产业发展周期长，风险高，巩固发展现有产业、培植新兴产业难度大。创业难，守业更难。要实现"两不愁三保障"的目标，实属不易。

党和政府要求苦聪山寨的驻村工作队队员推广网格化管理，驻村工作队队员又多了一个头衔：网格员。这个称谓的内涵，用通俗的话说就是"寨子保姆"。这个"保姆"进寨子，大到党的路线方针政策的宣传，小到教人们刷牙、洗脸、理发、叠被子等等，都在他们的工作范围内。在采访过程中，我们遇到了不少"寨子保姆"，其中有三位令人印象深刻。

有一位"寨子保姆"叫苦自华，是水田村的驻村队员。

我们入村去采访他的那天，一位年迈的妇女正围着他，缠着他准许她卖承包地。我们一问，才知道这个妇女已经50多岁，只有一个儿子长年在外打工，可是从没寄钱回家，不知道挣没挣钱。妇女没钱了就想卖田卖地，苦自华知道情况后，意识到她这样卖下去，将会失去唯一的生活来源，便在寨中放话，谁敢买她家的土地就以非法买卖土地罪送进公安局。这样一来，谁也不敢买她的土地了。

苦自华说，在苦聪山寨驻村，这样啼笑皆非的事并非一件两件。记得

2019年4月，苦自华刚到水田村时，村民搬进了新家，他们天天聚在一起吃喝，有时喝酒能喝到半夜。寨中的年轻人喝高了，还会跑到操场发酒疯。

凭借多年的基层工作经验，苦自华深知，要想做好苦聪人的工作，首先要取得群众的信任。当他把行李搬进水田村活动室的那天起，他就把这里当成了自己的"第二个家"，吃住都在村里。

起初，村民们并不买他的账，该吃吃该喝喝，并没有把工作队当一回事。苦自华就静静地观察他们的生活起居，了解他们的习惯、村情民情以及风俗禁忌。

为改变村民的生活陋习，引导他们向好的生活习惯转变，苦自华首先从"收家治家"入手，不断提高群众卫生意识和生活质量。说起改变陋习的过程，苦自华笑着说："与人斗，其乐无穷。"

那么，乐从何来呢？

为激发群众内生动力，苦自华多次到县里协调汇报，终于在县发改局、县工商信局的支持下，投入5万余元建起了全县第一个爱心超市——水田村爱心超市，超市物品涉及生产工具、生活日用品、食材三大类70余个品种。"爱心超市开进村、爱心物品抱回家"，村民们在家门口就可以实现积分兑换。

爱心超市建起来了，又在村里实施环境卫生"红黑榜"制度，制定了"红榜"标准和"黑榜"标准，并召开群众会议征求意见，与爱心超市积分挂钩；同时，制定严格的考评制度，由工作队每周开展不少于两次的抽查工作，检查完成后，于每周日下午会同村小组长、副组长、党员、村民代表开展考评工作，并召开群众会议公布考评结果。制度建立起来之后，苦自华一有时间就拿着笔挨家挨户地监督督促，看见有人喝酒或是家里收拾得不干净，就叫他们拿出爱心超市积分本来进行扣分，如果发现做得比较好的就进行加分。到后来，只要看到工作队来，村民就赶紧把没收拾好的地方收拾干净。

喝酒的情况也越来越少，只有村民白毛山还在长期酗酒，整日醉醺醺的。苦自华在村民大会上就对他说："如果你坚持一个月不喝醉酒，我就奖励你20分的积分，大家做监督。"

"真的？"

"我苦自华是政府派来的工作队，我什么时候说过假话骗过你们？我可以拍胸脯——拿我的皮卡车抵押！"

白毛山果然坚持了一个月没有喝醉过，苦自华兑现承诺奖励了他20分积分。通过不断地劝导教育，到现在白毛山已经很少喝酒了。通过这些措施的实行，当地村民的生活习惯有了很大改变，白天在家喝酒的现象逐渐减少，村民们慢慢放下酒碗，离开酒桌，拿起工具走向田间地头。水田村村内和户内卫生也变得整洁干净，村民们已经形成良好的卫生习惯，也不需要"老苦"再拿着笔去检查了。我们入村采访的时候，看到村民家里窗明几净，有的人家还在地上铺上地毯，让我这个从城里去的人感到汗颜。讲真，我的家里还没有水田村的村民家收拾得干净整洁。进入他们的家里，我主动脱鞋。我问他们，是什么原因让他们收拾得这样干净的。他们回答，如果收不干净，"苦政府"就会收拾他们。

村民们的生活习惯改变后，除老人小孩外，都纷纷拿起工具走向田间地头劳作生产，但是，由于全村产业结构单一，全村经济收入和抗风险能力都很低下。这种情况让苦自华看在眼里急在心里。苦自华四处打听适合当地发展的产业。后来，在村里建起了养殖区，准备发展养殖业。同时，他还积极鼓励青壮年外出务工，目前全村已有外出务工人员16人，其中省外务工者15人。他说，有的人务工一年回来，可以带回五六万元的存款，还真是一笔不少的收入呢。

水田村名为水田，却没有饮用水。为了解决村民饮水安全问题，苦自华走遍了河边寨村委会所有的人饮水源取水点，仔细排查引水管道走向，并带着问题到县水务局请示汇报。通过多次沟通协调，在县水务局的大力支持下，2019年9月，水田村人饮工程全面完工，自来水通到水田村家家户户，村民饮水问题得到彻底解决。自此，"工作队"成了为民解难题、办好事、为民做主的代名词。

一次，村里的建档立卡贫困户王小三、马小大要卖肥猪，但却愁没车运输，急得没有办法。苦自华得知情况后，二话不说，自驾私家皮卡车帮村民运猪出去卖。由于王小三、马小大两户的猪是养在地棚里，与通村的水泥路还有一段距离。这段公路是建寨施工时挖的临时路，路面乱石成堆，杂草丛生，坡度大，路况非常差。在行驶过程中，石头撞上了车子，车损坏了。幸好，经路过的好心人维修，车子得以继续前行。最终，成功帮助两名贫困户将两头出栏猪拉到集市售卖，卖得了好价钱。

工作队队员通过帮村民做一些力所能及的事情，慢慢取得了村民们的信任，逐步融入村里大家庭。

通过一段时间的相处，苦自华发现村里有些人虽然不是村干部，却在村民中有较高的威望。他从中选出一些思想觉悟高、有一定组织能力的村民，组建了一支"义务护村队"，充分发挥村民自治的带头作用和监督作用，依靠村民进行民主管理。

截至2020年8月，水田村全村人均纯收入达8034.4元。全村53户，家家户户住着新建的水泥房，实现了村民医疗保险全覆盖，适龄儿童入学率达100%，真正实现了"两不愁三保障"。

苦自华是金平县大寨乡的彝族，入驻水田村前是县城乡建设局的一名干部。姓"苦"的他，最不怕的就是"吃苦"，同时，也因他皮肤黝黑，说话做事老成，大家都亲切地叫他"老苦"。可以预见，在"老苦"这样认真负责的干部带领下，村民们的生活会越过越"甜"。

苦在前，甜在后，苦并甘甜着！

同样是"直过民族"，"90后"的布朗族莽人罗自芳成了苦聪人的

"寨子保姆"。苦聪群众亲切地称她为"莽人工作玛①"。

布朗族莽人是金平县9个民族中人数最少的，也是云南省9个"直过民族"之一。金平解放前和解放初期，莽人被称为"岔满人"。

莽人仅分布在金水河镇乌丫坪村委会的坪河、雷公打牛和南科村委会的龙凤村三个寨子，2010年归为布朗族，称布朗族莽人。

罗自芳大学毕业后放弃了城里优越的工作岗位和舒坦的生活条件，毅然决然地选择了到家乡工作，到乡下工作，贡献自己的力量。她是一个小巧玲珑的姑娘。我们的采访才开始，她最先说的是："是党和政府的关怀才有了我们布朗族群众的安居乐业、幸福生活，也才圆了我的大学梦。现在我学成归来，正是我报答家乡父老的时候，我要为家乡的发展贡献自己的力量。"

学会感恩，是做人的底线之一。

罗自芳于2015年11月考进者米乡政府民政所出纳岗位，后来调整为乡党政办工作人员。在工作中兢兢业业，团结同志，服从乡党委工作安排，努力完成乡党委部署的中心工作。在脱贫攻坚期间，负责挂联下新寨村委会上纳咪村。

上纳咪村位于半山区，是拉祜族村民小组之一，距离村委会5千米，全村共有61户277人，建档立卡贫困户25户126人，到2019年底完成整村脱贫。为如期实现脱贫目标，罗自芳根据本村的实际情况，走村入户，采集信息，摸清家底，召开贫情分析会、村"两委"评议会、村民代表评定会、对照精准扶贫政策，结合实际，制定村情脱贫攻坚规划、村情脱贫攻坚基础数据图、村情脱贫攻坚项目库，对整村的贫困户精准识别、精准帮扶、精准退出。全村基础设施建设、产业发展等工作有序稳定推进，到2019年底，指导群众实现产业发展313.92亩，督促群众不断加大对香蕉、橡胶、草果、木薯等产业种植力度，提高群众经济收入。

---

①玛：苦聪语，好女人的意思。

罗自芳刚到上纳咪村时，特意穿了一套莽人的传统服装，在群众大会上亮相。她说："各位大爹大妈、叔叔阿姨、兄弟姐妹，你们咯晓得我是哪样人？"

罗自芳收住声音，环顾会场。有人小声嘀咕了一句"莽人"。

罗自芳大声说："对，我就是莽人。以前叫岔满人，现在叫布朗族。我家在南科的龙凤村小组。我的爷爷奶奶辈和父母亲那一辈，与大家一样，都在深山老林里跑来跑去，吃不饱，穿不暖，有吃的一顿胀，没得吃的就烧火向。"

"是啊，罗姑娘，那你是咋个出来抬政府的碗的？"

"对啊，这个同胞，你问得好。十年前，党和政府给我们盖了好在的房子，教我们种田种地，推广旱育稀植，科学养猪鸡。还开办了学校，叫我们去读书，读书还不要钱。我就好好读了书，读到大学毕业了。你们瞧，2015年我又考到了我们乡政府，抬了国家的碗，来为你们办事哪。"

"工作玛，我们现在有饭吃，有衣穿，有不漏雨的好房子住，那政府还要我们干哪样事？"

"我们还要干的事多得很哪！今天召集大家来开会，我首先要说明，这些事不是政府叫我们干，我们也不是干给政府瞧。这些事都是我们自己的事。我们搞村容村貌建设，打扫卫生，收家治家，我们搞好了，不是专门给政府来瞧，更不是给政府来住。我在大学的时候，有一个临沧那边的同学，也是我们布朗族人。他说，他们的家乡是'远看青山绿水，近看垃圾成堆'。这个要不得。今天早上我入寨子，你们支部书记张普忠领我转了一圈寨子，村道路打扫得很干净，不错。进了两三家屋里一看，喔哟，像以前我们莽人一样又脏又乱，还有一大股霉味。现在我们莽人学会了收家治家，家里干净整洁了，住着就舒服了嘛！"

罗自芳讲到这里，村党支部书记张普忠打断说："盐巴辣子一窝春，莽人苦聪是一家。你们瞧瞧，都是人，莽人兄弟都走到前头去啦！"

罗自芳接着说:"大家好好听着,明天早上一家来一个妇女,来活动室这里。乡妇联组织了其他寨子的先进妇女,来教我们收家治家,收床收衣服。都要来哦,还有积分换东西哪。"

第二天早上,乡妇联组织了乡机关和附近几个村寨的妇女来到村小组活动室,先是集中示范,然后分组到群众家里,手把手地教苦聪人家收家治家。

为了提升人居环境整治卫生工作,罗自芳召集贫困户、村干部、党员、村民代表、巾帼志愿服务队参与引导和帮助全村人对家庭卫生和个人卫生进行清理整治,明确工作职责,严格按照乡党委、乡政府的安排部署,根据本村实际,把上纳咪村打造为一个干净整洁的民族村。一是以改变群众认识,动员广大干部群众积极开展村内环境卫生整治活动,解决群众最关心、最直接、最现实的各类脏、乱、差等现象。二是集中开展农村"七改三清"工作,重点对乱搭乱建、乱停乱放、乱丢乱扔、乱排乱倒等现象进行有效地整治。三是积极申报项目,2019年底竣工了2个垃圾焚烧房,方便村民处理垃圾,村容村貌得到较大改善。

改变村民的生活习惯,首先从"收家治家"入手才能不断提高群众卫生意识和生活质量。通过实施环境卫生制度征求群众意见,与爱心超市积分兑换挂钩,环境卫生她亲自抓,收家治家她手把手教,每周开展不少于两次抽查工作,积分管理手册由她挨家挨户边督促边打分,每月兑换一次生活用品,激发群众内生动力。奖惩分明,多劳多得,不劳不得,村民们已经形成良好的卫生习惯,村内和户内卫生也不断改善,截至2020年8月,上纳咪村爱心超市共兑换积分8236分。

在苦聪村寨开展脱贫攻坚工作受环境因素影响很多,比如苦聪人不愿意多与外人接触、害怕和生人交流、"等靠要"思想较突出、语言沟通有障碍等。要想做好工作首先要取得群众的信任。罗自芳积极开展村情民意走访,及时了解村情民情,克服各种困难,走村串户,听民声、察民情。

她虽为一名扶贫工作人员，但不娇气不做作，不论晴天下雨，不分白天黑夜，她曾多次徒步入村行走十里路，与群众拉家常、作宣传、讲政策，逐步融入群众中。

上纳咪村王老斗家中有一位年过百岁的老人，叫张哈努。老人肢体残疾一级，生活不能自理，大小便失禁，有时大小便都是在床上解决。

"第一次去看望老人的时候，看到老人缩成一团坐在房间角落里，居住的环境非常恶劣，房间里散发着大小便刺鼻的恶臭味，衣服、被褥单薄潮湿，心里说不出的心酸！"

之后了解得知王老斗家庭情况，因两个儿子都外出打工，把两个年幼的孙子留给年迈的父母亲照顾，王老斗常年体弱多病，痛风发作时连站起来都困难。群众的困难罗自芳看在眼里，记在心上，回到乡政府，她及时向领导及主管部门汇报此事。乡党委、乡政府十分重视，给予了临时救助1.85万元，重新改建老人居住环境，购买床及床上用品，剩余资金留给老人日常开销。

王老斗曾对罗自芳开玩笑说："你这人平时讲话老是会吼人，我们有时候都怕你。但你人好，心地善良，你做事我们心里踏实。感谢政府，感谢你的关心和帮助！"

自任上纳咪网格员以来，罗自芳共帮助困难家庭申请临时救助21户96人，共计金额6.29万元；帮助贫困户孩子就读中专，申请"雨露计划"2人，合计金额0.6万元；帮贫困助残疾户申请残疾补助5户5人；给自己挂联的贫困户购买综合意外保险及生活用品每年每户100元，发放救助衣服200余件等。

罗自芳结合贫困户家庭收支情况，帮助贫困户申报公益性岗位6户6人；鼓励有劳动能力的青年积极外出务工，全村已有出省外务工人员17人，乡内打零工者8人。2019年帮助外出人员交通补助10人。

"老师，不怕你们笑话。我也想说一句大话：上为政府分忧，下为百姓解愁，让党放心，让群众满意，是我的奋斗目标和永远的追求。"

　　作为一个布朗族莽人的后代，罗自芳在成长的道路上，得到了党和政府的阳光沐浴。她在采访中说的这些话，明显带有感恩的感情色彩。

　　这是她内心世界的一种敞亮，一种人格完善后的实在！

　　脱贫攻坚工作五年来，罗自芳以单位为家，以寨子为家。她所负责村寨都是直过民族拉祜族群众，贫困人口多，工作难度大，任务重，时常忙碌到深夜，加班加点是常事，生怕工作出现一点点差错。在脱贫攻坚决战决胜收官之年，罗自芳扶贫工作任务重，总有做不完的事，但她始终保持以高度的责任感和强烈的事业心，在扶贫工作上兢兢业业、恪尽职守、辛勤工作。对于家人，她万分愧疚，她因工作忙，抽不开身，丈夫更是为了一家老小生活开支四处奔波，无奈只好把年幼的女儿托付给身患听力残疾的婆婆与身患脑梗、心梗的公公照顾。好在公公婆婆温和善良，从没有半句怨言。

　　罗自芳是个工作细心负责的人，同事都称她"罗老实"；在苦聪群众眼中她是个用心干事，不怕苦、不怕累、不怕脏，从群众中来，到群众中去，任劳任怨的好女人，群众给她取了个称号叫"工作玛"。

　　"95后"的哈尼小伙赵文强也是"寨子保姆"之一。

　　他拉着政府发放的物资下去发给六七新寨的苦聪群众。他是这个寨子的网格员。六七新寨上寨没有活动室，在村头公路的大转弯处有一块空地，比较适合建盖活动室。赵文强通过小组长去做这家人的工作，做了好多次，就是做不通。他从多方渠道了解到，这地的主人其他地不少，这一小块空地原本就很贫瘠，荒了好几年也才长出一两拃高的白茅草。挖寨子公路的时候，设计的线路又刚好擦着地边过，而且绕了一个大弯，刚好把地围在里面。空地原本就没有种什么，现在挖机只要一天就能整平，下柱搭彩钢瓦，灌一层地面，一个标准的村寨活动室就盖起来了。怎样才能做通农户的思想工作，为大家办好这件事呢？赵文强把他的想法向乡领导做汇报。

乡领导说："小赵，进寨子要注意政策，不能强迫百姓。如果他家仍然不答应，我们再想别的办法。当然活动室是一定要建的。"

那天，赵文强拉了发给农户的生活用品下去。他把车子停在村头那片空地边，叫小组长通知大家来领东西。不一会儿，全村的人就涌来了，团团围住了他们。赵文强爬到车的货箱上，对着人群高声说："哥弟姐妹们，阿叔大爹们，大家不要挤！我们没有活动室，没有场地，蹬打不开！排好队一个一个地来，家家都有份。"

村小组长也在旁边大声说："覅挤覅挤，家家都有。大家要想办法，看咋个才能把我们的活动室搞起来！"

"杨组长，你说，我们的活动场在哪点干，我们愿意斗钱干！"

人群中有人大声问小组长，也有不少人在嘀咕。

领了生活物资，人们渐渐散去。赵文强发给最后等着的杨鲁莎，边发边说："阿叔，你看，我发了这么多东西给你，你要把你的空地给我，我要推平做活动室，要不拉东西来给你们都没有地方堆放，是不是嘛？推地的工钱不要你出，其他人家要他们斗出来，一家出一点，以后东西会更多哩。"

旁边的小组长也帮腔说："小赵兄弟说得好啊，全乡的寨子就我们没有活动室。你想想，你这屁股大点瘦地，栽苞谷还不够耗子啃两嘴。你让出来推平了做活动室，以后东西有处放了。"

杨鲁莎今天领到了电饭煲、电炒锅、大碗小盆等不少的生活用品，还有24公斤装的一袋大米，30个装的一板鸡蛋，心里很高兴。原来小组长多次做过他的工作，叫他让出那块空地做活动室，他心里有些犹豫，怕政府说的话不作数。今天看到政府拉东西来发，是真的。现在经工作队小赵这么一说，当即就同意了。

"好嘛，现在政府说话算数，我相信。你们来推嘛。"

"你不要反悔，阿叔。"

"不会反悔。"

六七上寨的活动室场地就这样落实了。不出三天，施工队就开着挖掘机轰隆隆地开始了工作。

"我们去寨子时，在爱心超市里带上鸡蛋、香皂、牙膏、牙刷等，召开群众大会，把东西放在现场，先向他们讲什么是'两不愁三保障'，然后现场提问，答对的就奖给他们。"

赵文强是六七下寨的网格员。六七上寨的网格员是他的女朋友。上寨有21户，入村的公路还没有硬化，不好走。学生上学不方便，有几个辍学

苦聪人过上了丰衣足食的幸福生活（梁荣生 摄）

了。这天，赵文强骑着摩托，带着女朋友来到辍学的学生家。学生家长叫普沙斗，家中有2个女儿。大女儿毕业了，小女儿7岁，到了读书的年龄。但他家一直找这样那样的借口，不送女儿去学校。来到普沙斗家，赵文强从上衣口袋里掏出20块钱，递给普沙斗，说："你家小姑娘到读书年纪了，你也好几次同意送去学校，就是不见送，是不是有哪样困难？有困难不要紧，我们政府会帮你解决。"

"赵兄弟，不是我们不送，小姑娘她不爱去。"

赵文强的女朋友拉过小姑娘，拍了拍她的小手，理了理她的头发，温柔地说："小朋友，怎么不爱去学校呢？里边小朋友很多，唱歌跳舞好玩得很。走，阿姨领你去，好不好？"

小女孩睁大一双明亮的眼睛，点了点头。赵文强见状，对普沙斗说自己用摩托车送小姑娘到顶青小学。普沙斗犹豫了一下，说："你接去学校，到时候你要送回来嘎，不然我不会去领。"

"普叔，你放心啊，我一定有办法。"

赵文强说的有办法，实际他是办法还没有想好。不管有没有办法，先把孩子送进学校再说。赵文强用摩托车将小女孩送到了离家3千米远的学校。在这之前，他们就与学校取得了联系。学校已为孩子准备好了床、被子和校服。赵文强用摩托车把小娃带到顶青小学交给了校领导，又完成了一个劝返学生的任务。为了安定娃娃，赵文强给她买了牙膏牙刷、吃饭用的大口缸、洗脸用的盆等，还给了一些生活费，总共花了100多元。

到了星期五下午，正是家长接小娃放学回家的时候，普沙斗打电话来说："小赵兄弟，我家的小娃哪个去接回来？"

当时赵文强正在乡上办公室里忙事。他回电话说："老普哥，我在金平啊，你有哪样事？"

"你不在，我的那个小娃回不来啦。"

"你会想办法的嘛。你看，普哥，你头发比我多，吃的盐巴也比我多啊。你先想办法，过几天我来瞧。"

说假话的赵文强在稍晚些的时候打电话问村小组长，回答说普沙斗的孩子被他亲戚接回去了。我在采访的时候，赵文强对我说，普沙斗家不算太穷，大姑娘读书都是他自己接送的。这种人主要还是解决思想的问题，激发出他们的动力。要不光是把问题都甩给政府，到头来还是解决不了。

"等靠要"的思想行为，在苦聪山寨是多年的顽瘴痼疾了。自20世纪50年代末，党和政府把苦聪人从茫茫原始森林中接出来定居算起，已经60余年。长期以来，"等靠要"的思想一直占据着苦聪人的思维空间，差不多就形成了集体意识。当年刚出林定居时，他们的日常生活几乎是政府全包的。这个问题，我们在本书的前半部分已作了讲述。进入2000年以后，特别是实施"155"扶贫工程后，苦聪人的物质生活水平有了很大的提高，但思想认知却没有多大的改进。那些年，经常会看见苦聪群众来政府反映情况说："政府，你们的牛生病死啦；政府，你们的水管断啦；政府，你们的小猪我背到半路背不动了，换酒喝啦！"这些看似笑话的"反映"，其背后是令人无可奈何的悲哀。为了脱去千百年来压在他们头上的贫困帽子，政府发牛马给他们，架设自来水管道引水给他们，发放猪崽、鸡苗给他们，但苦聪人认为那些都是"政府的"。要解决这些思想深处的认知问题，必须得从教育狠狠抓起，舍此别无他法。"教育拔穷根""斩断贫穷的代际传播"，就是决战攻坚的战略目标之一。要实现战役目的，有时选择"迂回战术"也是很重要的。

那段时间，赵文强被其他事情耽误了，有几天没有去寨子。普沙斗又打来电话问："小赵，你政府家要说话算数。你答应小娃的书包呢？都好几天了，怎么还不见影子？"

"老普哥，你憂慌嘛！你家小娃的书包，挂联户的干部早就买好了，过几天我带下来！"

普沙斗家小姑娘在学校读了两个星期。这天赵文强从乡上的爱心超市里拉了一些牙膏牙刷、糕点、糖果去开群众大会。

"来来来，大家围拢来。注意了，我提问，你们哪个回答出来，就有一个小小的奖励。听好：哪样叫'两不愁'？"

"不愁吃不愁穿嘛。"

人群中有好几个人几乎同时回答。坐在前排的普沙斗也跟着回答，得了一条小牙膏。

"阿爸，我要糖糖。"

正当普沙斗站起身来准备接过工作人员递来的牙膏时，他的小女儿站着扯了一下他的衣服下摆，奶糖味的童声逗笑了众人。赵文强专门拿了一小包糖果给了小姑娘，嘴里说"好好读书，糖果有的是"。

转回会场主席台，他喝了一口矿泉水后说："今天我们开群众大会，就是要告诉大家，我们寨子的公路修好了，活动室搞好了。现在大家栽的香蕉、木薯，养的猪鸡拉出去卖，很方便了。今天还要问大家有哪样困难，我们大家一起来解决。有没有？"

群众你一言我一语，提了一些问题。赵文强刚才看到普沙斗的小姑娘也在场，知道是普沙斗接回来的。普沙斗也有摩托车，只是爱喝酒，摩托车碰砸得不成样子。他与女朋友商量好了，准备把自己半新半旧的那辆摩托送给普沙斗，但又担心他喝酒出事。会上他就说："老普家娃娃要接送读书，他家的摩托烂了骑不成了。只要他家小娃好好读书，我的这辆摩托就送给他了。但是我要强调他平时的生活，不准喝醉了还骑摩托。听见没有？车钥匙在这里。"说完就把钥匙扔给普沙斗。

群众在会上交头接耳，议论纷纷。老普旁边坐着他的老婆，狠狠盯着他看，瞪了三眼。普沙斗身体抖了一下，说："这辆车是你赵兄弟的摩托，我不能要。要就要国家发给的。来，你的车钥匙。"

"我说老普啊，国家不可能发摩托车给你，给你吃低保就已经不错了。你有力气，有劳动力，为哪样不努力自己去干呢？"

普沙斗脸红红的，低下头，没有再出声。从此，他家的姑娘再没有辍学了。

"我第一回去寨子，一个中年男人醉醺醺地来，头发太长了。我觉得他的精神面貌太差了，就萌生了帮他理发的念头。我当时就叫他赶紧过来，'我给你理发'。就这样像人们说的'砍竹子遇到节——神神的斗着了'。他就是普沙斗。"

我问："你还会理发？"

赵文强笑道："我还是在老阳寨驻村的时候，就买了一副理发的用具带上。先是那些小娃见我们来就躲到旁边去。我们每次去的时候就买一些水果、糖等给他们吃。后来我们一进寨子，小娃们就围拢来与我们玩了。我就给寨子里的老人和小娃理发。他们排起队来了。我在老阳寨的那段时间里，一共给30多个小娃和老人理发。理发的工具是用我们工作队的经费买来的，现在仍然还在使用。我离开老阳寨的时候，那个村副组长也学会了理发，我就把工具留给了他。我们开会的时候就说，哪个想理头发，就来找副组长。后来他们寨子的人就都去找他理了，他家那里差不多成了寨子里的理发店了。"

赵文强是哈尼族，1995年10月30日出生在与者米一河之隔的老集寨乡大竹棚村，云南农业职业技术学院畜牧兽医学院兽医专业毕业，2016年7月参加工作，单位在乡上的畜牧兽医站，还兼了乡武装、产业办（负责技术工作）的部分职责。在乡镇，像这样身兼多职的干部职工比比皆是。但工作再忙，"寨子保姆"的角色不能忘，正是他们把苦聪人引上了一条守正创新的康庄大道，朝着社会主义百年目标迈进。

三个"零"是最高奖赏

从者米乡调到金水河镇任书记的王熊华在短暂的任职之后，因为有基层扶贫经验，被县委调到扶贫开发办担任主任一职。至此，他又与苦聪人的脱贫工作挂上了钩。

他讲述道，最近的两三年，由于县里的精准脱贫工作任务艰巨，他只能负责全县的扶贫工作，基层的主要工作还是乡镇干部、驻村工作队队员和挂联干部干得多。在精准脱贫中，所有的干部职工都要熟悉云南省脱贫措施"户户清"（即贫困对象家底清、致贫原因清、帮扶措施清、投入产出清、帮扶责任清、脱贫时序清）和红河州脱贫退出"六清"（贫困对象收入清、住房保障清、教育保障清、医疗保障清、饮水安全清、产业就业清），并灵活应用到整个扶贫工作中。

从"155"扶贫工程项目到脱贫攻坚战，历时20多年，党和政府对拉祜族苦聪人不抛弃、不放弃，通过基层党员干部的不懈努力，终于结出了硕果。

由于以上几项工作落实到位，拉祜族苦聪人的脱贫工作得到了有效的巩固与提高。全县42个拉祜族村小组1966户8244人中，有建档立卡贫困户911户3827人，2019年12月，国办系统标注已脱贫861户3659人，未脱贫50户168人，占拉祜族总人口的2.04%，这部分未脱贫的已经实现了社会兜底，解决了他们的后顾之忧。也就是说，苦聪人实现了整族脱贫。

在对金平县委副书记、县脱贫攻坚指挥部指挥长陈黎的访谈中，他谈到，在苦聪人脱贫致富的过程中，金平能啃下这块硬骨头中的硬骨头。一是实现了有房可住、有田可耕、有水可喝、有路可行、有学可上、有病可医等目标。二是全面推进产业扶贫到村入户，加大就业培训，加大劳动力转移力度，确保苦聪人收入稳定增长。三是全面贯彻"绿水青山就是金山银山"的理念，实现了生态保护和村寨的美化亮化。四是强化党建全覆盖。在全县42个苦聪村寨组建村小组党支部和联合党支部，增强党组织和党员在群众心目中的感召力、影响力和示范表率作用，形成"支部建在一线、党员干在一线、作用发挥在一线"的基层党建工作新格局，切实发挥好基层党组织在苦聪山寨中的战斗堡垒作用。如今，只要走进苦聪山寨，都能切实体会到苦聪群众积极向上的精神风貌和感党恩、听党话、跟党走的强烈愿望。

当然，金平县的脱贫攻坚战取得了胜利，除了上级党委和政府的关心帮助，还凝聚着省、州、县、乡四级16个挂包单位和540名挂联干部的辛勤付出。他们是苦聪人的远亲，在脱贫攻坚工作中给苦聪人送来了难以计算的帮助与温暖，没有他们的努力，就没有拉祜族苦聪人的整族脱贫。

此外，外交部和上海市长宁区也给予了苦聪人无限关爱。据不完全统计，从1992年至2020年7月以来，外交部援助金平直过民族地区项目共计45个，总援助资金1602.7769万元。其中，援助卫生项目8个，援助项目资金208.2289万元；援助温饱项目8个，援助项目资金153.1100万元。援助希望工程22个，援助项目资金560.8630万元；援助整村推进项目7个，援助项目资金680.5750万元。自1996年开展东西部扶贫协作工作24年以来，上海市长宁区跨越千里之遥始终坚持与金平同舟共济、守望相助，紧紧围绕群众最关心、受益最直接、需求最急迫的基础设施、教育、卫生、产业等方面，累计在金平直过民族区投入帮扶资金2787万元，实施了4类36个项目，其中：基础设施项目23个，投入资金2435万元；产业项目3个，投入资金180万元；教育项目4个，投入资金42万元；卫生项目6个，投入资金130万元。惠及直过民族农户1265户5248人。

在历时两年的采访创作过程中，我们充分认识到社会各界对苦聪人的帮助多得数不胜数。鉴于篇幅所限，我们所采写的故事不足百分之一，有时也为自己无法将所有的故事一一讲述出来而深感遗憾。

在这场我们自己也无法置身事外的脱贫攻坚战中，无数基层干部职工牺牲了周末和节假日，牺牲了与家人团聚的美好时光，工作经常是"五加二""白加黑"，有的带病坚守在岗位上，有的甚至付出了年轻的生命。苦聪人脱贫的故事只是金平脱贫攻坚的一个缩影，金平干部群众用铁的纪律和铁的精神创造了"零漏评、零错评、零错退"的奇迹，经受住了国家的数次检验，打造了比金子还可贵的"破茧成蝶、奋勇争先"的忘我精神，这三个"零"是对所有扶贫干部的最高奖赏！

在书写本书的过程中，我们深切地感受到，人们对苦聪人的帮助正如涓涓细流汇聚在一起，汇成了一股磅礴的力量，推动着当地的经济跨越式发展，产生了蝶变，获得了新生。

新生记

庄稼收回寨子,
可以过年了。
过年要请毛胡子阿波杀猪,
杀大的不杀小的,
杀公的不杀母的。
过年要请跛脚单山做桌子,
桌子不垫摆不稳。

桌子放在长辈前,
摆上酒肉新米饭。
第一碗献天神,
第二碗献祖先。
保佑来年人丁兴旺,
保佑牲畜不病,
保佑来年粮食丰收,
保佑来年平安幸福。
　　　　　——苦聪创世歌

苦聪大寨的美丽传说

在西隆山,一个个新寨子陆续投入使用,一个个产业接连投产,一个个苦聪人不再苦等苦熬……今天的苦聪山寨,基本用上了沼气和电灶,竖起了太阳能路灯,通了4G移动信号,普及了智能手机,住上了砖混楼房,种起了香蕉,养起了牛羊……幸福的笑容洋溢在苦聪人的脸上。

半山腰的苦聪大寨(钱聪 摄)

在这美丽的蜕变中，苦聪大寨是其中之一。

这是个充满神秘色彩的寨子，在之前的篇幅里，我们多次提到她的名字。这里为什么叫"苦聪大寨"，这个大寨到底有多大？她为什么是民族学各路专家、学者研究学问的一个标志性寨子？在这里，我们专门就苦聪大寨做一个透视。

据《金平县志》记载，1953年政府将分散在9个聚居区的苦聪人找拢，定居到现在的苦聪大寨，寨名因此而得。又据2008年出版的《金平民族》记载，早在1922年或更早一些的时候，就有苦聪人居住在今天的寨址了。多年来，金平县西隆山中的几十个苦聪寨子，都存在多次迁徙、合并、分离的现象，也产生了更多的寨子，但苦聪大寨自建寨后就没有迁徙过。当然，作为"母寨"，她于20世纪70年代析出了地棚和南门两个寨子。在苦聪大寨的百年历史中，诞生了许多"第一"：第一个苦聪党员（庙沙非，1969年随民族参观团到过昆明）；第一个农业合作互助组；第一所苦聪学校；第一代苦聪教师；第一个过"蜜柯"节，主持群体性祭祀；第一个养殖野蜂；第一个外出打工；等等。民族学家杨万智以寨子为轴，建立研究体系，著述了专著。

> 我们生活在大老林里，
> 我们住在大树脚下，
> 我们清早起来去撵山哟，
> 太阳落山的时候我们抬着猎物回家，
> 天黑的时候我们烧起火，
> 新烧的野物香喷喷，
> 明天我们又去撵山啊，
> 麂子野鹿老豹子。

苦聪人想念毛主席（南马　供图）

这是一首苦聪人流传久远的《撵山歌》。虽然在文字上附加了一些汉文化的成分，但山歌再现了苦聪生活的历史场景。

1957年，中共金平县委在《金平县委关于"苦聪地区社会经济情况的初步调查并今后工作意见"的报告》[①]中记载：

> 20年前，黑苦聪曾在四区茨通坝大寨居住过40来户，岔满在老白寨住过30多户，但好景不长，封建统治势力和天灾人祸把他们摧残了。如苦聪大寨，住到40户时，有11户种田，有17条（头，下同）牛了，伪乡长土司李有清（沙族，壮族分支）看着眼红，就带领"兄弟"到上面盖个明堡住下来，奴役苦聪，派钱粮鸡猪，派白工（舂谷、割草、背水等无一不叫苦聪去做）。被

---
①原报告文件名未经改动。

奴役一年后，苦聪忍无可忍，趁一个街天，李有清的"兄弟"下山赶街时，就进去夺枪杀死了这只正在吸大烟的豺狼。从此，苦聪搬散，长期不敢下山，17条牛，也因躲避土匪赵小安，被豺狗咬死。

……

苦聪大寨，解放以来，共开水沟37条，其中仅今年即开13条，已开产17万多斤水稻的田。有水牛46条（政府发给20条，自愿买26条），马3匹。全村52户除4户刚开水沟，准备明年种田外，均已种田。他们还在矮山、半山种有不少地谷，并种上了一些棉花、甘蔗、菠萝、芭蕉。村后的一片茅坡，已是长满了幼林，为了田里有水，自觉地不再砍伐和放火烧林。

作家陈柱国在《寻觅林莽中的记忆》中写道：

苦聪大寨有40多户人家，为发展生产，访问团帮他们组成3个换工互助小组，顶青的傣族群众向他们捐送了40多亩水田，国家送了3头水牛。当访问团团员黄正忠将牛赶进寨子来的时候，全寨男女老少都来围观，黄正忠说这是政府送给他们耕田用的，是党对苦聪人的关怀，希望他们好好喂养和使用；但苦聪人显得很怯怕，不敢去牵牛。黄正忠贴近水牛的身子，用手抚摸着水牛解释说："这是很温顺的牲畜，不是会伤人的野兽，不用害怕。"但他们还是踟蹰不前，黄正忠只好找来一根长长的绳子拴牛，他们才敢上前牵牛。对着这个场面，我抓拍了几张照片（1958年，省里召开农业先代会举办展览，我拍的这张照片被展馆采用，被放大成一张4米见方的大照片，悬挂在展馆门前，赫然醒目）。黄正忠同志是傣族农民出身，在那里工作了三年多，硬是教会这些见牛都害怕的苦聪人使用耕牛犁田、种田，使他们在农业耕作上迈出了可喜的一步。

1957年2月12日，《人民日报》第四版发表了一篇题为《在原始森林边缘访问苦聪人》的报道：

> ……
>
> 新华社昆明11日电：云南金平县苦聪人访问团正在哀牢山原始森林的边缘访问定居的苦聪人。
>
> 在苦聪人大寨的访问大会上，一位九十六岁的苦聪老人塔则，用颤抖的双手接过了发给的棉毯，他不住地抚摸棉毯上的绒毛，感激得老泪横流。这个老人曾经在深山密林里漂流了几十年，从来没有穿过棉衣、盖过棉被，晚上就赤身裸体睡在火塘边。在举行访问大会那天结婚的青年夫妇戛则和密斯，也得到了一床棉毯。举行结婚仪式的时候，戛则的父亲么沙说："在老林里，我取戛则他妈那时，连衣服都没有穿的，哪里还有被子盖，他勉励儿媳要好好地开田开地，劳动生产。"
>
> 访问团还访问了许多苦聪人的家庭，了解他们定居以来生产生活方面的变化和现在仍然存在的困难……

解放军访问团给苦聪人发放物资
（南马　供图）

在漫长岁月中，他们没有果腹的粮食，没有御寒的衣服，没有避雨的固定居所，没有承传文化的学堂和释放心灵的娱乐场所，更没有灯红酒绿的生活！苦聪兄弟是怎样用生命的藤条串起了无数个艰难的日子呢？

这一切引起了各路专家学者、文人墨客的关注。从20世纪50年代开始至21世纪初的半个多世纪里，专家学者对西隆山中的神秘苦聪人做过大量的调查访问。因为苦聪人没有自己的文字，仍停留在刻木、结绳记事的时代，要对他们的历史、社会、文化作出精当的描述，一如登上神秘的西隆山一样，实在不是一件简单的事！

2001年，人文学者杨万智来到苦聪大寨，用深情的笔墨记录下了这里的日常。

通过与苦聪人生活的接触，杨万智对苦聪文化的历史与现状有了一个多面的了解。近五十年来，苦聪人与密林外的世界虽然也有广泛接触，但在日常生活的方方面面，仍然保存了较多的传统。在苦聪人的现实生活中，虽然很多方面表面都已"现代"了，但其中仍留下许多从"原始"到"现代"的演变遗影。苦聪人的社会在不断地演化中，充分展现出一种文化形式从初期形成到体系完备的既完整又具体的过程。这一点，也许是苦聪文化留给人们最具有研究价值的东西。

据1954年出生在苦聪大寨的李六斗回忆，1958年，人民政府在苦聪大寨动员群众出工出力，建盖起了全苦聪地区的第一所学校。建校的头两年，主要是面对苦聪成人群众开办夜校，识字扫盲。1960年开始招收适龄孩子，开办了正式班。李六斗、王春华、陈向东三位苦聪人就是那时上的学。

现已退休、在苦聪大寨家里颐养天年的李六斗，用不紧不慢的语气讲述苦聪大寨的往事。

他说，当时来苦聪大寨开办学校的老师曾元庆是云南开远人。1960年学校运行步入正轨后，那个把青春和子孙都献给了边疆教育事业的赵吉祥老师也来到这里。小学毕业的李六斗被保送到了金平一中读初中。1968年，读完三年初中的李六斗没有上高中，而是按照政府安排，进入"师训班"参加了师资培训。1973年师训班培训回来，李六斗以"民师"的身份当代课教师，在老林脚一队学校教书，成为苦聪历史上第一代老师。1976年9月，李六斗被安排去红河州民族师范学校建水分校就读。1980年6月，李六斗毕业，成了国家正式的老师，按照"社来社去"的原则，他又返回老林脚一队当老师。一个学期后就调来了现在的顶青中心校。在中心校半年，李六斗成家后就调回苦聪大寨教书了。

苦聪人的第一所学校，培养出了本民族自己的第一代老师、第一代大学生，培养出了本民族自己的县委副书记、省人大代表等。这些神话般的收获，无不给苦聪大寨的名号增添了亮色！

尽管年轻时外出读书和教书离开寨子几年，但李六斗的一生几乎都是在苦聪大寨度过的。这个寨子的一人一物、一事一景，他都可以掰着手指头说上半天。

解放初期，苦聪大寨的人们有很多是从丛林里搬出来的，政府帮忙盖了茅草房，办农业合作社。习惯了有饭大家吃的苦聪人也很适应大锅饭的日子。

包括后来实施的"155"扶贫工程和拉祜族片区综合开发工程及现在正在进行的脱贫攻坚战，苦聪大寨的房子也从原来的茅草房经历了从瓦房到钢筋水泥房的变迁。李六斗说："包产到户到今天，大家努力外出打工，房子一个比一个盖得好。我有三个儿子，当时负担还是比较重的。现在他们自己会努力了，打工、种香蕉，几哥弟自己干自己的，日子也好过起来了。现在几乎家家都会找钱了。出去外面打工是最赚钱的。现在盖三层楼房的已经有三家，两层半的就很多了。"

2020年4月，我们采访苦聪大寨的时候，寨子里有110户504人，其中建档立卡贫困户42户，全部脱贫了。现在苦聪大寨有在读的大学生2人、高中生1人、义务教育阶段的学生60多人。

改变最大的应该是基础设施建设了。村内的道路硬化了，干净的自来水直接接到了厨房里，有了电，做饭不用再烧柴火了。

值得一提的是，杨万智曾经爬了三个小时才到的寨子，如今进村道路也硬化成宽敞的水泥路，从山下的二级路开车到苦聪大寨，不到半个小时的时间。现在，家家户户都买了摩托车，有的还买上了小汽车呢。

除了李六斗，坐在我们面前接受采访的还有一个年轻人，他身体非常壮硕，是典型的"苦聪"，能说一口流利的"南方普通话"。他叫李窝普，2017年从东莞打工返乡，被群众推选为小组长。从此以后，他在"珠三角"告别了发源于云南东部的珠江水，回到了生养他的苦聪大寨，加入脱贫攻坚战的队伍里，成为带领苦聪人脱贫致富的指挥员。

"我们寨子如果不分出地棚、南门两个寨子的话，叫苦聪大寨一点也

苦聪大寨出山的盘山公路（钱聪 摄）

不假。现在都还有110户504人，寨子的集体经济也开始起步了，去年，光是我们的公益林，国家给的补助就有11万元，南门分去了3万元，我们还有8万元。"

这个像他们的寨子一样，全身充满了绿色气息的年轻小组长，开始用南方普通话给我们讲述。当讲到建档立卡户脱贫时，突然改用了本地方言，验证了他是我们的小组长。他的方言很流畅，听起来很是亲切舒服。

他于2005年成家，次年得子，2008年又生了一个孩子。两个孩子长大了，花销也大了起来，2015年他们夫妻决定外出务工。

务工地点在深圳，在工厂里加工电脑和手机充电器的配件。后来又到了东莞，在一个叫虎门的印刷包装厂里，给红河卷烟厂做烟盒、纸箱。2017年，他们的第二个孩子到了上学的年龄，家中父母年事渐高，加之集中办学政策实施后，苦聪大寨的学校撤并到了顶青中心校，寨子距学校有7公里。每到星期日下午，家长得将孩子送到学校，星期五下午接回家。如此一来，家中没有接送孩子的人，小组长夫妻二人自2017年后就没有再外出打工了。同年，他被群众推选为村小组长，接过老组长肩上的担子，挑起了脱贫攻坚的重任。

据统计，2019年苦聪大寨出去打工的有46人。2020年只有2户人家在外打工。留在寨子里的人们，整天忙于种植香蕉、百香果，养殖猪、鸡，起房盖屋，与贫困较劲、"交战"，忙得屁股冒烟！

小组长还说道："这几年，到村里来帮助他们搞脱贫攻坚工作的政府工作人员多啦，有挂联单位的干部职工，有驻村工作队，有网格员，还组建了多个攻坚队。如危房改造攻坚队、健康扶贫攻坚队、就业扶贫攻坚队等，围绕'两不愁三保障'标准，合力抓好建档立卡户识别与退出、基础设施、产业发展、安全住房等各项脱贫攻坚工作，随时掌握和了解各村小组的生活及贫情动态，根据他们的贫困情况提出精准扶贫政策，即使是不外出务工，也有忙不完的产业，不再为吃穿发愁了。"

说完这些，他又说道："因为他们寨子就在原始森林边上，山上有很多野花，因此野蜂很多；寨子里的人还进山去找蜂蛹，有的人家专靠卖野生蜂蜜，一年的收入也有五六千块钱呢。"

我们一听有野蜂蜜，也坐不住了，提出去买点来尝尝。当那金黄色的蜜汁带着百花的清香化入口中，只觉一股清甜直达心间。西隆山翻过一页神话，今天的苦聪兄弟已和生息在西隆山的其他民族一样，迎来了蜜一样甜的好日子。

金竹寨不再遥远

在前面的章节中，我们多次提到了金竹寨，其在苦聪人的历史发展进程中是不可或缺的一环。我真正被金竹寨所吸引，是因为读了彭荆风写的一篇散文——《攀上哀牢山》。文中详细描述了1962年4月，他从金平的勐拉爬了三天的山去金竹寨寻找苦聪人的过程。在彭荆风的笔下，想象中的金竹寨是被金色竹林围绕着的村寨，但这里周围却是光秃秃的，连一棵小树都没有。刚从原始森林里出来的苦聪人，还不懂得保护居住的环境，把那些金竹当烧柴砍伐完了。寨子里约有二三十户人家，壮年男女都进原始森林里去打猎、挖药材了，只留下了一些老人守家。他就在那低矮、窄小的窝棚里和苦聪人李小二住了近一个月，还学会了不少苦聪语，和苦聪人建立了深厚的感情，邻居家有个叫叶妹的七八岁女孩后来成了他的长篇小说《鹿衔草》中的重要人物之一茶妹的原型。为了将苦聪人的生活场景书写得更加真实，天晴时，彭荆风就让人带着他进原始老林去寻觅苦聪人从前生活过的地方。滇南的初夏，老林里仍然寒气沁骨，空气也不清新，腐烂的落叶和鸟兽粪混杂在一起散发出的如同沼气般的气息，呛得人头晕。若是不小心，还会撞上老虎、豹子这些凶猛的大野兽。这一段难忘的经历，触动了彭荆风创作出长篇小说《鹿衔草》。《鹿衔草》创作于1962年冬，到1979年才面世，前后历时17年之久。2019年，《鹿衔草》被评选为新中国成立七十年来最有影响力的小说之一。与《鹿衔草》同期面世，反映苦聪人走出原始森林的长篇小说还有两部，一部是陈见尧写的《遥远的金竹寨》，另一部是陈柱国、公浦创作的《苦聪人的春天》。

这三部文学作品，无一例外都把金竹寨作为小说创作的原型。这罕见的现象令我这个写作者也对金竹寨充满了向往与幻想。

带着疑问与憧憬，2018年11月，我在李玉明的带领下前往金竹寨。尽管已经是冬季，却是一个大雨天，越野车沿着水泥路面向山上驶去。我以为会爬很久，因为彭荆风曾经从勐拉坝走了三天才到达。而这次，我们从勐拉坝驾车前往金竹寨，只用了一个半小时。

李玉明说，这个金竹寨，早已不是当年的金竹寨了，苦聪人从山上搬迁下山，不知道这已经是他们的第几个定居点了，也许他们也不是当年彭荆风遇到的金竹寨人的后人。

听了这个结论，我有些失望，然而想想也就释然了，因为当年的苦聪人过的是游猎的迁徙生活，加上后来政府几次动员搬迁，苦聪寨子早已打破了原来的居住格局。值得高兴的是，从1962年到现在，时间跨越了半个多世纪，从勐拉坝到金竹寨，由原来的山间小道变成了柏油大道和水泥路，行程也从三天缩短到现在的一个半小时，这是跨越时代的巨大进步。

我忽然想到了一个词：人定胜天。只要勇于创造，人类改变世界的成果必是惊人的。

曾经居住于金竹寨的苦聪人，在彭荆风的笔下是一群一穷二白又善良

昔日金竹寨（者米乡政府　供图）

可爱的人，是团结友爱又自力更生的人，是勤劳勇敢又敢于争先的人。那么今天，在金竹寨等待着我的，又会是一群什么样的苦聪人呢？

李玉明问我，你想采访哪些人？我说，村干部、致富带头人、外出打工者、新时代的苦聪女性……我话还没说完，他就操起电话用苦聪语呱啦呱啦吩咐了起来。等我们进了寨子，早就有一群精神抖擞的年轻人在等着我们了。

因为大雨，我还来不及细看金竹寨的风景，便被领进了一幢二层小楼房。这是一间宽敞明亮的楼房，客厅里摆着组合柜、沙发等家具，40寸的大彩电挂在组合柜中央，一问才知道这是副组长李杀斗的家。李杀斗，乍一听这个名字，不免觉得杀气腾腾，然而主人却是一位热情好客，彬彬有礼的中年人。苦聪语"杀斗"是强壮的男孩之意，他出生时，父母便对他寄予了无限希望。但年幼时，因父母不识字，上门登记姓名的干部根据音译记录为"杀",若是有心一点的人呢,一般会记录为"沙"。由此可见少数民族语言具有其独特性,汉语确实很难记录其精义。

李杀斗家的客厅中央早已摆满了一桌山珍美食,用来招待他们的贵客李玉明,他好久没有来金竹寨了,村干部们对他十分想念,有一肚子的话想和他讲。可不是嘛,李玉民当过他们的乡长,又当过县民族宗教事务局的副局长,兼过者米拉祜族乡综合扶贫开发办副主任,苦聪人的每一次变迁,都没少过李玉民的汗水,金竹寨更是他踏石留印之地,他们之间有太多的情感需要释放与表达。这深厚的干群情谊也感染了我,让我的采访在酒桌旁完成。

接受我采访的苦聪人大多二十多到四十岁之间,有村干部,还有外出打工多年的打工仔。村干部的年轻化让我深切地感受到,那个以父辈为长的苦聪氏族部落已经一去不复返了。

在他们的觥筹交错间,我听到了许多动人的故事。

40岁的支部书记毛波三看上去比实际年纪要年轻得多,身着干净的白衬衣,笑起来露出一口白牙,笑声十分爽朗。他告诉我,金竹寨现在家家都住钢筋水泥房,每户最少也有一辆摩托车,富裕点的人家都是两三层的小楼,还有的有卡车和小汽车。他说自己就是寨子里最早购买卡车的人,我以为他是外出打工赚钱买的,没想到,他告诉我,在买车之前,他没出去打过工,一直是在家做生意。

毛波三很小的时候,他们家还在过着迁徙的游猎生活,仅是政府的帮助,他们就搬了三次家了。一直从山顶上往山脚下搬,才搬到了现在这个村址。那个时候还没有开始种杂交水稻,因为家里兄弟姐妹多,吃不饱饭,所以他13岁就开始帮助父母干农活,上山打猎,还在寨子边搭了一个棚子养猪、养鸡,没有什么食物用来喂猪的,就进山去找猪草,养大了就背到街上卖,用来补贴家用。

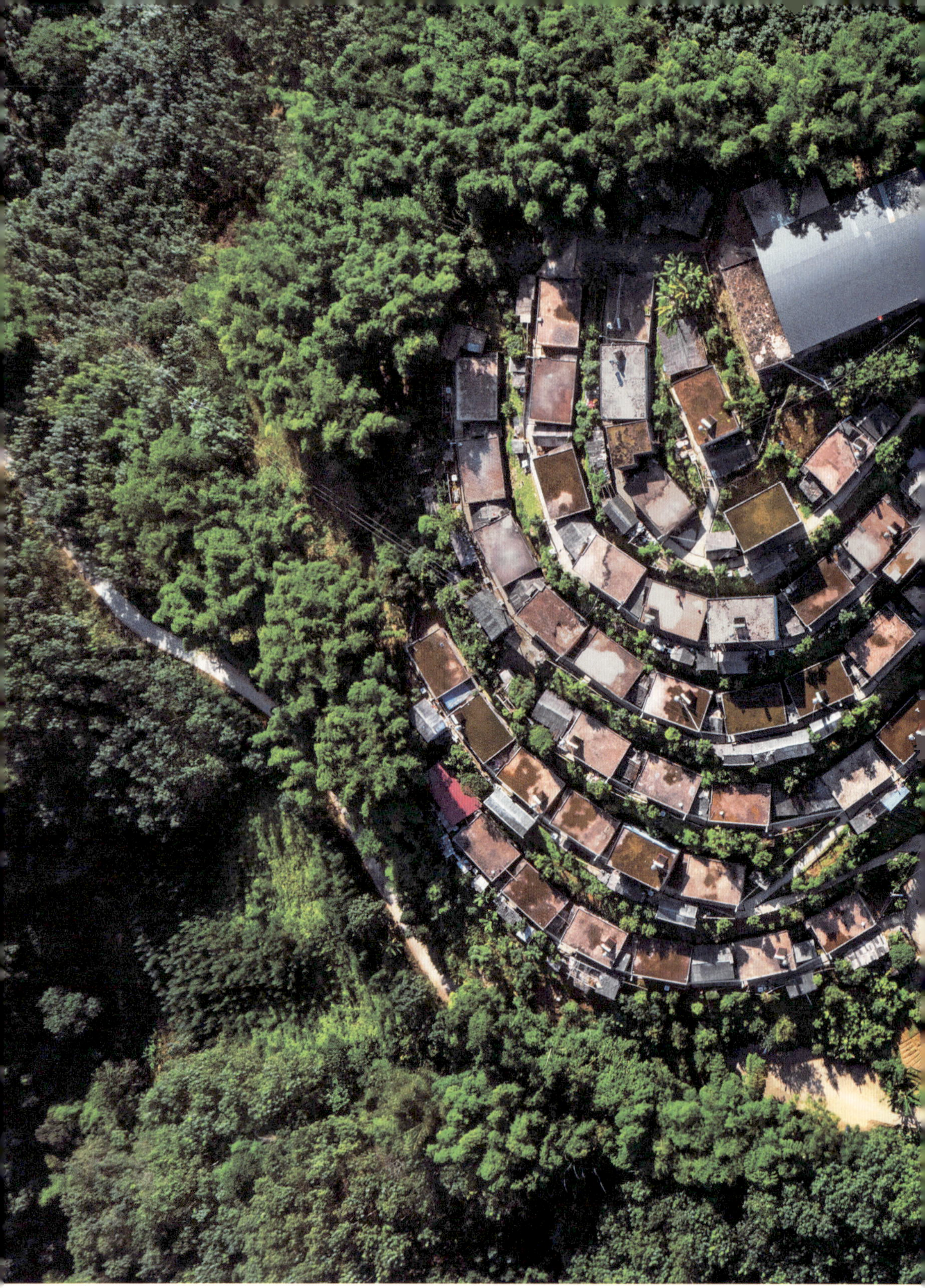

俯瞰金竹寨（梁荣生　摄）

有一年秋天，精瘦的青年毛波三从山里采回一背黄草①后，他站在寨子边抬头望着身后苍茫的大山，那延绵无边的绿意似乎给了他无限勇气，他决定开始一场冒险。

"阿爸，我想到山那边去做点生意。"吃过晚饭，毛波三恭敬地把父亲的水烟筒换好水，擦干水渍，递给火塘边的父亲，鼓起勇气开了口。

"做生意？"老人刚从火塘里拿起一根燃烧的树枝，还没来得及点烟，就被儿子的话惊住了。他们毛家祖祖辈辈都没有做过生意，那是山下的汉族和傣族才会做的事，他的儿子这样单纯，怎么会想起来去做生意呢？更何况，在西隆山的南侧，生活着比他们的生活还艰苦的苦聪人，儿子去那边能做什么生意呢？

毛波三见父亲担心的眼神，就向他解释道："阿爸，这次进山去采黄草，我遇到了一个山那边的苦聪，他告诉我，山下的傣族人进山去收他们采的黄草，只给三块钱一公斤，可是在山下，黄草可以卖十二块钱一公斤。我问他，山那边黄草多不多，他说多得很，我想到那边去，可以一边采，一边收。"

父亲在心里算了一下账，同意了儿子的决定。他点了点头，继续抽着呼噜噜的水烟筒，烟子弥漫在他苍老而黝黑的脸上。他目光炯炯地盯着火光，也没有问儿子本钱从哪里来。他知道儿子和他说这些话的时候，心里肯定有自己的主意了。他的儿子，已经真正长大成人了。

毛波三呢，他心里自然有打算，这个秋天他从山上采来的黄草有四背了，估计有三百公斤，背到山下卖，至少可以卖得三千块钱。他就用这些钱去山那边收黄草。

说干就干，毛波三卖掉黄草后，就背着干粮到山那边去收黄草。刚开始的时候，他只能借住在那个他在山里遇到的熟人家。因为那边的苦聪人和他们一样，有饭大家吃，有酒大家喝。他买了酒去跟他们喝了几次之

---

①黄草：野生石斛。

后，和他们就处成了一家人了。

苦聪人喜欢和自己人打交道，做生意，他们也信任自己人。有时候，毛波三去收黄草，本钱不够，他们也不在意，让他先把黄草背走，下次来再付钱。就这样，毛波三去一趟山那边回来，可以赚到一千多块钱，慢慢地，他有了第一桶金。

那时，寨子里的路是毛路，他就买了辆拖拉机。当他开着"突突"直响的拖拉机回到山寨的时候，整个寨子沸腾了。乡亲们都围了过来，又羡慕又激动地说："我们终于也买得起拖拉机了！"孩子们呢，更是兴奋得像一群小猴子，摸摸这，看看那，抬起天真的脸问他："波三叔叔，以后我们是不是可以坐你的车去上学、赶街了？"他乐呵呵地大声回答："当然了，不拉你们拉谁呢！"

2013年，红河州和金平县开展者米拉祜族乡综合扶贫开发工程，不只是他们寨子，周边的寨子都要盖房子，修卫生道路，毛波三又把拖拉机卖了，买了一辆"130"卡车，帮建筑老板拉建材。苦干实干两年下来，政府帮他家盖好了第一层房子，他就和工程老板商量，再给他十万元，让他帮忙把第二层盖起来。紧接着，他认为工程队还在寨子里，是个绝佳机会，干脆卖了家里收的草果、木薯和洋藿果，帮助父母和小舅子两家盖了第二层。现在他和他的亲人们都住上二层楼房了。

毛波三一边用手比画着，一边跟我讲："现在家里种的木薯、橡胶、草果有一万多株，一年两三万的收入不成问题，再也不用饿肚子，也不用担心没钱花。对了，我忘了告诉你，我还有一个绿色银行呢。"

"绿色银行？在哪里？"我追问道。

"是一片杉木地，有20多亩，已经种了十多年了，长势很好。今年老板给了20多万让我卖树，但我没有卖，暂时不缺钱，先让它在地里长着。另外还有一块好田，可以租给老板种香蕉，一亩1600元，已经签了合同。"

他兴奋地讲着，眼里泛着光，我由衷为他们家幸福的生活感到高兴。更高兴的是，他自豪地告诉我，他的一对儿女在学校读书很成器，大女儿15岁上初中了，成绩在班上第一，老师说将来她上高中都不会在金平，会去州里面教学条件更好的高中。

我听了打趣地问他："你女儿读书会花很多钱，将来嫁人了又变成别人家的人了，你不可惜吗？"

他眨眨眼，用异样的目光看着我，连连说："啊么，那是老观念了，老观念了。"

我听了和他一起哈哈大笑起来。

王黑东是1988年出生的年轻人，生得白白净净，穿着很干净，一看就是在城市里生活过的人，不像是苦聪山寨干农活的。和他交流用方言行不通，只能讲普通话。

我用方言问他："你是长年在外面打工吗？"

他腼腆地笑笑，用标准的普通话回答："算是吧。"

我吃了一惊，怕用方言与他交流有障碍，赶紧换成了普通话问："现在还不到过年时间，你怎么就回来了？"

他低头一笑，满脸幸福地告诉我，他已经有半年多没有外出务工了，妻子刚生下一个孩子，他们想等孩子长大一些，断奶了就把她交给家里的老人带，然后再出去打工。

我心里一阵难过，为了生活，这世间又要多一个留守儿童，便问他："不能带孩子一起去打工吗？"

他面露难色，说打工的地方远在上海，房租太贵了，消费也高，带着孩子不方便，再舍不得，也必须得忍。说完难过地低下了头。同为父母，我深深理解一位刚当上爸爸的年轻人此时的心情。

接着，王黑东向我讲述了他多年来外出务工的经历。

和许多苦聪人一样，王黑东没读过几年书，读到三年级时，因要离开寨子到乡里去读书，他从没有离开过父母，也没离开过苦聪山寨，害怕陌生的环境，便辍学了，尽管学校里的老师来叫过多次，他愣是没有去。

不上学了，必然要开始干活，作为家里唯一的儿子，养家是他责无旁贷的事情。现实的鞭子很快就落到了他的身上，将他抽打得跌跌撞撞。才十来岁，白天就要和父母下地干活，晚上回家倒头便睡。日复一日，年复一年，尽管每日辛勤干活，他们家依然家徒四壁，除了政府帮助盖起来的一间瓦房可以遮风避雨外，再也没有一件值钱的东西。更可气的是，因为穷，长大后没有一个姑娘能看上他。

看着寨子里的人家开始富起来，他觉得自己不能再这样待下去了，盖新房要钱，讨媳妇要钱，没有钱万万不能，他要寻求出路。可是，没有学历的他该何去何从呢？23岁那年，他到苏鲁村的一个亲戚家过年，他们极力邀请他一起去广东打工。尽管那时候苦聪人外出打工已经很寻常了，但他心里还是没有底。从亲戚家回来后，他辗转反侧了一夜，第二天终于鼓起勇气和父母说，他想去广东打工。父母只有他一个独苗，舍不得他去那么远的地方，可是留在家里也不是办法，倒不如让他去闯闯世界。就如同当年他们狠下心从原始森林里搬出来一样，只要朝前走，就会看到希望。

2011年春天，王黑东和熟人一起去了广东佛山，成为那里的一家家具厂的普工。第一次出远门的他看到什么都新鲜，穿山越河的高速公路，人潮汹涌的现代都市，高耸入云的高楼大厦和车水马龙的繁华大街，一切都与他所在的山寨截然不同。

然而，在这个都市天堂里，没有文化，又没技术的王黑东沦为了社会的底层。他的收入非常低，每月只有1500元左右。最低的时候，只拿过1200元，仅够自己吃饭，省不下什么钱来。一天夜晚，他下晚班后刚出厂房，突然下起了秋雨，没带伞的他被淋成了落汤鸡。一瞬间，思乡之情喷薄而出，雨水和着泪水哗哗流了下来。望着都市里眨眼的霓虹灯，他异常想念苦聪山寨那清冷的星光。从日出而作、日落而息的山寨来到这繁华都市，他变成了生产流水线上不停忙碌的生产机器，却没能带给他希望与梦想，他有些茫然失落了。

那年春节，见到别人都是大包小包、满面春风回家过年，自己却两手空空，除了羞愧，更多的是耻辱，他躲在家里不想见人。嫁到江苏的堂姐带着姐夫上门来了，姐夫是见过世面的人，带着堂姐在上海开了一家烧烤店，见到他备受打击的模样，劝他到上海去试试身手。于是，王黑东再次收拾行囊，告别了父母，前往上海打工。

刚到上海，在堂姐夫的帮助下，他进了一家印刷厂，因为是新手，底薪也比在广东佛山时高不了多少，只有1800元。但这次，他准备洗心革面，重新开始。凭着年轻又勤快的劲头，没出两个月，底薪加上计件提成拿到了2000多块钱，后来又慢慢加到了3000多块钱。但那是普工的工资，他发现当普工干活再麻利，工资也提不上去，因为人的精力是有限的，手脚干得再快，也无法突破瓶颈。

他暗下决心偷学技术，因为技术工的底薪就是3500元，比普工高了2000元，再加上提成，一个月至少可以拿到四五千块的工资。因此，无论是上班还是下班，只要有机会他就跟技术岗的人接触，尽可能多地向他们请教印刷技术。刚开始，人家都不太理他，后来他发现是因为自己嘴巴不够甜，于是便学着人买烟买酒去学师。

有一天，技术员因为有事请假提前离开了，偏偏这时候厂里接到一件急活，没有技术员操作，老板急得团团转。他鼓起勇气站出来说："让我来试试吧。"老板疑惑地望着他，不敢相信平时沉默寡言的他能把技术活干了。可是现在活那么急，他也只能死马当成活马医，让他试试身手。

第一次在老板面前显身手，他有些紧张，也有些兴奋，他知道如果自己能顺利完成任务，将会改变自己的命运。因此他沉着地上岗调试机器，有板有眼地操作起来，尽管和熟练的技术员比起来他有些笨拙，但最后还是圆满完成了任务。等他下了操作台，老板关心地递上了毛巾，他这才发现，自己全身都是汗，那并不是累出的汗水，而是因为实在太紧张了。从此，他就从普通岗调整到了技术岗。看着银行卡里多发到的工资，他心花怒放。令他喜上眉梢的是，亲戚给他介绍的对象也看上了他，自己就要告别单身了。

彭荆风说得对，勤劳、勇敢、机智才是苦聪人的本色。即便是在当今瞬息万变的时代里，他们也可以尝试走出不一样的人生。王黑东的经历并不是特例，很多走出乡村的苦聪人都找到了自己的一片天地。

王黑东说："我在那个厂干了几年了，老板很信任我，今年还打电话来叫我去上班呢，但是孩子太小了，我只能拒绝了。"

我问他："那你准备下次去的时候还去那个厂吗？"

他笑着答道："那当然啦，老板还等着我呢。"

"带媳妇去？"

"肯定要带去，还要把她教成技术工人。"他灿烂地笑着回答我："等我们多攒点钱，就把孩子也接到上海去，在那边上学。"

从他那充满希望的目光中，我看到了一个男人的责任与担当。真诚地祝愿王黑东的愿望能够早日实现！

普素花是一个35岁的苦聪女子。她是从贵竹村嫁到金竹寨的，并在金竹寨结了两次婚。说起自己第一段婚姻的终结，她说是因为婆媳关系，我一听便好奇起来。在我以往的经验中，苦聪女人基本上是嫁鸡随鸡、嫁狗随狗的。在苦聪人家庭里，婆媳关系大都很纯洁，她们基本上是相互扶持着度过一个又一个生存难关的，基本不存在千百年来你死我活的婆媳斗争，这究竟是怎么回事呢？

说起自己那段不幸的婚姻，普素花深深叹了一口气。她是二十多岁嫁

作者虹玲（中）在金竹寨采访（钱聪 摄）

到前夫家的，前夫比她小六岁，从小失去了亲娘，现在的婆婆是后妈。婆婆和公公没有生育，便只养育公公的独子。在嫁给公公之前，婆婆曾经和别人生过一个儿子，也成家了。普素花结婚后，生活虽然穷苦，夫妻感情却很好，两人很快有了一个女儿。不久，在政府的帮助下，他们家盖起了新房，夫妻俩憧憬着美好的未来。

然而，这样的好日子没过多久，婆婆开始处处为难她。起初，普素花还能忍，并不知道婆婆这样做究竟是为了什么。后来，有人悄悄告诉她，婆婆是想接自己的亲生儿子来这个家过日子。以前大家都一样过穷日子，所以婆婆的儿子在哪里生活都差不多，现在政府帮他们寨子盖起了新房子，这里的生活比她的儿子那好过了，婆婆的心里就不平衡起来了。明白过来的普素花和丈夫商量，想要分家过。可是公公哪里肯同意，因为他只有这一个儿子。夹在妻子和后母之间的丈夫既不能让父亲离婚，又无法保护妻子不受伤害，只能忍气吞声。

此时，普素花才深深体会到嫁给一个小丈夫的苦恼，但为了刚出生的女儿，她还是决定忍下去，希望有一天能用自己的行动感动婆婆。然而令她心寒的是，在一个冬天的傍晚，刚干完活回家的她被婆婆泼了一盆冷水，把她浇了个透心凉。她不知道自己错在哪里，只好委屈地躲进房间里，一边换衣服一边哭泣。丈夫实在看不下去了，含泪对她说："我们离婚吧。"

这句话如同晴天霹雳，再次震得普素花止不住地哗哗流眼泪。在苦聪山寨哪有离婚的女人呀？再说了她舍不下丈夫，毕竟她和他的这段感情还是真挚的，也不忍心让自己的孩子生活在一个残缺的家庭里。丈夫却痛哭着说，再也不想看到她受委屈了，因为自己是父亲的独子，不能带着她分家出去，每天面对婆婆莫名其妙的火气，令她时时泡在苦水里，这对他来说也是一种痛苦。

她读过初中，懂法，知道婚姻自由，离婚也是女人的权利。于是，这对原本相爱的夫妻痛苦地协议离婚了，普素花带着女儿回了娘家，前夫主动分了三亩最好的木薯地给她。为了养活自己的女儿，她在地里种上了杉木，然后前往广东打工，却意外收获了自己的幸福。她现在的丈夫也是金竹寨的，比她小了整整十岁。起初他追求她的时候，她并不同意，因为她的第一段婚姻就是年龄差距大，遇到家庭矛盾的时候，丈夫没能站出来解决问题，所以她想，自己即使再嫁，也要找一个年纪比自己大、靠得住的男人。

"可能是命吧，"普素花说，"注定我这生总要遇到比自己年纪小的男人。我跟他说我年纪大了，让他不要来找我，可是他根本听不进去。后来我还告诉他，我生女儿的时候没照顾好身体，输卵管堵塞，不能再生育了，让他想好再娶我。但他说他爱的是我，会好好抚养我的女儿，即使我不能再生孩子也没关系。"她讲到这里，羞涩地捂着嘴笑起来，就像恋爱中的姑娘。她的小丈夫站在不远处，深情地望着她。

再次嫁到前夫的寨子，这让普素花缺少勇气，但她的小丈夫却用爱给了她力量。

她说："结婚后他对我很好，在家里经常做家务。公公婆婆也对我很好，没有嫌弃我不会生孩子，我们一家过得很幸福。"

前夫一直没有结婚，听说他交了几个女朋友，但一个也没有定下来。为了不影响两个家庭的幸福，他们虽然在一个寨子里，但基本上不联系。

"就像陌生人一样，各过各的。"她轻叹着，那段逝去的婚姻在她心里留下了牵挂，却再也不能回头。

普素花是个心灵手巧、能吃苦耐劳的女人。她现在的家庭是个九口之家，人多，开销也大，在家里当农民肯定是只能糊口的，她狠心把女儿托付给婆婆，就和小丈夫一起去广东打工了。他们进了一家电子厂，一进厂就上工，没经过什么培训，只能跟着别人做。流水线上的工作其实挺简单的，只是上夜班的时候累人一些。为了多赚一点钱，普素花和丈夫每天要上班十二个小时，其中八个小时是正常上班，另四个小时属于加班。每个月发工资的时候是她最开心的日子，她会寄一些给家里，自己用一点，其他的都存着。她想好好供女儿读书，将来找份好工作。

厂里的环境还算可以，就是上班机器声太吵了，上十二个小时的班下来，耳朵震得麻麻响，听人讲话都有些困难。每月休假那几天，她就和丈夫去市区转一转，看看大城市。在那个电子厂里，有二十来个苦聪人，平日里休息了，就和老乡一起聚餐，去农贸市场买菜回来做家乡菜吃，感觉就像在苦聪山寨一样，也不觉得孤单。工厂的老板也很讲诚信，非常尊重少数民族。她说去年过年时，夫妻俩带了三万块钱回家过年，遗憾的是兄弟媳妇和公公婆婆都染上了肺结核，需要治疗，而且兄弟媳妇刚刚出生不久的孩子不能母乳，只能吃奶粉，所以他们省下的钱都花完了。幸好亲人们现在基本上康复了，孩子也快断奶了，困难只是暂时的。

我问她："你们夫妻赚钱一家人花，你心里有想法吗？"

普素花笑着说:"没有什么想法,我们是一家人,哪能见死不救呢?再说,我的孩子还得留在家里让他们照顾呢。"

这是多么朴素的一朵花呀!我心里不由得为她暗暗点赞,她用自己的勤劳与善良追求到了幸福生活。

结束了金竹寨的采访,我和李玉明回到了者米拉祜族乡政府,此时大雨已经停了,在办公楼上,我抬头看到对面的山上,一缕金光照在远处的密林中,一个心形的寨子里,一幢幢小楼在金光中闪闪发光,恍若世外仙境。我好奇地问乡党委副书记李明星,那是什么寨子,她说那就是金竹寨。

苦聪人竹编(虹玲 摄)

雨雾还没有散去，从云丛中照下的那一缕金光射在了金竹寨，我呆呆地望着那个闪闪发光的寨子，突然想到了解放初期有篇报告文学《苦聪人有了太阳》，作家黄昌禄在文章的最后写道：

> 东方升起了不落的太阳，
> 太阳把大地照得亮堂堂。
> 太阳穿过深山老林，
> 照进了苦聪人的心膛。

回顾金竹寨的历史，自从共产党的干部来到了边疆，党的光辉就一直照耀着苦聪人，尽管他们因为不适应林外的生活，部分人员一次次躲进深山老林，但党的干部又锲而不舍地一次次进山帮助他们出林定居，直到他们和其他民族一样走上了脱贫致富的道路。当年彭荆风笔下的原始生活早已不复存在，苦聪山寨终于实现了在脱贫致富的道路上一个都不能少的目标。新生的苦聪人已将他们的梦想插上了翅膀，自由翱翔在祖国美丽的蓝天。

竹扁担挑出幸福新生活

兴发岭是苦聪人居住的一个自然村。这个村小组是从上良竹寨子分出来的。她位于西隆山西南麓，头靠龙潭山，脚踩者米河。这里海拔五六百米，气候炎热，非常适合种植香蕉、橡胶、木薯、甘蔗等农作物。这个小组有38户200余人。

2009年，下新寨村委会的兴发岭开始动工兴建水泥平房。那个时候正是者米乡大量种植香蕉的高峰期。兴发岭的田地大部分被当地河坝傣族老板和外地来的老板承包了。

土地大部分被承包了，承包金进入土地主人的腰包。按照一般人的理解，这回兴发岭的人就是睡在了金山上，不干都有吃的。有人用一句民间谚语解释说，兴发岭的人是"一箩九筲箕，不干都得剔"，箩指人双手十个指头的纹路——人的指头纹路不是箩就是箕。箩是收拢、收藏、存储；而箕是漏掉。人十个手指纹路只要有一个箩以上，就保管有吃喝的了。"剔"是动词，挑出牙间异物。这里转喻为"吃"的意思。

兴发岭的苦聪人真的是"不干都得剔"了？是，也不是。是的时候，情况是这样的：每当老板交地租的日子——当时还没有"微信"和"支付

昔日兴发岭只是几间田棚（者米乡政府 供图）

宝",老板支付给他们的是红彤彤的大面额现钞。与兴发岭直线距离不过800米,名声早就远播的者米街上,"不夜街"的夜市就"车水马龙"了。

者米为傣语"景米"的演化音。"景"为地方,"米"为富饶,即富饶的地方之意。明清时期为王姓、李姓土司的领地。1950年解放后为金平县第四区。1974年从老集寨公社划出建立顶青公社,治所在下新寨。1983年称者米区。1987年12月建立者米拉祜族乡,1988年5月20日正式成立,辖4个村公所57个自然村。

当时的者米街,建在下新寨的一条缓坡梁子上。坡头是者米中学和乡政府机关,坡脚是寨子农户和粮管所、派出所、小学等。从坡脚的公路向上修了一条连接乡政府的道路,就算是者米街道了。者米街是金平行政区域西南部的一个中心点,西邻绿春县的坪河镇,北连老集寨乡,东临勐拉镇,南与越南的清河县接壤,是一个真正意义上的边境小枢纽。每逢街天,四乡八寨的万余名村民加上越南边民云集于此。大量的农产品、野生物产摆放于原本就不算宽敞的道路上交易。各色人等摩肩接踵,十分热闹。人们沿道路两侧依次建盖了房屋。大多数建筑的一楼建成了商铺,开起了日用商品店、冷饮店、饭店、烧烤摊,也有几处开了卡拉OK厅。

这边烧烤摊上的年轻人酒战正酣,街对面的歌舞厅里,灯光闪烁,者米街的夜生活就在这样的灯红酒绿中刮去了许多人的票子。当然也大把地掠去了苦聪兄弟腰包里还没有焐热的红彤彤的地租。来消费的苦聪人不仅仅是兴发岭的,也有苏鲁、莫乌等更远村寨的。有的人花光了田地租还不过瘾,不收手,又盯着了国家发的低保。苦聪人"有钱一顿胀,没有烧火向","有么一顿撑,没得箍火坑"的陋习,在这里被发挥到了极致。这一社会现象,也引起了党和政府的高度重视,出台了引导民众向好消费的举措。

就在兴发岭的大部分苦聪人围着地租和低保打转转,沉迷于醉生梦死的氛围中的时候,有一个年轻力壮的小伙,独自一人,肩扛一根用当地牛

兴发岭（梁荣生　摄）

角竹做的扁担，出现在外县他乡的香蕉林中。他就是1972年出生的苦聪汉子，名叫李成文。他20多岁就跟着哈尼族哥弟到了绿春县的香蕉林里当挑工，挣得了人生的第一份汗水钱。

　　李成文说："我们苦聪人以前是不会挑扁担的呢。我们妇女是用头挂着绳子背，男人用肩膀扛。挑香蕉就不能用老办法。人家老板要求，砍下来的香蕉坨要立起，果蔬不能着地，果子不能磨着划着，不能沾着泥水。我刚来挑蕉的时候，不会拴蕉坨，走起路的时候，香蕉坨子会左右甩，走不稳。我摔了好几次，也摔坏了几坨蕉。老板听说我是苦聪人，刚来学挑，就没有怎么怪我，挑工费也没有少我。我心里也着急，同来的哈尼大

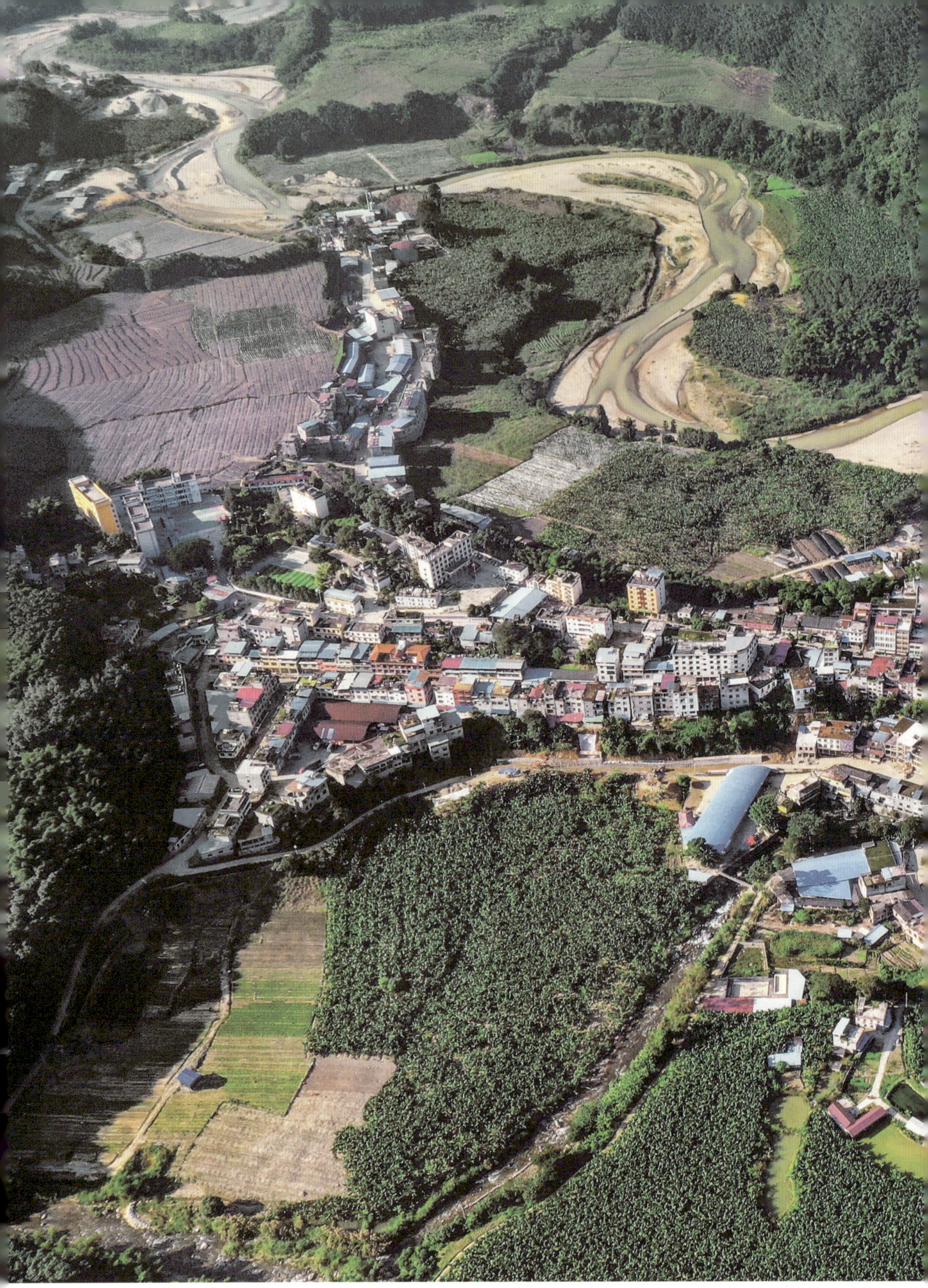

2021年者米乡政府俯瞰图(梁荣生 摄)

哥一样一样地教我，我就学会啦。其实学会做一样东西并不难，除非你'笨得屙牛屎[①]'！"

其实苦聪人并不笨，李成文更不笨！他不小气汗水，更不吝啬力气，贪的是白天太短！

李成文在绿春县挑熟了。那边蕉多，要的挑工也多。老板叫他找一批人过去挑。他立即想到了他们兴发岭的苦聪弟兄。他连夜赶回兴发岭，找当时的老组长商量，带了8个村民返回了绿春县的挑蕉工地。这些苦聪弟兄第一次出远门，胆子很小，总担心"挑不得吃"。李成文知道他们的担忧后，决定不管大家挑的蕉坨多少，得到的工钱一律平分。他还从扁担绳子拴蕉坨开始，一个环节一个环节，毫无保留地教大家学会了挑蕉。

"李队长，你们苦聪挑蕉队不错哦！"

因为是李成文组织去的，绿春的蕉老板们给他安了一个挑蕉队长的职务。在绿春挑了个把月回来，李成文带出去的一队人，人人学会了挑蕉技术，个个付出的艰辛汗水，都得到了丰厚回报——每人腰包里揣了近5000块红彤彤的大钱回来。说是丰厚，对于当时的苦聪人来讲，大多数人在家里盘田地，一年到头也没有见过这么多的钱啊！

"我们挑蕉人得吃啦！"

兴发岭的村民们奔走相告，一如当年撵山打着了麂子抬回寨子一样喜气洋洋。李成文趁机把大家召集起来，准备干下一步的事。他从裤包里摸出一部手机，亮在大家面前说："你们哪个认得这个是哪样？都不晓得吧？实话告诉你们。这叫手机，是电话。我前几天才在者米街上买的，300块哪！有了这个东西，不管你在哪点，有多远，我都找得着你。刚刚吃早饭的时候，河坝的刀老板打手机给我，说是要一大帮人下去帮挑蕉，挑完就发工钱。你们去不去？"

"去，你带我们就去！"

[①]笨得屙牛屎：金平方言，形容人很笨。

"我们也去！"

人群里有一帮看热闹的妇女，有人提出来也去挑蕉挣钱。

"哈哈，瞧你们女人那样子，扁担是什么样你们都晓不得，还挑蕉？你们会吗？还是回家把奶塞娃娃嘴吧。"

"你个普阿斗背时儿子，你不是哑你妈奶长大的？"

"大家不要乱，听我说几句。在绿春也有哈尼妇女背蕉的。不过不是用背篓背，是用背架背，也有用红毡子包着背。如果你们妇女也想去，可以，河坝就在我们家门前，就一起下去。嘴边的肉，老婆娘也得吃一口！"

李成文这次组织人下河坝挑蕉，其中有七八个妇女。男人们挑，妇女们背。老板发"香蕉票"（类似于学校里的饭票），挑背完香蕉当场发工钱。兴发岭组织来的挑蕉队，工钱仍然平分。

"当时，大多是一家一对的去，女人每次背一坨，就专门给她们背大的那些。老板与我们算账时是按坨数来算的。2.5—3块一坨，他们发香蕉票，挑完后算账。一起出去的这一帮人当中，不管背多挑少，工钱平均分。这样干了一年。在挑的过程中，大家都有了手机，有了香蕉老板的号码，就直接与老板联系，这样就各干各的了。挑蕉很苦，但收入高。一年下来，一个人可以有六七万元的收入。"

李成文向我讲述了他们如何从挑蕉小工变成了香蕉老板的经过。

兴发岭的田地都在半山，海拔五六百米，非常适合种植热带作物。外地老板来租地种香蕉的时候，李成文私下与当时的村小组长商量好了，由他出面给香蕉老板们说："我们组长说了，我们寨子的田地可以租，但必须有两个条件：一是你们租了哪家的田地，就要让哪家最少一个人来帮你们打工，工钱你们自己看着给；二是地租要一年一订，高低跟年走。"

老板们答复说可以。但田地主人打小工的问题要由河坝的傣族来定。因为外地老板实际上是"二手掌柜"，他只管签合同租地，具体的种植管理，全是由河坝的傣族包工头来完成。这些年，苦聪人从森林里搬来定居，与河坝傣族和其他民族早就打成了"亲家"，结成了哥弟。苦聪人到自家地里打工，工钱是老板付，他们只是花点时间教苦聪人种蕉管理技术。

兴发岭的村民家家都有田地出租种香蕉。他们拿了一笔租金，到自家的田地里打工，又赚了一份工钱。也就是说，一个种植周期下来，苦聪兄弟学会了从选地、打塘、定植、浇水、施肥、除草、打药到校蕾、抹花、套袋再到砍收的现代香蕉栽培管理技术。如今有的田地租期到了，他们就不再租出去，自己干，自己当老板了。田地多的人家，种有2000—3000株，少的也有五六百株。现在全寨子合计有万把株。

"寨子上还有草果。近几年着病、冷冻受灾，收成不好。我们群众还种有木薯。这几年价格还可以，生木薯一公斤五角七八。新地一年一挖，旧地两年一挖。我的是旧地，一轮才得1.3万元，经济效益不高，但是管理成本低，小苗期间打完草，长起来后就基本不用管了。有20户人家都栽了一点。香蕉地租给老板的，估计全寨上百亩。租金与河坝的不一样，有的高，有的低，一年与一年又不一样。我们一年一订。地租高的时候是2400块一亩。海拔高的地方低一点。我们那里是1800元一亩。2014年到2017年，我种了5800株。当时蕉掉价，每公斤才5角，挑工费都干不来。2017年我就退出了。我退出又有价了，那个接手我干的傣族就赚了。我三年干亏了13万元。我是胆子不大，本金不厚，只有十几二十万元。我退出后就拿钱盖房子了。我现在的楼房就是拿牛角竹做的扁担挑出来的。"

在李成文的带领下，兴发岭的苦聪群众靠竹扁担挑出了幸福的新生活，现在他们家家户户都住上了小平房，成了苦聪山寨的脱贫致富示范村。而李成文，2020年4月8日我去采访他的时候，他已是兴发岭党支部书记兼村小组长了。

大山深处绽开的民族团结之花

西隆山褶皱里，林茂山耸，翠峰叠嶂，清泉潺潺，山花斗艳，蝶舞蜂飞。从无人机的镜头鸟瞰西隆山，东脉逶迤至国家级口岸金水河，山气化成水韵，丰沛的河水涛声阵阵，日夜不辍。站在口岸的河堤上，举目西望，不远处那一梁子橘红色，就是广西寨的新民房了。

广西寨源于清朝年间有几户广西人曾在此居住，故取名广西寨。它位于普角村委会驻地西北8千米处，海拔1596米。全村138户600人，拉祜族、瑶族混居；土地面积约32872亩，人均占地54亩。林地面积占六成。与全国人均占地面积相比，这里可谓地广人稀，发展空间巨大。再加上这里处于西隆山原始森林边缘，植被良好，土地肥沃，水资源丰沛，是一个诗意的栖息地。但是，就是在这样一个诗意的地方，人们却没有获得诗意感。到20世纪末，广西寨的人均产值还不到1000元，可支配收入不足百元。吸毒、赌博、酗酒、偷盗在寨子中经常发生，缺医少药导致病痛蔓延，教育滞后催生出更多文盲，交通闭塞禁锢了民众，成了新的"睁眼瞎"。

所幸的是，广西寨一位汉子，他戴着党徽，擎着党旗，率领全村各族群众，以筚路蓝缕的精神逢山开路，遇水架桥，开创了一条奔向美好未来的康庄大道！这名党员叫刘富珠，出生于1964年，28年党龄，是广西寨的支部书记。2011年4月，刘富珠被云南省人民政府授予"劳动模范"荣誉称号；2013年6月，被中国科协、财政部授予"全国科普惠农兴村'带头人'"荣誉称号；2016年10月，被云南省扶贫开发领导小组授予"云南省脱贫攻坚奖"荣誉称号；2017年7月，被推选为党的十九大代表。

这位荣誉加身的基层党员干部，谁也不会想到，他的人生就像一部传奇剧般曲折，他和乡亲们开山致富的精神更令人为之赞叹。

2001年6月26日晚上，面对妻子刚过世、自己又瘫痪在床的悲惨现状，刘富珠作出了一个决定。他把还不满10岁的小儿子叫到面前，用缓慢的语调说："三，你明天去你李贵新叔家，叫他把老党员通知过来我们家，我们商量大事。"

懂事的孩子在喉咙里"嗯"了一声。第二天，拉祜族党员李贵新按照刘富珠支书的要求，把本村和冷坡村的7名党员召集到了他家。大家把他连同他瘫睡的长藤篾椅子一道抬到屋子正中央，扶着他侧身，用枕头垫高他的头部。7位党员见此情景，都保持沉默。刘富珠小儿子给他喂了几口水，因为半躺着，又是侧着的，喂进口中的水大部分从他的口角流下，洇湿了前胸。他吃力地开口说："再过几天就是建党节了。今天请大家来一是过个组织生活，大家交一下二季度的党费；二是商量几个事定下来。老李，你先收一下党费。"

李贵新把7个党员的党费收齐了。

刘富珠说："我没有钱了，给老婆医病、办后事，我自己也医病，欠下了不少的债。"

李贵新说："你的情况我们看在眼里，这次你没有钱交党费，我们先为你垫着，等你好了有了再说。"

刘富珠叫了小儿子说："我们的鸡笼里面还有1只母鸡、7只小鸡（非常小），其他党员说我没有党费他们替我交。什么东西都可以代交，但是党费绝对不能代交，还是要自己交。你去把那只母鸡抱来交给组织，做我一年的党费。党培养我，对我和我家够照顾了。我怎么能欠党费呢？"

儿子抱了母鸡哭着进来。在座的党员、干部都在流泪。

刘富珠一边流泪一边说："把一只老母鸡交给组织不是很好，请你们给我估下价。你们研究一下，把卖母鸡的钱用来交党费。"

与会党员一致通过把母鸡估价8元。在当时的广西寨，一只母鸡卖价8元已是好价了。

会议上刘富珠认真地说："我想我自己可能不会好起来了，人生之路走到尽头了，老天爷安排，老婆走后又要让我走了，只能丢下这些小娃。如果我不行了，请大家今后按照我们前面几次会议的决定，做好工作，不辜负人民群众对我们的希望。第一，是普角至广西寨的公路必须要修通，这是老百姓迫切希望做的一件大事；第二，把我们广西寨的学校建盖起来，让娃娃们都读书，不要再做'睁眼瞎'了；第三，把广西寨的人畜饮水架通；第四，必须把广西寨的高压输电线路架通。如果这四件事情不能够完成，我死都不瞑目。"

这次组织生活会开得比较肃穆。天空不知什么时候乌云密布，好像要垮压下来。第二天，党员干部砍来竹子做成了一副简易担架，将他抬到了普角村委会，找车送到了金平县人民医院。

其实，广西寨村党支部书记、村小组长、瑶家汉子刘富珠的身体不是豆腐做的，也不是泥巴捏的。他是石头，是家乡到处都有的有思想、会唱歌的坚硬麻布石。

贫穷落后的广西寨，吹来的风很硬，下的雨很挤。时间长了，石头也会患病，也需要打针吃药。刘富珠打小就生活在乡野的罡风淫雨中。童年的他，主要工作就是放牛，打猪草，拾柴火。

少年的刘富珠有幸受了几年的学校教育。当时广西寨里没有学校，要读书得翻山越岭到8千米外的普角小学。稍大一点，刘富珠辍学成了家中的主要劳动力，在生产队抢工分糊口。20世纪80年代初，刘富珠成了边境基干民兵排长。1992年10月15日，组织上叫他去普角村委会报到，任文书。1995年8月入党，村委会换届时他被选为主任。1997年6月调到老刘村委会任主任。

正当他准备在村委会放开手脚大干一场时，不测风云让他的命运陡然间跌下万丈深渊——1997年他的爱妻张瑞琼被诊断为胃癌晚期。这个事实，使正在山路跋涉的刘富珠背后突然挨了一闷棍。2000年初，一直护理、守护、治疗瘫痪妻子的他，因急性胆囊炎做手术。18天后他拖着病恹恹的身体，又守护在妻子的病床前。为了照顾病情恶化的妻子，他只好辞去了村委会主任一职。然而，命运并没有眷顾他，2000年11月12日，妻子撒手人寰。家庭的不幸变故，重创了他的身心。这个时候，广西寨和隔壁的冷坡村联合成立了党支部，刘富珠被推举为支部书记。他虽然身心疲惫，但毅然担起了担子，在金水河畔的崇山峻岭中寻觅着脱贫致富的路子。2001年3月，刚刚理顺广西寨工作思路的刘富珠，再次遭遇病魔的突袭——他腰椎间盘严重突出，瘫倒在床。

刘富珠的病越来越重，又转到解放军第59医院。在第59医院治了31天，还是不行。到处借款，实在医不起了。广西寨子的哥弟、亲戚、群众只能把他抬回家，躺在床上一直用草药治疗。

天无绝人之路。2002年1月初的一天，躺在床上瘫睡了近8个月的刘富珠，左脚被一只长脚蚊叮了——他觉得有了痛感。小儿子扶着他，他慢慢地移动了双脚，居然站起来了！

2002年1月底，大病初愈的刘富珠在家中召开了一次群众大会。他说："我在各级党委、政府，各级组织的关怀下，得到全村人民群众的照顾，我终于从病痛中站起来啦！第一件大事是落实修路的事。如果不把路修通，广西寨就会更加落后。"

修路虽然是广西寨党支部会上研究定了的事，但落实具体工作时，群众意见多，分歧比较大。老一辈认为，要修十几千米的公路，要翻山越岭，肯定要挖着山脉，惊动山神，山神不安宁，寨子也不会安宁。如果挖断了山脉，破坏了老祖宗的地盘，妖魔鬼怪就会来乱，不要说村民不好在，连老祖宗都不得安宁。年轻一帮认为，路修通了，小偷方便进来了，鸡猪牛马的瘟病也来了！

刘富珠重新站起来的第一次群众大会就这样不欢而散。

经过几天的思考，刘富珠动了心思。2002年的春节过去没几天，刘富珠数了家里大大小小7头牛，决定卖掉2头，拿到卖牛款，他带着村子里所有的党员、干部和群众代表集中走路到普角，租了一辆车，到了金水河镇的白石岩、偏坡及勐拉乡的乔莱坪、牛塘考察。回来的途中他一直问他们："你们有何感想？"他们说："公路修通了好倒是好了，但是，修通公路了，小偷怕又多起来了，那些瘟病也会进来。"

刘富珠的2头牛卖了3000多块钱，这次考察租车、吃住全花完了。他卖牛后大家说："你不能拿去用在那些上，因为你欠下那么多的债务。"刘富珠说："我借你们的钱请你们放心，如果我死了还没有还清，我的土地你们去处理，我老婆和我医病共欠下外债37000多元，所有的东西你们处理了抵债。但是你们大家一定要考虑到寨子和以后的路。如果我们再不想办法，那么我们与通公路的地方距离越拉越长，以后变成两块天地，人家会看不起我们的。"

刚强执着的刘富珠分析后认为，考察失败的原因主要是没有针对性，干部群众还是没有打开眼界。

2002年9月6日，再次开了党支部和村干部会议，研究修公路的问题。刘富珠要求党员必须要动起来。他又卖掉4头牛，母牛、小牛都卖了，只留1小头犁田。用卖牛的3800多块钱，租了2辆车，再次去考察。这次去了60多个人，除了党员、干部，还有寨子的群众。这次的考察专门去瑶族村寨，先后去者米乡的向阳村、金河镇的太阳寨、十里村乡的烂滩（现为平安寨），然后又带着一生没有跨出县境的群众，跨过了蛮耗大桥到蒙自新安所等地转了一圈。

回来后，副组长李小二就说："啊，支书，看到你的决心，我没有话说了。你欠下这么多的债务，你卖牛了都不还，还一直带我们出去参观，这次我能够理解你的用心了。没有二话说了，你说咋个干，大家就咋个干了。"

2002年11月，广西寨开始组织群众去挖路。群众一时还在观望，刘富珠就与7个党员先带头，背了行李，背了锅碗，在垭口盖了一个塑料棚住下，开始挖路。

刚开始的那几天，党员们还觉得轻松。离开村寨，住进树林，乡间男人的野气得到了完全的释放。劳动过程中，有人还唱起山歌。到第三天，村干部和一些老百姓也动了，来干了。老百姓动了，党员们个个高兴。当大家投入2400多个工日，才挖得百来米的小道时，有的群众泄气了，有的甚至扛锄回家不干了。刘富珠与党员们也觉得这种干法不对。普角到广西寨要挖10千米左右的公路，全是山坡石块，这种蚂蚁搬家式的施工，要干到猴年马月啊！刘富珠首先想到了请推土机等修路机械，但这要花一大笔钱啊。那个时候灵香草在市场被看好，那东西是草本植物，栽下去一年内就可以收割，但需要大量的林下空地，这是个现实问题。

刘富珠几夜没有睡着，他想到了寨子的牧场。于是他召开群众大会，说把所有的牧场利用起来。他说："我们这样蚂蚁啃骨头挖路不行。我们要请机器来干。大家都晓得机器要喝油，加油就要钱。钱倒是好找，我现在就有一个办法，叫机器先干着，老板垫点钱，年底我们就可以还了。"

刘富珠点子多，这个群众信。可有人还是提出了疑问，说："斑鸠还在山上没拿着，就吹怎么整吃？"刘富珠高声说："你们大家想想，我们寨子有那么多荒地，怎么不利用起来？现在灵香草的价格好，我们每一个人（劳动力）都要安排5分地。就用我们牛场的地。以前我们的牛只管野放在山上。植被就被牲口糟蹋了。现在各家各户的牛要集中放，修栅栏管好，把土地腾出来种灵香草。"

广西寨的荒坡荒地很多，大家用来做牧场。平时把牛吆到山里就不再细心管理。有的人家甚至半年才去看一回。草深林茂看不见牛的踪影，有经验的人就带去一点盐巴，放在一些石窝里，人躲到草丛中等牛来舔盐吃，数着自家的牛数。刘富珠说一定要打破这样原始落后的放牧方式。

群众听他这么一说，觉得有道理、实在，就同意了。群众通过后就把牧场分到每家每户了，然后开始种植灵香草，种苗由刘富珠来负责。不几天，种苗全部安排种下去。这次群众行动很快，积极性也很高。种下灵香草，刘富珠又灵机一动，与村干部们商量，用集体的30多万株杉木做抵押，向银行贷款。刘富珠专门跑到信用社，请来了王小成主任到广西寨作实地调查。信用社的主任查看后同意贷款，最后贷了22万元。刘富珠向群众说："这次你们放心了，贷款落实了，修路的机器马上就能来了。"刘富珠他们去签订了合同，镇党委、镇政府帮他们找来了施工的老板，违约金是12万元。过了几天，施工的机器轰鸣声就在山坡上响起来了。按照原来党支部和村干部会议商定的事项，趁机号召群众集资，以补贷款的不足。大部分群众积极响应，集资了2万多块。有的不集，有的挖到半路才来加入，有的挖通了才参加。党员干部除了集资外还捐资7000多元。刘富珠率先用自家的橡胶林、杉木地抵押贷款3万元来捐资。这一举动带动了其他党员的积极性，跟着带头用杉木、草果地、橡胶林等抵押贷款，又筹集到修路款14.1万元。

眼看着毛公路在山中越修越长，可问题又来了！

冷坡村小组与广西寨相隔2千米，按规划公路一直要修到冷坡。在去与施工方签合同的时候，冷坡的村干部也去参加了，两个寨子都一样集资。签字回来后冷坡村却反悔不干了，说："你们要干，你们自己干，以后我们要干，我们自己从老刘（另一个村委会）挖上来。"冷坡有人乱造谣说，他们（广西寨）搞非法组织活动，叫大家不要上当等等。

说得好好的，吐出的口水又收回去了。广西寨的群众很是生气。如果不干了，那12万元的违约金怎么办？刘富珠把这个情况向普角村委会作了报告，又到镇上找书记反映，领导表示冷坡村的这种行为也一时没有办法。刘富珠又到县上去找领导，找着了副县长赵成龙、人大常委会副主任李建军。他们俩都是瑶族，听了汇报后亲自来冷坡村协调工作。冷坡村还是死活不干。最后领导说这条公路是你们自己的，大家修的，你们修通了以后你们得享受，不干的不得享受。冷坡村还是决定退出，广西寨就自己干。

有一天，施工方老板火气冲冲地跑来找到刘富珠告状说："你们的人不让我们挖，还想与我们现场人员动手，路怕是修不成了！"

刘富珠立即赶到现场了解情况。原来是公路路线要经过3家农户的草果地，没有补偿，不让修路。按照当时金平县境内群众自己修公路的惯例，没有具体的补偿政策规定出台。刘富珠一班人在做规划时忽略了这个问题，召开党员会议研究，却没有令人满意的答案。他思考了几天，又与这几家人做了沟通，然后在群众大会上说："我是一名党员，在群众面前就是要吃得亏。我们常说'吃得亏在得一堆'，我始终是挨大家在一堆的。现在我当着大家的面说，我们挖的公路是致富路。挖路占到哪家的草果地就算我家的，占着田的也一样。占着了多少，你们去我家的田地里选，瞧着哪块要哪块，占着一亩我补三亩。"

"是不是真的，书记？"

"真的。"

有了刘富珠的这一炮，修路的障碍被扫除，挖机的轰鸣声又在工地上响起。

10余年来在广西寨群众修筑的大小长短22条公路（生产路）中，最先被占用的3户农户的田地共计14亩，刘富珠兑现承诺，赔偿了42亩。后来这3家人欲将土地退还给他，被他婉言谢绝了。汉子吐出去的口水怎么能收回呢？这是刘富珠为人的信条。

2003年夏，普角至广西寨的公路修到了寨子边，全寨子人激动得奔走相告。小孩子围着机械上蹿下跳，嬉戏打闹，有人抬出苞谷老酒准备庆祝的时候，没想到一场群众性的械斗剑拔弩张，一触即发。正在家中准备吃饭的刘富珠得知情况后，立马通知村上综合治理领导小组的成员赶到现场。

原来，冷坡村急需一批化肥。一个在村委会工作的人对冷坡的群众说："自古大路都是给大家走的。你们没有参加修路不怕，我叫老板帮你们直接一车就拉上来了，要怕他们。"

一车化肥就真的拉到了广西寨的寨子边。这下群众就有意见了，纷纷说："我们修路他们不干，在旁边给白眼、说风凉话，现在桃李才刚红了一点点，他们就先来摘了。不行！"气愤的群众把那车化肥扣住了。双方的人手拿着弯刀、锄头、棍棒、石块开始对峙。有人甚至放了狠话，不得么就抬铜炮枪来，看哪个的手快枪法准！

刘富珠带着村干部赶到现场，一边给群众做工作，一边派人跑到村委会向上级报告。县政府分管公安工作的副县长赵成龙立马安排人员，于夜间10时许到达事件现场。县领导、镇领导和警察的到场，紧张的局势才大为缓和。

副县长赵成龙在听完广西寨、冷坡村和警察的现场调查情况汇报后，当即就地召开了群众大会。

赵成龙大声说："父老乡亲们，你们大家听好！这个事我很清楚，首先是冷坡村的错。去年我就和人大的李建军李副主任一起专门来到这里，召开群众大会，解决过你们的问题。你们冷坡村小组当时签了字，你们反悔不干，不参加集资。我还记得当时处理的结果是按照村民自治的相关规定执行。这里我要强调，按现在我们国家的法律规定，村规民约定下的，只要不与法律冲突，维护绝大多数人利益的都是可用的。"

赵成龙顿了一下又说："广西寨和冷坡村是隔壁邻居，大家同在一座山上淘生活，同喝一个箐沟的水，同晒一个太阳过日子，就是哥弟。哥弟亲，打断骨头连着筋哪。"

经过协商，广西寨把扣了的化肥还给冷坡村，但每包要收取5元钱的"过路费"——按从普角用马驮100斤（1包）是10块运费计，现在减半每包收5块。

这件事后，冷坡村群众的思想触动很大，慢慢地拿出了集资款，主动参与修路。2003年底，公路不但通到了广西寨，还延长了2千米修到了冷坡村。刘富珠一班人给两个村子的百姓交出了一份高分答卷。

第一条公路就这样修通了。从信用社贷款的22万元，大家集资捐资。两个村党员干部捐资5万多元，群众集资5万多元，刘富珠家捐资4.8万元。各方想办法凑够了22万元还了信用社，被抵押的30余万株集体杉木安然无恙。

公路进来了，土特产品出去了，群众尝到了真正的甜头，后来的好些难办事情迎刃而解了。在后来修路的过程中，土地占用已不是问题，人们什么也不说了。非但没有意见，反而还要争取修筑与自家土地相关的路。后来修的20条公路除了大家集资，刘富珠找上级协调了一部分资金。到2017年全村修公路总投资1000多万元，上级政府补了200多万元，投工投劳不计其数。老百姓家中那点钱，大部分都用来修公路了。路不通的人家，因为没有直接受益，但也要集资，只不过不强行要求多少数目，全靠自愿，人人参与，人人集资。

通过向政府协调项目、组织群众自筹资金、党员带着下地干活、一条一条领着群众挖，广西寨先后修通了广西寨至普角、热水塘、南宋河、白河、沙椤、老刘等村的生产公路共22条，公路里程达150千米，为广西寨经济发展插上腾飞的翅膀。如今的广西寨，不再是封闭落后的小山村，是交通便利、发展迅速的社会主义新农村。

路修通了，门打开了，但没有产业支撑，群众致富步子还是迈得很慢。刘富珠常向村里的党员说:"我身为共产党员,要一心一意为广西寨着想,多想一些法子,多找一些路子,让群众尽快过上好日子。'人吃主意狗吃屎'从老辈人就说起了,这个吃屎不好听,我把它改成'牛吃草'。以前我们常讲'哈尼的田,苗家的地,汉人的主意'。这个主意是哪样?就是办法,是文化知识、科学技术。我就不信别人能干成,我们就不能干?"

他总结了动员党员群众修路的经验,决定先让村里人把思想转变过来,早日发展产业脱贫致富。刘富珠组织党员自筹资金,带着党员群众走出村子学技术、长见识。村里的大部分人第一次走出世代居住的大山,跨过蛮耗大桥,在村外、县外的土地上,看到了一片片果园、一排排漂亮整齐的农村房屋,思想受到极大的触动。外出考察回来,村里引进了3种优良核桃种苗,党员先用自己的田地做实验,3年后核桃种苗长势喜人,再将种苗和种植技术推广给全村群众。同时,党员带领群众将土地连片规划发展产业,种植杉木、灵香草、草果、八角、板蓝根等,开发高寒山区闲置土地。

广西寨是瑶族和拉祜族混居的寨子。由于历史的原因,拉祜族是"直过民族",生产力发展相当落后。20世纪50年代,政府的苦聪民族工作队在茫茫的西隆山脉原始森林里找到了他们,搬迁出来在广西寨定居。

搬迁定居在广西寨的拉祜族有22户。广西寨人的土地虽然宽广,但日子过得贫穷困顿不堪。刘富珠看到他们的土地,适合种林下经济作物,就把自己的草果苗拿出来,无偿地送给他们栽种。苦聪群众反映说不会栽,刘富珠就在地里召开培训会,手把手教。李小路一家有2个孩子在读大学,生活比较困难。一天,刘富珠亲自背了一背草果苗到了李小路家地里,对李小路说:"你家两个娃娃都读大学了,你不会笨得屙牛屎吧,连草果都不会栽?来,我教你,一学就会。"

在刘富珠的关心帮助下,苦聪人李小路不但学会了种植草果、灵香

绿荫环绕的广西寨（南马 摄）

草、野三七、重楼等经济作物，还学会了建筑、开车等技术。如今李小路家盖起了三层楼房，开起了乡村小超市，购买了轿车。大儿子李金义大学毕业后在外打工挣钱，小女儿李运梅在云南广播电视大学读书。

这些年来，为了全村群众的脱贫致富，刘富珠无偿或半价提供草果苗7万余株、杉木苗31万株，折价近20万元。2016年1月，受低温冷冻灾害影响，全县多地的板蓝根几乎被冻死。得知情况后，刘富珠及时召开党员会议和村合作社社员会议，研究将村上合作社拥有的320吨板蓝根苗以低于市场价一半的价格，提供给金水河镇1287户贫困户种植，种植面积达3995.25亩。当时板蓝根种苗市场价位在5—6元/公斤，320吨让利一半，合作社就少收入960万元。如此大的数字，引起了合作社内部的意见不统一。

刘富珠语重心长地说："我们这次提供给的农户都是我们镇内的贫困

户。帮他们尽早脱贫致富也是我们的责任，也是积极响应党的号召。我们常说'肥水不流外人田'，他们又不是外人，流给他们值得。"

合作社让利了960万元。刘富珠把他仅有的30吨板蓝根苗让利给百姓，仅此一项刘富珠就少收9万元。同时，为让群众放心种植板蓝根，他多方协调引进昆明中药厂与村里签订了10年的收购合同，预计年加工板蓝根600余吨，经济效益达400余万元。

近年来，金平县委、县政府引进推广油茶产业，刘富珠提出了广西寨"万亩油茶林"的发展计划，把村里的农户组织起来成立专业合作社，引进红河联农油茶专业合作社共同实施强基惠农"股份合作经济"，采取"合作社+村集体+村民"的合作方式，让村集体经济走向市场化、规模化，2016年底已开发村集体和农户土地种植油茶9800余亩。

在刘富珠的带领下，广西寨还发展了杉木林地9973亩、板蓝根9400亩、香（芭）蕉1600亩、甘蔗1900亩，同时巩固发展传统的草果2000余亩、八角3800亩、核桃200亩、木薯500亩、橡胶500亩等。

2016年，全村经济总收入达448万元，人均纯收入4000元左右，建档立卡贫困群众52户209人，已全部脱贫出列。

2018年，刘富珠看到重楼市场价格很好，结合地方传统瑶药发展需求，通过考察、了解，广西寨具有发展重楼产业得天独厚的地理优势，是除了发展板蓝根产业外的又一林下经济特色产业，他决定带领群众大干一把，现已种植重楼70亩。

对于广西寨村的未来，刘富珠心里做好了规划，有了"谱气"。

"到2018年，产业布局完成油茶、杉木、板蓝根3个'万亩产业'；甘蔗、八角、草果3个'千亩产业'；黄精、重楼、野三七3个'百亩产业'。我们的这3个'万亩、千亩、百亩'产业，就叫'333'产业工程。到时候，全村产业产值从2015年的7000万元增加到1.5亿元。"

刘富珠接着说："到2020年同全国、全省、全州、全县建成小康社会,如果我们没有这些产业支撑,就谈不上脱贫和建成小康社会。我们在农村要因地制宜,结合本地实际来发展。在产业发展上,我们要抓好原有的产业,同时也要抓好新的各种产业的培植。如果我们没有产业支撑,就会返贫,我们要多元化、多样化地发展,产业单一就抵不住市场的波动,这个很关键。"

刘富珠继续说:"我觉得发展产业,最关键的是党的基层组织建设这块。以前我们贫穷、落后,是党的这块工作没有抓好,人心就变成了散沙。不论抓什么,党的基层组织建设必须放在首位。如果我们能够组织起来,大家统一思想、集中精力,不论多难的事情,都能够干得成。各级党组织是我们坚强的后盾,我们把组织建成好了,我们把每一个党员的作用发挥起来,无论是抓哪一项工作都会很顺利。"

广西寨(含冷坡村)由2000年的1个党支部8名党员,发展到2017年2个支部(含1个专业合作社支部)19名党员。

刘富珠身为广西寨的领头羊,牢记党的重托,带领广西寨的瑶族、拉祜族苦聪人同胞,倾情付出20载。功夫不负有心人,他们开挖公路、发展产业、兴办教育,脱贫致富,使广西寨原本封闭又落后的小村庄发生了翻天覆地的变化,在深山里开出了一朵民族团结的最灿烂的花朵!

在疼痛与希望中前行

发源于西隆山东麓,奔流至国家级口岸的金水河,山气化成水韵,丰沛的河水涛声阵阵,日夜不辍,构成了"一江春水向东流"的独特景观。

在美丽金水河上游支流南溪河与南科河交汇处，有一个风景秀丽的寨子，她的名字叫联防村。

对于联防村，读者们应该已经不陌生了，在之前的篇幅中讲到的姐妹花王二妹和李二妹，法官李建民，乡长黄志春、李玉明、李云等人，都出自这个风景秀丽的边境村寨。

在溪流边建起来的联防村，改革开放40余年来，尤其是进入21世纪，党和政府带领拉祜族苦聪人同胞，开展了山上治坡、山下治窝、人中治愚的全方位、大规模的扶贫攻坚行动，将一个蛰居在大山深处贫困不堪的小村子，建设成中越边境一个美丽的民族家园。一排排整齐的楼房一间挨着一间矗立在街道两旁，来自五湖四海的生意人在这里汇聚，将中越两国的商品堆满了仓库。就连苦聪人也纷纷学会了做生意，一家赛一家地盖起了高楼。

2017年，联防村脱贫出列。

时间之水一如金水河一样潺潺流淌。也许是上苍对人类的嫉妒吧！2019年6月24日凌晨2时许，在我探访了联防村的王二妹和李二妹半年后，一群大自然中的魑魅魍魉，张开血盆大口，以雷霆万钧之势，扑向了梦乡中的村子。

联防村的女组长黄秀珍永远也忘不了2019年6月23日的夜雨，这雨已经连续下了好几天了，仍没有一点累的感觉，还在不停地下着，到了夜间更是变成了倾盆大雨！

雨季中的南科河水汹涌奔流，流量明显大了一些，水也更浑浊了一些，但仍然在河堤的控制范围内，没有超过警戒水位线。村中街道市场上的夜市摊，一改往日的热闹，不到11时就打烊熄火。村民们在雨的烦扰中进入了梦乡。

家住村西头南科河河堤边的黄秀珍却在床上辗转，怎么也不能入寐。作为一个村子的召集人、领头人，每年进入雨季，她都要防汛值班，夜不能寐似乎成了常态。但是，今年的雨季与往年有很大的不同：先是连续干旱，后是暴雨不断。政府发出了多个雨情预报，泥石流、洪灾预警……

一个炸雷将迷糊中的黄秀珍惊醒过来。她翻身下床，拿了高容量铝材强光头灯（俗称割胶灯），撑上雨伞，快步朝南科河堤的钢索吊桥走去。她来到河堤上用灯光照向河上方，河水比天黑前涨了不知多少倍，咆哮着的洪水从上游直扑下来，一个个浪头爆炸般冲击着10多年前用钢筋水泥修固的河堤。她发现势头不对，准备爬上那座供人们便捷通行的吊桥上进一步观察洪水情况。但是，洪水已漫到了桥面，桥被推得摇摇晃晃的，人根本不能上去了。这时，又一波阴惨惨的疾风扑来，撞了她一个趔趄。要出大事了！她在心里作了准确的判断。此时的整个联防村民小组135户547人，再加上南科中心小学和幼儿园289名师生，村委会工作人员和外地来的客商等超过800人正在睡梦中，对即将来临的险情一无所知。形势万分危急！

准确的判断使黄秀珍作出了准确决断。

她从河堤边快步返回，敲响了住河边上第一家王小林家的门，一边敲一边说："赶紧起来了，今晚上的水太大了，不是一般往年样的水，雨又大，风又大，起来赶紧叫隔壁邻居起来，赶紧跑！"见王小林家的灯亮了，她又顺路敲了黄进珍家门，顺路叫醒了王小梅一家。黄秀珍一边大叫大吼着，快速赶回家中。是时，恶魔般的洪水刚漫过河堤，还没有冲到顺河边的街道上。整个联防村的路灯还在大雨中顽强地亮着。

跑回家中的黄秀珍立即拿上村小组活动室的钥匙，小跑着打开村小组活动室的门，把平时活动用的大喇叭线插座插上，打开了送话器的开关，张嘴还没有说出第一句话，全村就一片漆黑了。

断电了。天更黑了。雨更大了。洪水也更大了！灾难的魔鬼张开狰狞的血盆大口，逼近。近千人命悬一线！

喇叭报警不成，黄秀珍先后给村委会普主任、住在村中间地段的副组长和小学校的王琼仙老师打了简短的电话，告知了灾情，要求组织群众和学生撤离。此时正好是24日凌晨2时10分。

　　黄秀珍从活动室冲出来，敲活动室门口的那家门，叫他们赶紧起来跑，洪水要进家了！那家人在房子里回应说："整哪样？"黄秀珍说河水太大了，赶紧起来跑。黄秀珍跑回来敲旁边这家，叫他们赶紧起来跑，水都要进来家了。通过敲门、喊叫的办法，住在村头靠河边这一片的人们都醒来了，都起来了。村民王梅家最靠河边，还在河边建有猪厩等，在那里养了猪、鸡。黄秀珍又赶紧跑到河边叫起了他们一家："你们咋个还不起啊，大水淹你们的猪啦！赶紧起来啊！"看见王家人起来后去拉猪，黄秀珍这才返回村头。看见隔壁邻居的人起来了，黄秀珍再次跑到村头的河堤察看水情。返回来时看见村民还没有离开，就即刻叫人们赶紧离开，村民们在惊恐中开始向后面山的龙凤村撤离。

　　黄秀珍还是不放心河边王梅一家。她再次跑到河边，见王家还在拿小猪，就大声责备："你们是憨包吗？洪水都撵屁股了，你们是要猪还是要命？赶紧跑！"

　　王家人放下装进编织袋的小猪，跟着她一起跑。

　　"我又跑回家来。这个时候红红的大水就来到了我家门口。我就拉起我家孙孙向龙凤村跑。一边跑一边叫，一边跑一边喊：'什么东西都不要拿了，人跑了就得了。'我就一直跑啊跑。我拉起孙孙跑到龙凤村寨子脚，我把孙孙丢在那点。有些人都跑上山去了。我又返回。水太大了，我都不敢下到寨子里了。我又大叫赶紧跑，不要拿东西。我使力叫，把脖子都叫哑了。"

　　由于黄秀珍最先在村西头敲门、喊人报警，中途又数个电话打通相关人员，告知了险情，整个联防村从村西头到村中段再到东面的村尾，近千人从睡梦中醒来，开始了与死亡搏斗的大撤离。

　　凌晨2时30分，暴风雨中的天际又一声炸雷掠过。正在睡梦中的陈恒

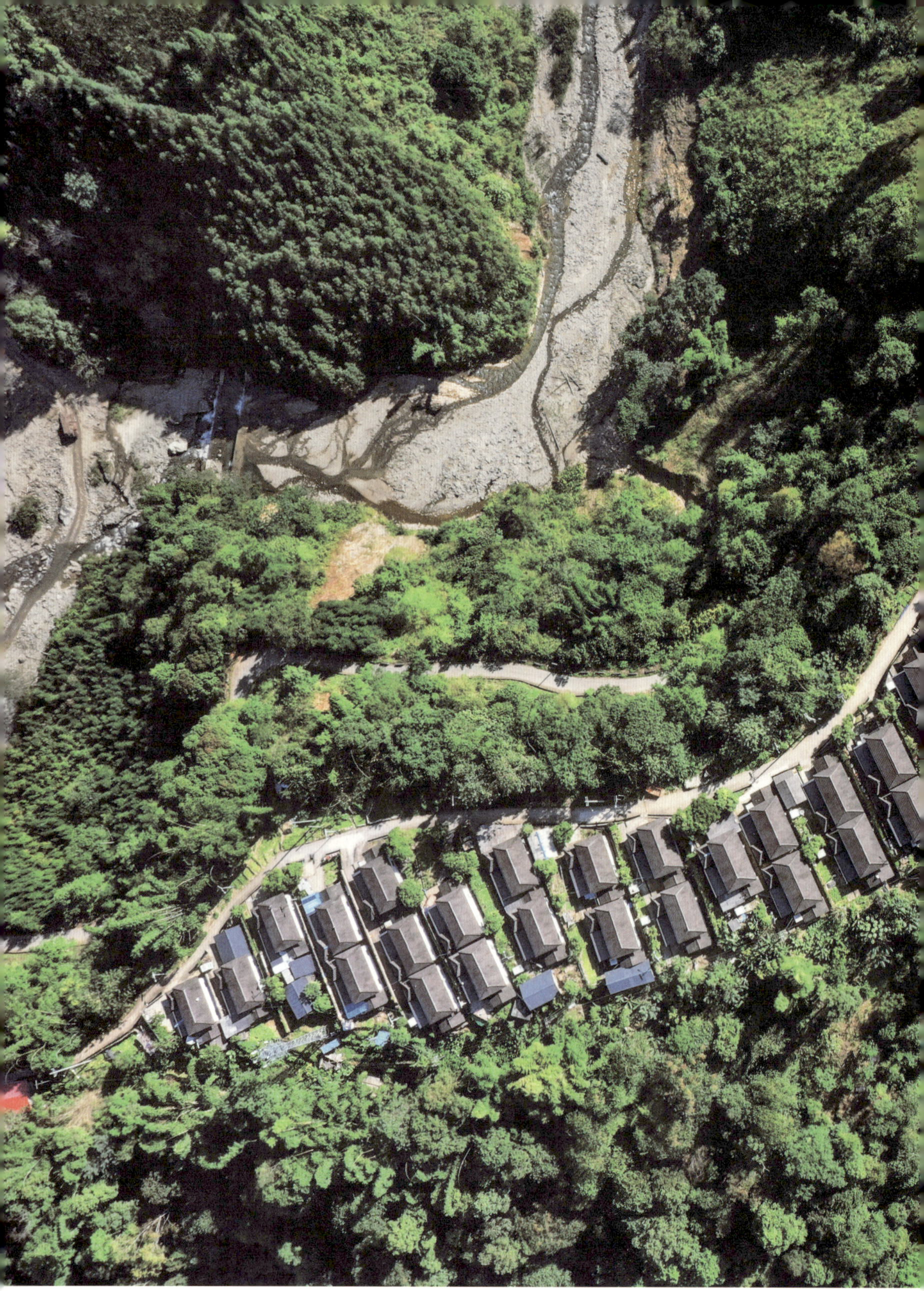

绿树丛中的龙凤村（梁荣生 摄）

一下子被惊醒过来。这位"90后"老师是金水河镇南科小学的校长,窗外的狂风吓得他朝窗子外面看去,南科河河水已经灌满了整个河堤,开始漫上街道来。就在这个时候,村委会的村主任给他打了个电话,说赶紧组织学生撤离,上面联防村已经有两家被淹了。他一边讲着电话,一边朝女生宿舍跑去,没有顾及家中的婴儿和妻子。

到了女生宿舍,看到学校后面那堵围墙已经坍塌了一部分,河水已经灌到了女生宿舍一楼。名为女生宿舍楼,实际一楼住男生。陈恒冲到宿舍门前,边敲门边大声叫开门。学校没有专门的宿管员,每日夜间休息前,都要对住校学生进行"夜查"。查完登记后就让学生在每个宿舍门里插好门扣。陈恒去的时候,水快漫到膝盖这个地方了。学生睡得很沉,在他的大声吼叫中有的还是沉睡不醒,他用手上的伞挨个敲床,叫他们赶紧起床集合,先到安全的地方。叫醒了一楼的男生,陈恒又赶紧奔上二楼,去敲女生宿舍的门。一号女生宿舍里大一点的女生边开门边问他:"老师,半夜三更的有哪样事?"

"快!赶快起床撤离,洪水淹进来了。快点啊,快!"

陈恒一共敲了6间宿舍的门。在这个过程中,用手机通知了副校长,叫他赶紧叫其他的老师,组织学生赶紧撤离。当时在学校里住宿的只有6位老师,4女2男。当一、二楼的学生全部起来跑向球场的时候,特大泥石流的第一波冲击波发出震耳欲聋的恐怖声,眨眼间击倒了学校的围墙,直向宿舍楼、教学楼卷来。陈恒让赵进祥老师在男生宿舍楼里组织学生撤离,他在前面探路,叫4位女老师牵着年龄小的女生的手,叫大同学拉着小同学的手跟着他,往南溪河方向撤离。当时南溪河水没有暴涨,学校到南溪桥一段还没有被淹得太深,大一点的人蹚水还可以勉强过,但是小的孩子根本就踩不到底,他们就拉着、拖着跑。这个时候一起撤离的村民也帮忙来拉孩子跑。

第一批116个学生刚撤离学校大门,第一波泥石流就占领了校园。小轿车般大小的顽石冲进校园。随后跟进的浑浊洪水迅速提升了水位，将另外83名男生困住。就是在这样短短的120秒的时间里，两批次撤离的学生就被隔开了。赵老师正在组织男生撤离，见校门出去的路被洪水堵死，就按平时教育学生遇险时安全避险的方法，将学生迅速撤到教学楼的二楼。学生撤到二楼后，赵老师下楼蹚着洪水，小心翼翼地到前面探路。当他快要到学校大门时，一个大浪将他冲倒。情急中，赵老师抱住一根木头漂了几米遇到硬地才站立起来。看到自己无法再返回学校，他只好撤到南溪河东岸，与先前到达这里的师生们会合。

由于情况紧急，现场情况复杂，陈恒又是在最前面探路，他以为后面撤离的男生已经跟上来了，所以就在接到龙凤村小组长罗云祥的询问电话时，顺口回答"已撤离了"。紧接着陈恒清点学生只有116个，心里就很着急了。那另外还有七八十个人往哪里去了？

"完了，那些学生怕是被洪水吞没了！"陈恒心里一凉，他该如何向学生的家长交代呀？就在这时，龙凤村的组长罗云祥打电话给他，说在学校教学楼顶上发现了一群学生，陈恒回答说他马上回校营救。可是水太深了，已经齐胸了，贸然前往只会无辜送命，于营救没有半点好处，只能守着自己带出来的100多名学生，确保他们的生命安全。

这一夜，已有12年村小组组长历练的莽人兄弟罗云祥在桑拿般高的气温中翻来覆去睡不着。24日凌晨2时许，他走到自家的窗前，关上了被疾风掀开的窗子。他拿了一盏强光头灯，走出家门，将灯光刺入黑夜，在夜幕上撞出了一个白色的通道。

又是一道扎眼的闪电划过苍穹，一声不及掩耳的炸雷就从大山头上扑进了南科河谷，撕裂般飞啸向了下游。炸雷的后腿刚过，大雨的前脚就来了！

今晚肯定有问题。这样想着，罗云祥组长快步来到了离他家不远的村小组活动室。他在风声、雷声和雨声中，动作老练地打开了扩音设备，送出了他清脆的声音："各位村民，睡着的赶快起来，今天晚上不一般，有危险情况。大家拿着电筒、雨具，立即撤离！"

罗云祥的话还没有说完，手机铃声就急促地响了——村子右侧住房的苗家来电话说垮山塌方了。罗云祥立即冲入雨帘，跑到百余米处的苗族住房，把那几家人全部叫出来，集中到村活动室里。这个时候，村小组党支部书记陈小华也巡查村子来到现场。他俩简要交换了工作意见。罗云祥给南科小学的校长陈恒打了个电话，询问了学校的情况。陈校长在电话中告诉他，小娃已经撤离到安全地区了。此时，无数的电筒光在龙凤村脚乱晃，人的吼叫声，汽车、摩托车声夹杂着风雨声向村头漫来。有个开着小轿车最先到达活动室的联防村人大声告诉罗云祥说："大洪水淹完了村子，在不成了，不知道死了多少人。"

罗云祥与陈小华交换了意见，由陈小华负责人员的安置工作，他负责到下方的灾区去察看灾情，进一步核实情况，并命令所有村民：凡是联防村撤来的人，不管是不是亲戚朋友，不管是老人还是妇女，进哪家算哪家，有哪样吃哪样，龙凤村人一定要招呼好，有什么问题等天亮再说。

罗云祥与退伍回乡的基干民兵罗进才逆着撤离的人流向村下方跑去。他俩到达联防村时，浑浊洪水已淹没了街道，淹过了一楼。他们无法进入村中，两人来到地势较高的村卫生室楼顶上，各人拿了一根巴茅秆，顺着卫生室的水泥楼梯，试着水深，来到了街道上。这时的街道上，泥浆陷到了他们的大腿，洪水漫到了腰部。他们谨慎地来到了学校学生食堂墙边，用强光头灯照向了斜对面的南科小学教学楼。这不照不知道，一照吓一跳！在教学楼二楼的过道上挤满了学生。

罗云祥心里顿时像被什么东西重重地扎了一下。陈校长不是说孩子们已安全转移了吗，怎么现在还有一大帮学生被洪水围困在楼上？如果泥石流再来第二拨，洪水再来得大一些，那已摇摇欲坠的教学楼，还能保住学生的性命吗？情况万分危急！罗云祥拿出手机，打通了龙凤村党支部书记的电话："其他的你不要管了，赶紧叫几个人找来楼梯，把这帮小娃救出来，不然洪水再来就完啦！要快啊！"

罗云祥与罗进才在学校边的洪水中犯难了——学生食堂爬不上去，学校的大门被冲走了，水太深，进不去。他们找来一根两三米长的竹竿挂进学校大门内，挂不到底。罗云祥用头灯光照向了不远的高处，原来县外事办建房时留下了一把杉木梯子。他不顾一切地冲过去，把梯子放在水中，用全力拖了十几米，拖到了学生食堂后墙边上。这时，在南科村委会计生宣传员罗云华、联防村的白忠明也赶到了救援现场。他们几个人合力将杉木梯子架到了学生食堂墙角处。罗云祥首先攀着梯子爬上了食堂屋顶，后边几位依次跟进。食堂屋顶已被泥浆淹没了。

那些高压电线断下来被埋在泥浆里。罗云祥说："我来不及想哪样，光脚一脚踩进去，咦，是高压线嘛，没有反应，我这才想起断电了。如果那时有电，我们几个都要触电身亡了。"

这真是命悬一线啊！

在食堂房顶上踩了高压线，罗云祥这才注意到自己的鞋子不知什么时候冲丢了。他没有多想，光脚蹚过了食堂屋顶，翻进了女生宿舍的二楼。后面的罗云华等几个也跟来了。被困在教学楼二楼上的学生，此时看到有人来救，便涌向了靠女生宿舍楼这边。罗云祥从宿舍楼楼梯下来，准备去教学楼。可是，来到一楼楼梯口，那里已被泥石流带来的石块、木棒等杂物堵死了。他们想了个办法，去外事办房子那里抬来几根5米左右的旧杉木，想搭到教学楼二楼，但是长度又不够，此办法行不通。罗云祥从梯子上到学生宿舍楼顶，拿电筒照见有一个施工刷墙用的木架，他们把木架搬到与教学楼连接的角上。罗云祥用木架上的一颗弯钉钩着教学楼斜伸出的屋顶，爬了上去。

这时的雨还在不停地下，洪水毫无倦意地还在一波接一波地冲击着岌岌可危的教学楼！

这时，龙凤村的陈小华和几个村民，抬来了村上刀自忠家老丈人的一架铝合金梯子，搭在女生宿舍楼顶和食堂楼顶之间。

那些小娃见大人爬上了房顶，他们就顺楼梯口爬上了教学楼的房顶。罗云祥爬到屋顶，见这帮学生后，对着他们大声喊道："同学们，大家不要慌，我们是专门来接你们的，不要乱，一个一个来。"

先前有些在喧闹的学生一下子就安静下来，在没有老师现场指挥的情况下，按从小到大的顺序在教学楼的屋顶上排好了队。

屋顶上的罗云祥，在风雨中左胳膊紧紧钩住焊死了的钢筋，脚踩稳在木架上，右胳膊牢牢抱住小娃，递给他脚下的陈小华，陈小华又递给下一个。后面的人把小娃抱到宿舍楼房顶边上，从梯子上下到食堂房顶，小心走过满是泥浆的屋面，再从最先搭的杉木梯子下到街道上，然后再从卫生室的水泥梯子上到房顶停住。等到把教学楼屋顶的学生接完，再把铝合金的梯子撤来搭到背后山上，这才算是到了安全的地方。这样一层一层地撤出来，用去约2个小时。

"我上到教学楼房顶，就对小娃们说，大家不要乱，小的先来，一个一个从小到大地来。学生们从小到大排好了队，秩序很好。当时一个老师都没有在场。有些小娃脸上全部是泥浆，全部湿透了，在雨中发抖。我们不知道有多少学生，抱了多少都抱不完，似乎越抱越多。我叫他们数一下有多少，他们没有忙得赢数了。我们连续干了两个多小时才把那些小娃接出来。最后一个小娃比我高，比我胖，我都抱不动，不敢下来了。我只好两只手死死抪住他的胳膊，他的屁股抵在梯子上，下面两个大人一个拉住他的手，一个抓住他的脚，慢慢滑下来。我们手脚都酸完了，咬着牙巴骨才坚持下去。一共救出了80多个小娃。"

救完了被洪水围困的男生不多时，天就亮了。被救的学生和赶来的家长们在龙凤村活动室球场上烤着火，这时候人们才发现不见了罗云祥。罗云华、陈小华反复打罗云祥的手机，怎么也打不通。人们急了，陈小华带了几位村民再次下到联防村寻找。因为洪水还很大，无法进入村子和学校搜寻，只好不停地吼叫和打电话。但就是没有罗云祥一丁点的信息，直至罗云祥领着自己的孩子再次出现在活动室，进入人们的视野。

在采访中，罗云祥回忆自己失踪的那几个小时，道："救完小娃的时候，天都要亮了。我们就撤回来。因为我没见到我的小娃，我就从南溪桥上的泥浆、石块、木头棍棒中过去，来到南溪河东岸安全地带，从女生中找我的小娃。手机电池干了，自动关机了。到那边找到我的小娃。我们村的陈小华他们撤回来后没有见到我，又打不通我的电话，以为我出事了，到处找我。天亮后我领着小娃回到我们村，他们才心落了。"

清晨6点多钟，从南溪桥上冒险过来的校长陈恒和家长在龙凤村认自家的孩子。沙罗村的一个家长说，他的小娃不见了。这一说非同小可，陈校长和罗云祥他们的心又一下子提到了嗓子眼。被洪水围困的学生实际是83名，连续救出来的是82名，现场救援人员谁也不知道少了1名。他们立即组织了几位村民与学生家长一道下到联防村，进入还没有进水的二楼宿舍，进行了第三次排查。第三次排查是一张床一张床地揭开被子，翻找床脚。终于，在靠墙边的一张床上，一个一年级的孩子还在捂着被子睡觉，拉不起来。等他父亲将他弄醒时，他说："爸爸你来整哪样，给是南科街天了？"他的父亲见到孩子平安无事，泪水瞬间奔涌出来，当父亲把孩子背到楼下，看到百孔千疮的校园时，这个名叫李依正的孩子吓得哇地大哭起来。

原来在撤离时李依正已被叫醒了。他跟在同宿舍同学的后面，在出宿舍门时，一时拥挤，他就返回床上继续睡，直到天亮大家找到他。至此，83名被困学生一个都没有少！

天微微发亮，雨也小了下来。陈恒放心不下被龙凤村村民救走的学生。他再次叮嘱身边的留守老师，一定要招呼好已安全撤离出来的学生，自己一人下到南溪桥，从已漫过桥面的洪水中艰难地蹚过，爬上了向龙凤村的山路。

"当时转移完学生后约早上5点多钟,我们镇中心校长、副校长、主任和教育局副局长来到了。副局长他们半夜3点多钟从金平来的。灾情发生时,我打电话给他们,也打给了镇政府。我们转移到安全地带找到一幢房子,这幢房子的主人是南溪的,他也下来接小孩,5点多钟把房门打开,让孩子们进到家里边去。撤离时我们没有来得及给家长打电话,可能是家长们相互转告的吧。我们刚撤离完,所有的家长就打电话来问自己家孩子的情况。我接了很多电话,到天刚亮时我的手机电就没啦。可能接了四五十个电话。天亮后我又冒险过了南溪桥到龙凤村了解情况,这边有4个女老师、我们的门卫和食堂工作人员负责。我心里很急,因为当天晚上的'夜查表'没有拿出来,还不知道学生人数的真实情况。平时我们每晚学生睡觉前都是要集合点名查看记录的。记录到每个学生宿舍有多少人,到了多少人。我们每次的夜查表就放在一楼那里,这次的没有拿出来。那个晚上有30多个学生没有来。因为有部分学生星期天回家了,第二天上课时才来。当晚在校的有196个。"

南科小学近200条鲜活生命的危机,终于在生死营救中化险为夷,他们中大部分是苦聪孩子。

美丽的南科联防村,135户民房,南科中心小学校园,村委会办公楼、街道、商铺、集贸市场等各类建筑物,在这次特大泥石流和洪水的扫荡中化为乌有。在近180分钟的殊死较量中,8名莽人兄弟和2名苗家汉子,在疾风啸啸、暴雨淋淋、洪水滔滔的极度危急时刻,蹚洪水、越街道、搬楼梯、搭木架、翻墙头、上房顶、踩电线,与时间赛跑,与死亡博弈,将被围困在泥石流中的83名小学生一一安全救出,谱写了一曲共产党人临危不惧,冲锋在前,各民族兄弟团结拼搏、共击险情、生死救援的壮丽诗篇!

让我们记住他们吧!

当人们安全转移到龙凤村小组时,天已经亮了。人们这才发现,那个连夜到河堤查灾情，到河边叫人，到村中敲门，喊哑了嗓子，带领大家撤离灾区，挽救了大家性命的老共产党员、妇女小组长黄秀珍，身上仅穿了一件睡衣！

"当时忙着叫他们，我连衣服都忙不赢穿了。"

黄秀珍此时感到身上很冷，她到龙凤村罗云芬家拿了一件迷彩服外衣穿上。

黄秀珍家在村西头，自建的一层楼钢筋水泥平房离南科河不远，中间隔了河堤和顺河而建的街道。她家在灾害前有三轮摩托车1台、摩托车2辆、刚刚买的新拖拉机1台。此外，按拉祜族习俗添置的金银细软也有上万元。但这一切都在特大泥石流灾害中瞬间消失了。威力无穷的泥石流卷走了她家和另外6户村民的房子。

黄秀珍从家中带出来的，是那盏强光的头灯和一件睡衣。

当然，黄秀珍也不是"一无所有"。她说："52岁，家中还有丈夫、

恢复重建后的联防村（梁荣生　摄）

女儿和一个6岁的孙子。"在情况紧急之时，黄秀珍用共产党员的坚定信念和顽强精神，使得联防村800余条鲜活生命避免了一场灭顶性的劫难。

灾难过后，州、县、乡和村组干部130余人参与救援，70余名公安、消防救援民警及驻金部队官兵一直奋战在救灾一线，开展道路交通救援、电力抢修、卫生救护等工作。饮水、食品、衣物等各种救灾物资也及时送到了灾民手中。半个月后，100多套活动板房建成，所有受灾群众得到妥善安置。受灾群众王忠说："我们住在板房里，有水、有电、有粮食，政府还发了生活物资，还有生活补助，全家人的生活都没有问题。"

在这场特大泥石流灾害面前，南科村各党支部充分发挥抗灾救灾战斗堡垒作用，党员干部主动担当，保护群众生命财产。一面面鲜红的党旗竖立在联防村灾后的废墟上，党员的身影活跃在救灾的现场，为重建美好家园、打赢脱贫攻坚战、建设美丽金平矢志奋斗。

黄秀珍，这个拉祜族苦聪人妇女，在家园被泥石流冲得一无所有之后，她想到的不是自己，而是在疼痛与希望中带领联防村的苦聪同胞继续前行！

"你当时不害怕吗？"灾后第三天，笔者前去采访时问黄秀珍。

"后面怕，但当时是不知道怕的，那时候心里只想着这是全村人的命啊！没有多余的心思去考虑自己，就不觉得怕。我是党员，又是村干部，总要站出来的。"

黄秀珍的话不多，却句句都是从心窝窝里淌出来的。而那句"总要站出来的"，是她说得最多的话。灾难面前，黄秀珍就是用这样一种朴素的信念，践行着一名党员干部"为人民服务"的承诺。

受灾之前的联防村，可谓是生产蓬勃发展、村容干净整洁、乡村治理有效，家家户户盖起了小洋楼，自来水通到各家各户，从村委会办公楼、学校、卫生室、农贸市场，到商铺、宾馆、饭店和客运班车等公共服务设施一应俱全。

曾经洪水肆虐的南溪河畔又传来了欢声笑语（虹玲　摄）

灾难前后的对比，让痛失家园的联防村村民一时间丧失了对未来生活的信心。黄秀珍鼓励大家说："家没了，还有人。只要人没事，我们再努力，在党委和政府的帮助下，联防村一定会恢复往昔的风采。"

灾情发生后，金平县举全县之力，上下同心，攻坚克难，在全力做好受灾群众转移安置工作的同时，把恢复重建工作摆在了首要的位置，有力有序有效地推进恢复重建各项工作，特别是联防村搬迁安置点建设。联防村搬迁安置点涉及29户，房屋建设资金367.5万元，人均面积25平方米。项目还涉及村道路、活动场地、挡墙、排污管网以及通电、通水、绿化、亮化等附属工程建设。

在我们此书即将完稿之际，联防村安置点房屋主体工程和装修工程已全面完工，附属工程已接近尾声，已达到搬迁入住的条件。如今的联防村，重新以崭新的面貌呈现在人们的眼前。一座座美丽的家园点缀于青山绿水之间，一条条崭新的道路连接着家家户户，一盏盏亮丽的灯光辉映着整个村庄。

一个"直过民族"村，在党委、政府及各级各部门的关心支持下，在希望中坚定前行！

蝶变的人生

蝶，是世上最美的生灵之一。金平是蝴蝶的天堂，这里有世界知名的"中国·红河蝴蝶谷"，一年四季都有蝴蝶飞舞。特别是春末夏初，上亿只蝴蝶破茧而出，美丽了每一个山谷。苦聪人与蝶为邻，以蝶为伍，如蝶羽化，以"完全变态"的蝶变方式，用奋斗的智慧和汗水，将弱小的"曾经"化为过去，走上新生的道路。

除了苦聪寨子的巨大变化，苦聪人的蝶变人生，讲上几天几夜也讲不完。

在金平的苦聪山寨走多了，就会对苦聪人的名字产生一种敏感——每当一听到名字，脑海里第一时间就会作出判断：这人是否是真正的苦聪人。你要说，这还真的有点灵。这天，我到者米拉祜族乡下新寨村委会的上纳咪河村小组采访。乡党委的宣传委员黄方告诉我说："这位就是木材老板刀三则。"我一听，心里就立即下了判断：这肯定是正宗的苦聪人！

果然不出所料，木材老板刀三则，1980年出生于上纳咪河村，是一个典型的苦聪"80后"。

"你们要笑话，我说话土。人家说刀是用来吃木头的，要一刀一口地吃，这个我信。不过那是父辈以前的说法了。我现在吃木头不用刀，用电锯，吱吱吱——欸！一截圆木一眨眼就吃成了两瓣啦！"

刀三则的风趣和开朗，把我们的心一下拉近了。

"我是1980年出生的。现在家中有4个人，我媳妇和2个小娃。小的姑娘有20岁了，初中毕业。大姑娘22岁，出去打工4年了。现在嫁在我们寨子上，我外孙都有了。我分家出来，自己出劳动力干吃。刚分家出来的时候吃木薯野菜，穿得很朴素。我们寨子背后就连着老林。小的时候在我们寨子的学校读书，放学了，就钻进森林里摘野果和野菜、支雀窝。我和小伙伴会顺着白肚皮在草丛间走出的纹路，毫不费力地找到它们的老窝，在它们的洞口下了套，第二天早上去瞧，保准有白肚皮被支着！"

"我从小就在树林里混惯了，对树木非常有感情。老师教我认得了好多树的名字。比如多依果树、酸浆果树、鸡心果树、栎树、栲树、水冬瓜树等等，什么时候开花结果我都晓得。"

从刀三则给我讲的树名看，大多是有果可吃的树种。从这个角度看，苦聪传统的"采集"影子，到了20世纪的80年代刀三则他们这一代，仍然形影不离。不过，刀三则不但会用野菜野果填肚皮，还会用他手上的刀"吃"木头。他和老婆与父母分家出来的时候，除了分得一口锣锅、两个土巴碗外，可以说是一无所有。他到树林里砍来碗口粗的圆木，硬是用一把砍刀刨出了木板，做成了桌子、凳子和床。

"哪种树好刨，哪种不好刨，我只消瞄一眼就晓得啦！有些树我不会叫名字，但你一看它的树皮和纹路，就晓得好不好解了。我在蒙自学解木料的时候，老板还夸奖我呢。"

2014年，金平县实施拉祜族片区综合开发的时候，政府出资6万元给刀三则盖了一层楼的安居房。在施工的过程中，刀三则家的支撑木、角子板、门窗等，都是刀三则用砍刀和手锯一点点"吃"出来的。为此，施工队长在盖好了他的房子后说："丢——刀儿，你是根木匠天才，去学解板，一定会成大老板啊！"

刀三则在蒙自有一个远房亲戚是做木材加工的。2015年过完年后，他去蒙自找工打，说出了想学解木料的想法。那个亲戚收下了他这个苦聪徒弟。他从选木、锯木到解木，从方条、寸板到分板，只要是与解木料相关的，他都认真地学。他是学徒，除了每天的免费吃住外，他还得到了每天15元的工钱。蒙自是红河哈尼族彝族自治州的首府，那里的一切对这个外出打工的苦聪小伙来说，一切都是新鲜的，富有吸引力。

"那真是个大寨子啊！有天我休息，出去走了一天都没有走完。"

坐在刀三则家他自己用边角料做成的舒适沙发上，喝一口用西隆山的泉水冲泡出的西隆绿茶，听他讲外面的故事，我心情很愉快。他眉飞色舞地说：

刀则三在工作（虹玲 摄）

"我第一回挨朋友出去干过桥米线，啊么么，吓了我一大跳！我在者米读初中的时候，学校里的早点有时候就是吃米线。我们吃的是一大口缸，一大碗，觉得是很不得了啦！蒙自人吃的米线是一盆！那个装米线汤的不像碗，而是像一只盆。人家配的作料也特别多，有十几二十种，鸡鸭鱼牛羊肉都有。米线嘛你自己抬，要几碗就抬几碗。那一盆汤汤水水的干进肚子，一天都不想再吃饭啦！"

苦聪小伙刀三则的目光还真的有点"贼"！

"那你学会了木材加工，怎么不留在蒙自甩过桥米线，还要转回老家者米来呢？"

"你们有所不知。我是个'家乡宝'，有人说金窝银窝不如自己的茅草窝，我觉得说得很好，就转回来了。"

刀三则回来后开始收购木料来加工出售。因为没有太多的资金，一户人家的木料收两三棵，买回来就加工卖出去。先是为人家干工程的提供方条、四层板等大小不一、厚薄不一的板材。

"刚开始的时候一年干得两三万块，都拿去供两个小娃读书了。后来有哥弟来说想要合伙干，扩大规模。因为资金不足，有的哥弟借钱给我支持。2017年4月，政府说我要款就去找他们贷，不要什么抵押，也不要一分利息。我就去开口贷款10万元，人家来我们的厂房里看了一转，回去二话不说就给了10万元。我的合伙人叫刘国清，我们是亲戚，合作方式是除本分利，平均分。现在年毛收入有几十万吧。后来我才晓得，这个贷款不是没有利息，有的，只不过是国家帮付利息了。"

"那叫'贴息贷款'，是国家专门为我们贫困人群制定的金融政策。"

"是啊，政府对我们老好啦！我家上纳咪河的房子，第一层就是政府盖的，第二层才是我自己盖的。现在生活好了，想买哪样都买得着。钱也不用摸，手机上点一下，快递就送上门。"

刀"吃"木头成老板!

刀三则木材厂的产品,主要是供给本地和绿春县、元阳县的建筑工地。现在,部分产品还进入了昆明市场。他们现在收购木料是一片一片地包下来干。包完后去办砍伐证,上税,买一片就交一片的税。从2020年3月开始,刀三则他们木材加工厂的税就全免了。

2020年,政府实行了"六保""六稳"政策,刀三则的加工厂正常开动机器,木料正源源不断地运出苦聪山寨。

从4元家产到24万元的楼房

白罗丫分家了。

那一年是1999年的冬天。他和妻子姬公飞分得了价值3.5元的一口小锣锅和一盏价值0.5元的煤油灯,那就是他们的家产。18年后,白罗丫和妻子姬公飞盖起了24万元的三层楼房。这一年是2017年的春天。

为了写这部苦聪人千年跨越、百年变迁的报告文学,这段时间我们在西隆山上的苦聪寨子采访,时常与一些匪夷所思的"旧闻"邂逅,眼界大开!白罗丫的故事就是其中之一。

白罗丫是金平县者米拉祜族乡顶青村委会六六新寨的人,但他不是出生在六六新寨。1966年,在党和政府的号召下,山头上原始森林中散居的普新寨村民,搬迁到今天地址建寨,取名为六六新寨。1980年,白罗丫出生的前一年,他母亲从森林中的老寨子嫁到了本乡的三棵树。在那里生活了半年多,父亲便与母亲返回了娘家,父亲就成了上门女婿了。1991年和

1992年，党委、政府再次组织工作队到山头上的森林里，动员散居户搬迁至六六新寨定居。动员工作做了两年，政府工作队队员的执着、耐心以及热情，终于打动了白罗丫父母的心。1993年，已经13岁的白罗丫跟随父母迁出了西隆山的茫茫原始森林，定居于六六新寨。党委、政府竭尽所能，为后续迁来的苦聪同胞盖起了土墙瓦顶的石棉瓦房。在六六新寨，后续搬来的人家没有田地。

1966年建寨的时候，政府看中该地的原因之一，就是那里大片的荒山呈缓坡状，且水源充沛，灌溉方便，离寨子脚不到1000米，就是波浪滚滚的藤条江大支流者米河，水路进出也较为方便。因此，苦聪同胞从老林搬出安定下来后，政府就以"以工代赈"的方式，号召村民着力开垦寨子周边的荒坡荒地，挖成了一片片的梯田，又大修水沟，引来山箐里潺潺流淌的清泉水，把梯田泡成了一丘丘的"保水田"。在大规模开垦田地的过程中，政府还号召周边居住的傣族、壮族、哈尼族等兄弟民族群众，一起来帮苦聪同胞开挖田地，教他们如何管理、如何栽种。还从旁边茨通坝的傣族寨、小翁邦的壮族寨两个生产队里调拨了10头水牛发给他们。两个生产队的农活高手受政府的委派，住进寨子，手把手教会了他们如何使牛、怎样犁田耙地、何时撒秧、何时栽插等一系列农活技术。全寨子的苦聪兄弟终日在田地里盘弄，肚子的问题基本得到了解决。

20世纪80年代初，六六新寨也实行了家庭联产承包责任制，集体的田地，就按一定的比例，承包到一家一户了。白罗丫他们是后来迁入的农户，周边较为方便的区域就没有了他们的田地。白罗丫父母去半山上帮别人家割地谷，工钱是主人家拿谷子相抵。农闲的时候，白罗丫父母就会到半山上找一些别人不太喜欢的荒地荒坡，一刀一刀地砍出来，晒干，焚烧后种上苞谷、木薯。拥有了自己的地，少年白罗丫也随父母到自家的地里学干农活。

白罗丫与父母搬迁来六六新寨的第二年，政府大力兴办教育，号召苦聪人的孩子一律要进学校读书。16岁的白罗丫走进学校，读一年级。二年级的时候，因为要交6块钱的材料费（当时不交学费），白罗丫家里一时凑不来这笔钱，白罗丫就只好辍学了。

"不读就不读，反正你都有17岁了。"白罗丫的父亲嘟囔了这么一句，算是对儿子终止学业的一个说法。离开了学校，进入社会的白罗丫，去帮河坝的人家砍挖橡胶地。早在3年前，白罗丫就跟随大人到周边打临工。那时打一天临工，成人的报酬是3元，孩子的报酬减半，得1.5元。

"第一次得钱的时候很高兴，舍不得用。用一小块塑料布包好塞进我家的墙缝里。又怕老鼠拖去，我就砍了一小截竹筒，把钱搓裹了装进去，用一根麻线拴好吊在火坑上面。那里我天天看得见，有火烟熏着，老鼠也不来。"

白罗丫藏了钱，是否被外人知道了，他没有说。反正，寨子上一个姓姬的少女瞧上了他。田边地角，他们像两只西隆山上的画眉鸟一样用歌声表达爱情。那年白罗丫17岁，少女姬公飞大他1岁。

然咪玛哎——
我是真心喜欢你。
我们都是父母生，
不要瞧我不起。
不要怕，
我们两个能相配。
不要瞧我少穿缺吃，
只要我们两个在一起，
辛勤劳动会给我们带来好日子。

"然咪玛"是苦聪语"小姑娘"的意思。白罗丫唱给姬公飞的情歌融化了她的心肠。

"我没有支着松鼠，只提了六只白肚皮去提亲。我老丈人心很好，也很好说话。他说：'你们都在一起了，松鼠现在也不好支了，你就拿一点钱来算了。我也不要多，你一年拿1500块来，拿满14年就可以啦。'我家当时去哪里拿这么多的钱？我又太喜欢他家的姑娘了，我老婆就私下跟我说：'你咋个这样憨？我家爹说的不是要你一年就拿完给他，是一年一年地拿。你讨我，我们一起干，你拿给我爹的钱里实际有一半是我的。'我一听，是啊，差不多是白得一个老婆啊。后来我就按说好的每年给了1500块，才给几年，给了1万零点，老丈人就说够了，要拿了，你们自己过得幸福就行啦。"

白罗丫是家里的老二，上面有父母和大哥大嫂，下面还有一个弟弟和一个妹妹。他与姬公飞成亲后，一家8口人在一起生活，几乎吃不上米饭，大部分用木薯填肚子，他们就分了家。分家的时候，白罗丫和妻子姬公飞分得了价值3.5元的一口小锣锅和价值0.5元一盏煤油灯。住房是在父母大房的旁边，用茅草搭了一个小偏厦。

"我们分家出来，我去顶青打工，帮人种橡胶地。打塘，一个洞是5角，连台地带也要挖，一天干得9块。我拿一天的工钱买了一只鸡养，养到五六斤了，舍不得吃，卖了鸡买10只水鸭子来养。其他的钱买点米。鸭子养大了卖，好的一只卖10块，差一点的七八块。卖鸭子的钱，买了1头小猪养。养大后拿猪换得了两丘水田。跟本寨子亲戚家换的。当时没有肥料投入，管理又跟不上，两丘田的谷子打下来连一编织袋都装不满，只有六七十斤。"

1996年，白罗丫用一天的打工钱买了1只鸡，1只鸡变成10只水鸭子，10只鸭子变成了1头小猪，1头猪变成了两丘水田。这，应该是一种蝶变吧。

"第二年国家杂交水稻出来了，政府又给了一点肥料，教我们种杂交水稻。我第一年按照政府要求种杂交水稻，一季稻得了5袋，二季稻得了

3袋。基本上够两口子半年的口粮了。我们这里是河坝区，天热，可以种双季稻。我去离家一两千米远的山地里种了点木薯，卖得七八十块。有人卖田，我就用50块买了一小块田种香蕉，种得114棵香蕉。老板来租，租金先是50块，后来涨到了800块，现在（2019年）到2300块了。地租出去后，我把钱存起来，就去打工。2006年的时候，我批发了一些生活用品来寨子里卖，生活一天一天地好起来了。田租地租的钱存在信用社，这回不怕老鼠来拖啦！家里又养了猪，最多的时候一拨养到20头。"

从金平县勐拉到绿春县岩甲的县际公路，在西隆山脚横穿了整个者米乡。公路就从六六新寨的寨子脚过，直线距离不过300米。进入21世纪，在西隆山，香蕉成了主导产业之一。香蕉出售给香蕉代办的过程中，质量有点瑕疵的蕉果就会被剔出来丢弃。丢弃的蕉果是不要钱的，人们可以随便捡去喂鸡鸭和牲口。在香蕉交易场所，人们经常会看到一个骑摩托戴草帽的中年男子捡废蕉，他就是白罗丫。

"丢，你天天捡香蕉，不怕猪吃多啦拉稀啊！"

收购香蕉的代办们经常与白罗丫开玩笑。

白罗丫在六六新寨养猪有了名气，有人叫他白老板。

"为了养猪，我到处去捡人家卖香蕉剔出来不要的那部分拿回来喂。2010年我买了摩托，到勐拉地界捡香蕉。我选上组长，领导说我的房子烂烂的，难瞧得很，就给我建了地基，我向亲戚朋友借了一些钱，就把房子盖上去了。总共花了24万块钱。借的钱去年卖猪后就还清了。"

白罗丫说的"去年"是指2017年。

从4块的家产到24万块的楼房，苦聪人白罗丫用了18年。

六六新寨的"寨子超市"

三面卷帘门往上一提,哗啦啦卷起来,白夫山的"寨子超市"说开就开了。

这个每天开门最早、关门最晚的寨子超市,坐落在六六新寨寨子中央。这幢三层半钢混楼房占地56平方米,一楼的东、北、西三面是卷帘门,南面是上楼的水泥梯子,外墙用免烧砖砌就。三面卷帘门卷起,就是一个空气对流的小超市,人们可以从三个方向进入。

我们去采访这家寨子超市主人白夫山的时候,是从西卷帘门进入的。超市里主要销售日用小百货,吃的占八成。来自东北的长粒香、秋田小町、御贡米等品牌大米,各式包装的面条,30枚一板的营养鸡蛋,还有小孩子们的零食和冷冻食品,真是应有尽有。支付宝和微信支付的二维码就贴在屋中央的那根大柱子上。我们进店不到十分钟,已有三批客人进店选货。收现钱的是白夫山的老婆李背,她把客人递来的大票子放到一个红色但不透明的塑料桶里,从旁边一个淡黄色且半透明的塑料桶里找补零钱,动作干净利落。同时,用我们听不懂的苦聪话在呼喊着,伴着东面的卷帘门外"哎"的一声女童音,一个小女孩跑了进来了。

"咧,这个就是我的孙姑娘,读三年级了。她奶叫她不要跑远了。"白夫山跟我们解释道。

我们的采访进入主题。

1974年8月12日出生的白夫山,其父母祖辈生活在西隆山中部的原始森林里,没有进过学校。17岁时用松鼠干巴提亲娶来了一个也是在老林摘食野菜野果的李姓姑娘。1998年,党和政府在者米实施"155"扶贫工程,白夫山一家随同父母搬出老林,来到了1966年就建寨的六六新寨定居。实施"155"扶贫工程时,政府给他家盖了一间房。

在六六新寨,白夫山有了遮风避雨的房子,却没有耕挖犁耙的田地。早年间,六六新寨集体开挖的田地,已经在家庭联产承包责任制实施中分配完毕。白夫山家是后面来的,政府给建了房子,没有分到田。白夫山父母在山上有一些旱地,他们一家人只好在苞谷地里种苞谷、木薯等作物来打发肚子。

"没有田,但我有力气!我不相信有力还干不得吃?"白夫山看着西面的卷帘门外,语气坚定地对我说。

他去帮傣族打谷子,一天得8块的工钱。有一天他去打谷子回来,在茨通坝街上看到一个老板在收空瓶子。他弓下腰仔细看堆在地上的空瓶子,听见老板发话:"小伙子,你是苦聪哥弟吧?哪个寨子的?"

"是,又会咋个?六六新寨。"

"不会咋个。我的意思是说你家里给有这样的空瓶子,有么拿来,1毛钱1个。"

"有。我们寨子……好嘛么。"

白夫山刚想说"我们寨子多的是",但话到嘴边他改了口。因为他突然间萌生了这一生以来一个最大胆的想法:自己去寨子里收空瓶子,然后背出来卖给老板。

当天晚上白夫山回到寨子里,他家只有3个空瓶子。3个瓶子,按老板给的价,可卖3毛钱啊!

他向空瓶子比较多又乱丢的一家亲戚说,把空了的白柠檬瓶子收拢来,5分钱1个。那天晚上白夫山在亲戚家花了5块的打谷子工钱,收得了

100个瓶子，用编织袋装好，准备第二天再去打谷子时顺路背到茨通坝街上，卖给收瓶子的老板。这一夜，白夫山激动得在木棒搭成的床上翻来覆去睡不着。

第二天早上，白夫山把100个瓶子背到了茨通坝街上，那个收瓶子的外地老板还在。那老板一边数着瓶子，一边说："老表，你还真的说话算数哦！"

"我们苦聪人从来不说假话。"

"好啊。来，这是你的钱，如果有再拿来。有多少我都要。"

"瓶子倒多，只是公路不通，不好拿来。"

"你们寨子不是在公路边？"

"是倒是在公路边了，不过还要走一小截。"

公路从六六新寨的寨子脚通过，与寨子直线距离不过300米。但这段路是毛路，晴通雨阻，人们的出行十分不便。

"老表，你叫哪样名字？"

"白夫山。我不会写字。咧，我的身份证，你瞧。"

"哦，白色的白，丈夫的夫，大山的山。有力气，好名字啊！我早就听说你们苦聪兄弟爱喝白柠檬。要不这样，我放钱给你，你到寨子里收了，拿到公路边来，我开车来拉，你不用背来街上了。给行？"

"老板，你不怕我把你的钱拐跑了？"

"不怕，大家都是哥弟。"

白夫山拿了老板的500块钱回到寨子里，以5分钱1个的价格，收得了4000多个瓶子。他和妻子李背用编织袋装了，一袋一袋地背到寨子脚的公路边码放好。老板开着一辆蓝箭牌130汽车来到六六新寨装走了。

"老板，来，你放的钱还剩100块。"

"哥弟，钱你先装着，过几天我们一起干扫把花生意。"

这一次收瓶子，白夫山只用了两天的时间，在不出一分本钱的情况下，1个瓶子赚5分，第一次就赚了200块钱。相当于他一个月打谷子的工钱。白夫山收了一段时间的瓶子，寨子的收完了，赚了一些钱。

正当他想办法干点什么生意的时候，收瓶子老板找到他说："哥弟，这回我们干扫把花生意。你是苦聪人，你熟悉的寨子多，放话下去，扫把花2角1斤，有多少要多少。本钱嘛我先给你3000块。给行？"

"可以嘛。六七新寨、苦聪大寨、南门地棚古登寨，这些地方货最多，人我也熟！"

这里所说的扫把花，就是棕叶芦的花。在西隆山的山坡、山谷、树林下和灌木丛中，遍地都长着扫把花。白夫山站在山坡上，看着那些随风招摇的扫把花，就像白花花的票子在向他招手，他心里乐开了花。

老板给了白夫山3000元的本钱，收购价是2角1斤。他跑到周边四五个苦聪寨子里，以每斤1.7角的价位收到了近万斤。这一次，除掉本钱他赚了3000元。

扫把花收购完，就到了收购木薯片的时节了。

2000年，政府在田里推广杂交水稻栽培，在山地里推行杂交木薯种植。杂交木薯长势快，产量高，一年就有收成。一时间，苦聪大片的山地变成了木薯地。后来，政府又号召大家把生木薯切片晒干后出售。这样一来，苦聪村寨里的干木薯片就很多。老板又放钱来给白夫山，让他干木薯片生意。白夫山先从老板给的本钱中拿出3630元，买了一辆三轮摩托车。

"我第一个买来三轮摩托车，3630块，买来拉人拉东西。当时大家还买不起摩托，我拉干木薯片，赚点运费。没有拉货的时候我拉人，一个人2块，到街天爱坐我车的人很多，一天可以拉两三百块。"

随着边疆交通事业的飞速发展，2005年者米拉祜族乡境内的公路变成了柏油路。白夫山第一个买了三轮摩托车，既拉货又拉人，变成了客货两运。这在苦聪山寨来说，他算是个第一个"吃螃蟹"的人了！

这还不算！

"2006年,我听说政府要来铺我们寨子的公路和卫生路,我就花了24600元买了一辆拖拉机,去大河那里拉沙、拉石头,还拉水泥。干了一年的工程,我的拖拉机钱也赚回来了,我就把拖拉机卖了,2007年就去者米街上开饭店。"

我问他怎么会想起到者米街上开饭店呢。他说:"那个时候的者米街热闹得很,开饭店天天有钱进。"

白夫山从一个朋友的手里租赁了一层楼,能摆下十四五张桌子,取名"六六新寨苦聪饭店"。白夫山付了房子租金,买来桌子、碗筷、米肉油盐等,在一个街子天的早晨,放了一挂很长的炮仗就开张了。饭店主营猪脚、鱼和米线。特色招牌是苦聪人的山毛野菜。

"我们苦聪人的野菜哪样都有,比如松鼠干巴、大白肚干巴、翻白鱼干巴、香菌煮清汤、香菌熬猪脚、香菌炒鸡蛋、木耳炒韭菜、凉拌木薯叶等等,好多菜啊!"

饭店开起来后,白夫山没有请小工,全部活计都是他自己和老婆李背干。逢街天实在忙不过来,他在六六新寨家里养猪的儿子、儿媳妇就来帮忙。

"哪样民族都会来吃。3块1碗,5块1碗,不赊账。"

有一回街天,一家5个人来吃。2个大人带着3个小娃来。这家5个人才买了3碗米线,要了5个小碗围着吃。白夫山看了很心酸,叫老婆又抬了2碗米线送给他们,他自己又抬了1碗熬炡的香菌猪蹄去。这家女人说不要。

"我是送给你们吃的,不要钱。"

男人和他婆娘喝完了一瓶白酒,走的时候用苦聪话对白夫山说:"哥弟,下街子我拿麂子干巴来!"

白夫山两口子在者米街上开饭店,他的儿子和媳妇在家种木薯养猪。饭店里每天剩下的汤汤水水很多,有人来要,说是拿去喂猪。这一说提醒了白夫山,他心生一计:拿出5万元出来买了一辆面包车,拉潲水回去喂猪,同时,他还开面包车到寨子里收草果、洋藿果等,干起了发家的老本行生意。饭店开了五年，到了2013年初，金平县实施拉祜族片区综合开发工程，刚好他租的饭店到期，白夫山把饭店房子还给了主人，开着面包车，装着有12万元钱的存折，回到了六六新寨。

回来的白夫山，把他原来就一直开着的小卖铺扩大，主要是增加商品的品种数量，提高商品的质量。

"我现在把铺子改成了超市，交给老婆看门，我又开起了我的面包车干起了生意。这几天干竹笋生意。没有生意的时候，我就去公路边捡丢弃的香蕉来喂猪。"

苦聪人有养猪的传统。"155"扶贫工程的时候，政府专门为他们培训了科学养猪技术。从那时起，白夫山家养的猪，向来没有少过6头。2019年全国猪价飙升，苦聪人养的土猪也变成了"金猪"，白夫山光是养猪一项，就有了几万元的进账。

这些年，随着香蕉种植地盘的不断扩张，六六新寨的人们，把各家各户的田地集中起来，连片出租给老板。群众在自家租出去的土地上打工，赚一份盐巴辣子钱。白夫山瞅准了时机，买了一辆"130"货运车交给儿子，专门为香蕉代办装蕉提供"倒车服务"。所谓"倒车服务"就是在三桥车、四桥车、挂车不能到达的地方，就用中小型货运车辆将装好箱的香蕉成品倒腾出来，并装到大车上。目前，者米拉祜族乡的苦聪寨子，虽然都通了公路且硬化了路面，但是那入村公路没有大型车辆走的份，所有货物的短途周转还得依赖于"130"货运车来完成。白夫山购置的"130"小型货运车，儿子开着投入运营，回报也不菲。

2016年，大规模的农村危房改造工程开始了。白夫山一次性拿出28万元，将原来砖墙瓦顶的老安居房改造成了一幢3.5层的楼房。工程外包出去，内装修的所有活计由儿子负责，姑娘姑爷一家来帮忙，花了近半年的时间，完成了装修。按照现行价格计算，白夫山3.5层200余平方米的楼房，总投资已超30万元。2017年房子建好后，政府奖励了他1万元。

"我现在开的超市一年有好几万块的收入，够我们一家六个人的生活啦！现在两个孙孙都读书了，孙姑娘读三年级，孙子读六年级，过两天孙子开学了就要去八一中学读。我没有读过书，干生意的账是我自己学着算的，我也会写自己的名字了。现在孙子们把我没有读的书也一起读了，哈哈！"

白夫山的笑声很爽朗。

刚笑完，他的手机响起来了。

"喂，是高老板？好好好，昆明我会来的……哪样？今年的草果？……哦，对对，过几天就可以收了。对，快啦！"

打电话来的，是昆明的生意合作伙伴。

开自己的车回家

建档立卡户的苦聪男人王达则在28岁那一年，与妻子白克鲁第一次远离家乡，用了4天的时间，才在痛苦和迷茫中抵达浙江宁波！

"我们从昆明出去，因为人太多太挤，没有抢到火车票，坐的是那种不敢进站拉人的黑大巴。我们三天三夜才到宁波，屁股丫都坐得红肿了，站起来就疼！"

1986年，王达则出生于金平县者米拉祜族乡牛底村，1993年随父母搬迁至下良竹村。2004年中学毕业回家，帮助父母在土地中刨食。2006年与村中姑娘白克鲁结为连理，育有一女一男。他虽然"晨兴理荒秽，戴月荷锄归"，但贫穷是他的影子，始终对他不离不弃！

进入21世纪第二个十年，在党委、政府的大力倡导下，"一人打工，全家脱贫"的浪潮席卷苦聪山寨。2014年春节刚过，被列为建档立卡贫困户的王达则羞于揭不开锅的生活，和妻子白克鲁十分勉强地把两个孩子交给了父母，跟随早一年出去打工回来的寨上人，向遥远的远方进发。

他们从者米搭上班车，一路向北，第二天凌晨到达昆明汽车东站。下了班车，他们一行五人又转了几次城市公交车，几经辗转，终于到了昆明火车站。昆明火车站内人山人海，人声鼎沸。第一次出远门的王达则跟在老乡的身后，背上背了一个中等大的双肩包。他的妻子白克鲁拉着他的衣角，踩着脚后跟，加塞子一样强加进了购票大厅。他们排队、蠕动，听烦了噪音，闻够了异味，终于就要挤达售票窗口的铁栏杆时，被告知前往浙江、上海方向的车票售罄。候车大厅的长排座椅上码满了人。王达则他们被挤到墙边，他的3个男老乡啪地将肩上的行李包砸在地上，一屁股坐在行李上，显得十分无奈和烦躁！

"达则，坐下歇一哈。没有车票了，我们得想想办法。"

王达则解下肩上的包，顺墙放在地上，把旁边惊愕不已的妻子白克鲁按了坐在包上。这时，人群里钻出一个挎坤包的中年妇女，问他们是不是要去浙江，他们点点头。

中年妇女将他们五人领出昆明火车站大门，转进右边的一条小街道内。那里停着几辆大巴。有的车在前挡风玻璃内放有"旅游包车"字样的牌子。王达则他们被领上一辆快满员的大巴，交了直达浙江宁波的车钱后，车就启动了引擎。

大巴在高速公路上奔驰着。夜里10时许，车抵贵阳南郊。驾驶员将一车人拉到一家由招待所改建成的宾馆前停下，告诉人们今晚要在这里过夜，明天早上才发车。王达则他们只得掏钱在宾馆里胡乱打发了一夜。第二天早上，来接他们的车已换成了贵州牌照的车了。就这样，他们从贵州经湖南至江西，连夜跑路，第三天傍晚才抵达目的地——浙江宁波。途中，每换一个省，车子和牌照就换了一回。全程有2800多千米。

"我们上当啦！但我们下不来车了，那些肯定是'黑车'！"

说到这里，坐在沙发上的王达则右手握拳，用力砸向左手掌。

这也难怪，王达则夫妻第一次出门打工，就实实在在体验了一把"黑车"的滋味。屁股丫磨烂了不说，最关键的还是内心受到了创伤！

王达则和妻子白克鲁进了宁波一家文具厂，做起了制造铅笔和圆珠笔的工人。浙江宁波这家文具厂实行的是计件工资制。第一、二个月，来厂的新工都有700—900元的"新手补贴"。从第三个月开始，新工老工一样拿计件工资。虽然在语言交流上有一定的障碍，生活上也有一些不适，但王达则两口子干起活来，手脚麻利。一个月下来，夫妻二人打进银行卡里的报酬有四五千元。

宁波被誉为"华东第五城"，是一个豪华到天上的城市。同时也是一个吃钱烧票子的火场。王达则夫妻二人，生活上倒也适应得快，但内心却与城市亲近不起来。半年后，王达则夫妻俩打道回府。

"主要是太想娃娃啦！"

"外面的世界很精彩，外面的世界很无奈。"齐秦在20世纪90年代唱的这首歌，今天被云南边疆的苦聪人王达则夫妇验证了！

2015年春节过后，王达则夫妻又出去了。

"我们老苦聪只要在林子里看见了麂子的脚印，不管想哪样办法都要把麂子支来吃。我就不信我们出去会干不得吃！"

这一次王达则是在网上购了火车票。他夫妻二人到浙江，没有去看宁波的灯红酒绿，而是经朋友介绍到金华去了。在金华工业区一家电子取暖器厂上班，做散热片配件。

"那个电器在厂里是流水线作业，做哪样的都有，一个车间一个车间的。我们做的是抛光，属于第五个车间。后边的还有喷漆、组装，最后才是成品包装。在金华这个厂家，一干就干了五年。五年都是干一样的工作。今年（2020年）3月去看了一转，就赶回来了。以后还是要去的。自己开车嘛，很方便！"

王达则两口子一起出去，娃娃留在家里让老人照顾。他们在金华干了五年，现在的技术在他们那个车间里可以叫师傅了。媳妇白克鲁与他同在一个车间。两口子每个月拿到8000多元的工资。自己租房住，自己煮饭吃。房子是厂外面的老百姓盖的，一栋五六层。那房子盖得像招待所宾馆一样，长方形的，从中间过道分开，每间房有十六七平方米，一家人住一间。卫生间是几家合用一间，煮饭就在一个厨房里。厨房的卫生轮起来搞，一个星期两家人负责。他们租的那栋房子一层共有8家人，有贵州、湖南、广西和云南的，苗族、彝族居多。吃饭的时候，桌子摆起，你吃你家的，我吃我家的。关系靠得近、合得来的，煮好抬来家中，大家就聚在一起吃饭，一起喝酒。2019年春节过完返回浙江金华的时候，王达则在他的爱车"奇瑞"的后备厢里拉了两只熏黄的老猪脚，一包新鲜小米辣，一包烤干的草果，两包晒干的香菌。一路开着车载音响，听着他们夫妻喜欢的歌曲，从红河、文山进入广西，特意绕道到甲天下的桂林"甲"了一回"天下"，然后顺沿海的道路，一路东进，风光了八九天，稳稳地停在了出租房的楼下。

王达则拿出了他的云南土特产，做了一道家乡的绝配菜——老猪脚熬干香菌，小米辣蘸水。他叫了同一层楼先回来的三家工友干酒。湖南、贵州的工友品尝了猪脚肉，赞不绝口！

湖南怀化的王姓工友说："家门，以前我只吃过你们云南宣威的猪脚火腿，觉得天底下第一香了。现在你的香菌老猪脚要比火腿还香，香到天上去啦！"

贵州的工友说："我们贵州有'贵辣'，算是辣得口大了。这回见识了你们云南的小米辣，啊嘛嘛，不但辣，还挺香。"

"你们的小米辣不正宗，寡辣。我们苦聪的小米辣辣里带香，香中藏辣。"

"我家的房租一个月合200多块,连水电费一起了。房东对我们很好,厂里员工和老板也很好处。我们是计件工作,上班的时候不能在一起吹牛的。一天有货(订单)的时候,八九个小时都会干活,货少的时候只干两三个小时。一般早上6点多钟就干了,中午一两点就下了,晚上不加夜班。那边4点钟天就亮了,6点钟太阳都出来啦。我们干的活计重倒是不算重,只是时间长了容易疲劳。我们两口子一个月的费用3000元到3500元就够了。一年下来还是有四五万元的结余。钱主要是给家里老人和娃娃。"

"我2018年买的车。我在那边学的驾照,整下来全部合5000块。车子10万块多一点,整下来合13万块。如果不去了,我车子的户头可以转过来。现在实行全国联检,车子可以在这边检了。"

我问王达则为什么想起来在外省买车。他回答说:"主要是每年回来不方便,就买了。平时没有订单休息的时候,我们两口子就会开车到城里去玩。"

一对祖祖辈辈被贫穷肆虐了的苦聪后代,离开深山,闯入都市,只用了4年的时间,为了"回家方便",就花钱把"浙G"牌照的车开回了云南苦聪山寨!

苦聪女作家的心声

在金平苦聪人跨越历史的进程中,诞生了自己的作家,而且是女作家!她叫张爱梅。

张爱梅对自己的民族用情至深,她在散文《老林脚》一文中写道:

老林脚，西隆山脚的拉祜族村子，是母亲的故乡，也是母亲心中的一段不舍的记忆。时光溜走，母亲老去。泛黄的记忆，总是清晰如昔，仿若昨天那一茬未枯去的苞谷秆，叶翠枝黄轻描淡写地站在记忆的田野里，散发着淡淡清香……

　　实际上，张爱梅的身上不止流着苦聪人的血，他的父亲是汉族，曾经是民族工作队队员。父亲和母亲的爱情故事，缘于一次英雄救美似的传奇，不同的是，这次救人的是美女。

　　那是西隆山普通的一天，身为工作队队员的父亲在森林里不小心踩到了苦聪人设下的箭矢机关，用于猎物的竹箭射中了他的腿肚子。流血过多无法动弹的他眼看就要昏迷过去，一个曼妙灵巧的身影来到了他的身边，将他的伤口包扎好，用尽全力将这个身高一米七的大个子背着进入了苦聪人的卡地，又用草药精心医治伤口，救了他一命。有了生死之缘，父亲和母亲结为了夫妻。母亲异常聪明，很快学会了汉话，还成了寨中最为能干的女人，获得了汉族家庭的认可。

　　张爱梅出身于这样的家庭，原本对苦聪人的原始生活并无多少了解，但母亲的血缘却让她与苦聪人有着无法割舍的情缘。1973年出生的她做过农民，当过工人，于2007年考为国家公务员，现在中共金平县委宣传部任职。业余主要从事散文和诗歌创作。有作品在《红河文学》《西隆山》《边陲金平》等报纸、杂志发表，并参加了《中国少数民族大词典·拉祜族卷》的编纂。

　　她在公职岗位上做着党的宣传工作，在业余时间执笔抒写着自己的所爱。在脱贫攻坚战中，她还是一名尽职的"挂联干部"，为金平的脱贫贡献了自己的力量。

　　我们有幸读到了她的扶贫日记《红桥记事》：

2017年12月10日，雾。又去看望亲戚。

当我还在绞尽脑汁地想要怎样劝说小陆修缮房子的时候，小陆给我打了电话，说准备在春节前结婚了。小陆的房子依然如故。据说乡上的工作队、村委会的工作队都来做他的思想工作，但他就是想重建。资金巨大的缺口，又让他进退两难。我知道，房子问题不解决，影响着整个乡的脱贫攻坚验收的进程，要怎样才能说服和做通他的思想工作，我一路思索这个问题。见到了他，又是老生常谈，把一切的后果都重新清理一遍，把能说的能做的能想到的，我都一一解释给他听，并告诉他，建新房可以放在以后经济条件允许的时候再建，目前既然打算结婚了，应该按政策先加固修缮、量体裁衣，日子才会越来越好。而回答我的依然是沉默。但是，我想在大势所趋的面前，他终会知道孰轻孰重。太阳慢慢升起来了，几缕炊烟升起，在寒冷的腊月里也阻挡不了乡民迎接新春的喜悦。递过略表心意的小红包，真心地祝福他新婚快乐，并通过自己的努力早日住上大房子。

2017年12月20日，晴。再去看望亲戚。

又是一户土墙房的亲戚。只是，老李很高兴就同意加固房子。老李寡居多年，儿子尚小，不久前经人介绍一名男子，自己也觉得合适，就准备把房子修整一下，好好过日子。所以，我的到访她显得很高兴，领着我到处看，笑眯眯地说："你看你看地板也给我打了，厨房也给我盖了，墙体裂缝也给我修好了，屋顶全换成新的了。虽然其中有部分费用是我自己出的，但是，还真是感谢政府、感谢你们了。没有你们，一到下雨天，外面下大雨，家里面看小雨。"看到她脸上的笑意，发自内心的语言，我想，也许房子的修缮一直是她的心病吧。心安之处才是家，有了安全稳固的住房，再大的困难也许都能克服了，至少可以遮风避雨、后顾无忧。

作家驻村扶贫，自有她独特的一面。从她的驻村日记中，我们读到了一位基层干部为民着想、为党分忧的奉献精神。从被别人扶贫到去帮扶别人，苦聪人在张爱梅这里实现了质的转变。

尾声
西隆山作证

1953年6月15日，毛泽东同志在中共中央政治局会议上提出"由新民主主义走向社会主义"。同年召开的第三次全国统战工作会议则规定党在民族问题方面的任务是"巩固祖国的统一和各民族的团结，共同来建设伟大祖国的大家庭……"这意味着多民族的社会主义新中国由此扬帆启航。

晚霞中的西隆山（钱聪　摄）

在党的民族政策光辉照耀下，曾经一穷二白的苦聪人被中国共产党接出原始森林，一步完成了从原始社会到社会主义社会的千年跨越。在这个民族大家庭里，苦聪人曾被比喻为毛主席的"幺儿子"，享受了很多少数民族优惠政策。特别是在党的十八大后，在党中央关于脱贫攻坚的重大决策下，苦聪人再逢春天，和全国人民一起迈向了新时代。

2019年9月27日，习近平同志在全国民族团结进步表彰大会上欣慰总结道："70年前，我国各族人民在中国共产党领导下，共同缔造了新中国。我们党创造性地把马克思主义民族理论同中国民族问题具体实际相结合，走出一条中国特色解决民族问题的正确道路，确立了党的民族理论和民族政策，把民族平等作为立国的根本原则之一，确立了民族区域自治制度，各族人民在历史上第一次真正获得了平等的政治权利、共同当家做了主人，终结了旧中国民族压迫、纷争的痛苦历史，开辟了发展各民族平等团结互助和谐关系的新纪元。我们全力帮助少数民族和民族地区加快发展，保护和传承各民族优秀传统文化，少数民族群众生活和民族地区经济社会发展获得了历史上前所未有的进步。"

翻阅苦聪人的百年历史，我们不难发现，党的民族政策在苦聪人身上体现得淋漓尽致，他们的生活在出林之后发生了巨大变化。

在饮食上，出林前苦聪人主要食用杂粮、野菜、野果和野兽肉。如今，拉祜族苦聪人种粮食、种蔬菜、种水果，养鸡、养猪、养牛，饮食有了一定讲究，野果、野菜成了餐桌上的调味小食。

在穿着上，出林前苦聪人着兽皮、芭蕉叶或树皮。如今的他们，平时身着流行时装，在过节、祭祀、婚嫁等重要日子身着颜色鲜艳的民族服饰。

在住房上，出林前苦聪人居住在芭蕉叶或竹叶搭的简易窝棚里，每逢下雨，全家团团围住火塘保护火种。如今的拉祜族苦聪寨子建起了安全、宽敞、干净、生活设施齐全的安居房，现代炊具电饭锅、电磁炉、燃气灶

幸福的小姐妹（虹玲 摄）

一应俱全，再也不用担心火种熄灭，居住条件已经发生了翻天覆地的变化。

在教育上，出林前苦聪人只有语言，没有文字，刻木记事，结绳记数，代代相传，生存即教育。现在，国家的"两免一补"政策在拉祜族苦聪人聚居区全面落实，适龄儿童的入学率和巩固率均达100%，并培养出了不少大学生。教育水平有了质的飞跃，让苦聪人与现代社会更加融合，令他们在各行各业中可以大显身手。

在医疗上，出林前苦聪人生病只能靠挨着，指望巫师和有限的草药治病。如今实行了医保，签约了家庭医生，配备了乡村卫生室和乡村医生，看病打针就在家门口，他们再也不用担心有病无处可医。

在生产上，出林前苦聪人主要依靠采集、狩猎和刀耕火种，往往是"种一坡坡，收一箩箩，煮一锅锅"，食不果腹。如今，他们不但掌握了较好的水稻种植技术，还发展起了茶叶、甘蔗、香蕉、橡胶、菠萝、草果等经济作物种植业，告别了吃不饱穿不暖的日子，在劳动致富、产业致富的幸福道路上越走越红火。

在商业上，出林前的苦聪社会内部尚未出现私有制、商业和货币，与外族的交往主要是用一些猎物采取以物易物和"默商"的形式换取食盐、铁器和旧衣服等。如今，拉祜族苦聪人中涌现出不少商业能手，凭着灵活的头脑在外闯荡，搞种植，跑运输，办茶场、养猪场、木材厂等，生活水平蒸蒸日上，过上了幸福的生活。

…………

苦聪人从衣不蔽体、食不果腹、居无定所到如今与全国人民一道奔小康，巍巍西隆山见证了他们一步跨越千年的巨大变化。这一切，与党和政府对其长达几十年的帮扶和其他兄弟民族的团结相助紧密相关。

苦聪人的百年巨变、千年跨越，是人类文明史上的奇迹，是中国扶贫史上的奇迹，在世界上绝无仅有！今天的幸福生活仅仅是优美的序曲，还有更加美好的未来等待着他们去创造与开拓。

让我们祝福伟大的祖国和伟大的中华民族越来越强大，在世界上奏响雄壮的乐章吧！

后　记

　　1998年，我参加工作的第一站，就是金平苗族瑶族傣族自治县者米拉祜族乡。春节后的第二天，我就跟随乡政府的同事去村里开展水稻旱育稀植培训工作，去的第一个寨子，就是拉祜族苦聪人的寨子——六六新寨。

　　我永远也忘不了在六六新寨吃的那一餐饭。那天傍晚，我们从田里随村长到了他家，在昏暗的竹棚屋里，村长的女人为我们抬来几碗半生不熟的米饭，一碗黑乎乎的肉汤，就没有别的菜了。我看着没有洗干净的碗，想到母亲对我的叮嘱，说我刚参加工作，到百姓家里要随和，不要挑三拣四，就抬起碗来吃了一口饭。但那口饭是夹生的，没熟，在田里插了一天的秧苗，我早就饿得饥肠辘辘，也顾不上熟不熟，泡了一点骨头汤，稀里哗啦往肚子里送。等到和同事出了寨子，往村公所赶的路上，他才告诉我，那碗肉汤是老鼠汤。瞬间，我肚中翻涌，一口酸水从胃里涌了出来，可是呕了半天，还是没能吐出来。

　　同事告诉我，苦聪人不会煮饭，夹生饭还有另一个好处，就是扛饿，而老鼠肉汤，那是用来招待贵客的。他的这番话颠覆了我的认知。那一天，我深切地体验到了苦聪人贫苦的生活。接下来的两年中，我参与到拉祜族苦聪人"155"扶贫工程中，见证了苦聪人又一次大规模出林的历史。2001年2月，我调离了者米拉祜族乡。

　　也许冥冥中我和苦聪人有着不解的缘分。20年后，2018年8月，我刚调到县文联任主席不久，到北京参加全国少数民族青年作家深入贯彻习近平新时代中国特色社会主义专题培训班，在培训会上，中国作家协会党组成员、书记处书记、副主席吉狄马加讲道："写作是生命的体验。文学作品要与时代产生共振！"这句话深深地打动了我，我决定写一本关于金平苦聪人的文学作品。

人还没有回到云南，我就联系了云南人民出版社的王韬老师，他是我的长篇处女作《情殇》的编辑，我们在多年的相处中成了朋友。得知我想写金平苦聪人的作品，他非常高兴，在我抵达昆明那天，与社里的闵艳平等几位编辑，为我出谋划策。

我们聊了金平的历史，讲到苦聪人一步从原始社会跨入社会主义社会的时候，几个编辑异口同声地说："这个题材好，就写这个题材！"关于苦聪人，写过他们的作家和作品不少，有彭荆风写的《鹿衔草》，陈见尧写的《遥远的金竹寨》，陈柱国、公浦写的《苦聪人的春天》等等知名作品，我担心自己写不好。再说了，他们让我写成纪实作品，而我从来没有过这方面的创作经历，所以不敢贸然答应，只好说等我回去考虑考虑。但编辑朋友们极力劝说我写，他们说要握紧作家们的接力棒，把苦聪人的历史巨变写下去，而我具有最佳的创作条件。我犹豫着答应了。

回到金平后，我开始翻阅苦聪人的资料，到档案馆复印了上百份关于苦聪人的文件，足有两尺多高。我又联系了十多位摄影师，找到了不少关于苦聪人的照片。经过三个多月的准备，我决定入村采访。我跑到县民族宗教事务局央求老乡长李玉民当我的向导，我们用两个多月的时间走访了百分之八十的苦聪寨子，获取了第一手采访资料。

刚开始，我以为一年半载就能完成这次创作任务，没想到这一写一改就过了五年的时光。首先是我担任县文联主席的职务，要开展很多文艺活动，还要处理单位的事务，此外还要编辑县里的文艺期刊《西隆山》，极大地分散了我的创作精力；其次是我2017年出生的小女儿也渴望母亲的怀抱，占用了我工作之余的大部分时间。采访结束创作了一年之后，我感觉到自己难以为继，可是又不愿意放弃之前的辛苦，于是决定请本县作家南马加入，共同创作。南马是金平资深作家，创作了不少现实题材的作品。他的加入让我们在2020年顺利完成了初稿。

可以说，从2018年起，五年多的时光，我们遍访了西隆山区的苦聪山寨，查阅了很多记载苦聪人的历史档案，对苦聪人百年历史进程中具有"节点性"的人物、事件，进行了反复、多次采访，收集了上千幅关于苦聪人的图片，许多历史性资料得以第一次公开发布、发表。且不谈这部作品有没有艺术感染力，仅仅是它的纪实意义就已值得珍视。

在采访创作过程中，我们得到了中共金平县委、金平县人民政府的亲切关怀，得到了县档案馆、金水河镇、勐拉镇和者米拉祜族乡党委、政府的鼎力支持，得到了受访同胞、相关人士的大力配合。

在创作过程中，我们秉持了纪实文学"客观真实""主观真实"和"本质真实"的理念，遵循习近平总书记关于社会主义文艺要"深入生活、扎根人民"的谆谆教诲，用心敲下每一个字符。

在成书过程中，云南人民出版社给予了极大支持，在成稿后的数次校对及和我们商议修改的每一个细节，都做到了细致入微。云南省作家协会副主席、报告文学委员会主任李开义先生欣然为本书写序，给予我们莫大鼓舞。

谨对为本书付梓做出贡献的单位和个人表示衷心谢忱！

作　者

2024年2月14日于金平